朱志仁　徐志辉/主编

生活教育理论简明教程

东北师范大学出版社
长　春

图书在版编目（CIP）数据

陶行知生活教育理论简明教程/朱志仁，徐志辉主编. —2 版. —长春：东北师范大学出版社，2015.3（2025.4 重印）
ISBN 978-7-5681-0303-9

Ⅰ. ①陶… Ⅱ. ①朱… ②徐… Ⅲ. ①陶行知(1891~1946)—生活教育—教育思想—教材 Ⅳ. ①G40-092.6

中国版本图书馆 CIP 数据核字（2015）第 267591 号

□责任编辑：鞠玉丽　　□封面设计：宋　超
□责任校对：田　革　　□责任印制：张允豪

东北师范大学出版社出版发行
长春净月经济开发区金宝街 118 号（邮政编码：130117）
网址：http：//www.nenup.com
东北师范大学出版社激光照排中心制版
河北省廊坊市永清县晔盛亚胶印有限公司
河北省廊坊市永清县燃气工业园榕花路 3 号（065600）
2015 年 3 月第 2 版　2025 年 4 月第 3 次印刷
幅面尺寸：170 mm×227 mm　印张：13　字数：223 千

定价：39.00 元

作者名单

主编： 朱志仁　徐志辉

编写：（以姓名笔画为序）
　　　　王本余　王文岭　刘长贵
　　　　朱志仁　严开宏　陈会忠
　　　　辛国俊　吴海燕　徐志辉
　　　　黄晓光

前　言

　　近代以来，中国出现了许多教育家，然而若论影响，几乎没有人可以超过陶行知。这也许不是因为他创造了什么高深的教育理论，甚至也不只是由于他对中国教育事业作出的巨大贡献和产生的深远影响，而是在于他本身就是一座丰碑——用他的生命、他的事业、他的信仰、他的人格所树立起的道德楷模。伟人之所以伟大，也许不在于他做出了一件惊天动地的大事，不在于他品格上的完美无缺，不在于他有着显赫的地位和权势，而在于他的平凡生活，是他的平凡生活造就了他的伟大。陶先生的信条是自立立人、自化化人、自觉觉人；他用"捧着一颗心来，不带半根草去"自勉勉人；他将事业与信仰融为一体，从而使他具有一种"佛不入地狱谁入地狱"的献身精神；他用辛勤的劳作、坚忍不拔的毅力承载着一个普通公民对社会、对民族的重负，体现着他生命的价值……正是这一切造就了陶行知，造就了行知精神——为了专心致力于中华教育改进社的工作和推进平民教育运动，他可以放弃月薪400大洋的教授职位，他可以辞去东南大学教育科主任、教育系主任之职，他可以拒绝北洋政府任命他为武昌高等师范学校（武汉大学前身）校长，谢绝母校金陵大学校长之职；为了创办南京试验乡村师范学校，他可以将全家从北京迁到南京乡下，甘心与农人为友，与"牛大哥"同眠；他可以婉拒挚友冯玉祥要他做河南省教育厅厅长的邀请，表示"晓庄事业，我要用整个的身子干下去"；为了使苦孩子能够读书，他可以在办学经费极端困难，靠四处募捐过日子的情况下，免去许多孩子的学费、书费、膳食费……

　　面对着这一切，我们只能用"大哉陶子"来表达我们对陶先生人格的由衷赞叹和无比敬仰……

　　陶先生怀着教育救国的坚定信念和宏伟理想，将自己的一生无保留地贡献给了中华民族的教育事业。在他一生的教育事业中，他不仅提出了生活教育思想,而且使这一思想贯穿在他一生的实践中并在实践中不断发展和完善。他始终坚信"教育就是社会改造"。为了实现改造社会的目的,就必须改变学校的"象牙塔"性质,使学校和社会融为一体。所以他才坚决反对将学校与社会相隔离,才提出了"社会即学校"的思想。与"社会即学校"的命题相适应,他提出了"生活即教育"的命题。因为过什么生活便是受什么教育,所以生活教育的目的就是要用前进的生活来引导落后的生活,要人们一起过前进的生活,受前进的教育。既然教育的真义乃是实际生活的参与和改造,那么顺理成章的就是如何生活就该如何开展教育,也即在生活中教育,用生活来教育——"教学做合一"。在他看来,教育法就是生活法,因为教育就是为了生活,放弃了生活也便放弃了教育,脱离了生活的教育就是空疏的教育、无用的教育。他的晓庄、他的工学团、他的育才、他的社会大学,还有他的平民教育、乡村教育、普及教育、创造教育、国难教育、民主教育等等,都是始终贯穿着"教学做合一"这一原则的。于是,"生活即教育"、"社会即学校"便凝结在"教学做合一"的教育方法中。

  虽然半个多世纪过去了,但陶行知的生活教育理论并没有随着时光的流逝而失去其价值,仍然对我国教育事业的发展起着重要的指导作用:从学校定位上讲,学校必须改变在很大程度上依然存在的与社会实际相脱离的现状,使学校教育真正切入社会的实际生活,发挥学校服务社会、引领社会、改造社会的作用,使学校成为改造社会的中心;从人才培养目标上讲,学校教育要改变重知识、轻能力、轻品德等现象,把培养全面发展的、适合社会需要的、富有高度社会责任感的"真人"教育作为教育的一个重要内容给以足够的重视;从教学方法上讲,必须改变普遍存在的重教不重做,教、学、做相脱节的传统教育教学方法,重视和加强实践环节在教育教学中的地位和作用,使教和学能够在实践的环节上统一起来;从课程评价体系来讲,必须尽快改变不仅在基础教育中广泛存在,即是在高等教育中也依然存在的只重视考试的选拔功能,弱化考试的评价和诊断功能,使得考试的评价、诊断功能与选拔功能错置或倒置的现象,使考试考查真正能够在促进教师的教和学生的学两个方面发挥应有的作用,而不是成为师生共同的"增压器"、教育行政部门的"遥控器";从教育的整体协调发展来讲,必须改变严重存在的城乡差别,地区差别,重点与非重点差别,普通教育与职业教育的差别,改变教育各方面事实上存在的不公平现象,使各级各类教育都能够协调发展,使所有公民都能够尽量享有相对公平的受教育权利……

  陶先生离开我们已经有半个多世纪了,但他留给我们的几百万言的遗著就像一座取之不尽的富矿,给我们的教育改革提供着能源;又似一座巨大的思想宝库,给我们的教育实践提供着理论支持。这样说并不意味着陶先生的教育理论就是完全正确的、无懈可击的，事实上正是由于他的教育理论和实践的非无懈可击性才给人们提供了广阔的争论空间，才使他的理论有了强大的生命力，才使他成为"受研究最多的近代教育家之一"①。从另外一个层面讲，他之所以能够成为受研究最多的教育家，迄今仍受到人们的广泛关注，恰恰是因为他的理论是针对教育中的实际问题创立的，是行动的理论、实践的理论，不是坐而论道的说教。尽管我们的时代离陶先生生活的时代已有七八十年的历史间隔，但我们仍可从他的理论和实践中受到启迪，这又说明无论在什么时代，教育总有共通的因素，而能够解决共通问题的思想和理论无论产生于什么时代，它的生命力都是永恒的。

生活教育理论是陶行知整个教育思想的核心。这一理论萌发于20世纪初的平民教育时期，此后，这一理论就在长期的试验和不同的教育实践中得到了不断的丰富和发展。可以说，生活教育理论统摄了陶行知的全部教育思想和教育实践。作为中国本土的教育理论，它吸取、借鉴并改造了西方尤其是杜威的教育理论，但更重要的是它立足于中国教育实情，为中国教育改造开出了一剂良方，对中国的普及教育、平民教育、乡村教育乃至整个教育的发展，起了极大的推动作用。在上世纪一系列耀眼的教育家中，陶行知就是以他的生活教育理论和持续不断的艰苦实践而闪烁着格外明亮的光辉，也为中国人民的教育事业作出了不朽的贡献。在谈到对陶行知的评价时，唐文权先生曾写道："我们相信，在卷帙浩繁的二十世纪教育史稿中，生活教育作为中国教育章中卓然独立的一节，深刻地映现着当代的世情和同情，足可永垂久远，引人注目流连。总有一天，当地球村的居民共建文化纪念馆时，中国这一文化大户的推选名单中，陶行知及其生活教育将因其对来者的悠长启示而膺登榜上，进入世界文化名人之列。"② 果不其然，在1991年，陶行知终因他对中国和世界教育的卓越贡献而被联合国教科文组织列为20世纪世界四大名人之一。

今天的教育在国情、实情方面与陶先生的时代已经有了极大的不同，但我们的教育中存在的问题却与他那个时代仍有相同或相似的地方，因此他的生活教育理论对当代的教育改革与发展仍然有着强烈的现实指导意义，进一步研究、发展和实践陶行知的教育思想也因而成为当今教育工作者的一项义不容辞的责任。

徐志辉

---

① 何荣汉. 陶行知：一位基督徒教育家的再发现. 香港：基督教文艺出版社，2004.
② 章开沅，唐文权. 平凡的神圣：陶行知. 武汉：湖北教育出版社，1991：560.

目 录

第一章 陶行知光辉的一生 ………………………………………… 1
  第一节 陶行知的青少年生活 ……………………………………… 2
    一、乡村生活与他一生的平民性 ………………………………… 2
    二、金大求学与教育救国思想之产生 …………………………… 3
    三、海外求学接受进步主义教育之浸染 ………………………… 4
  第二节 探索改革中国的教育 ……………………………………… 5
    一、投身中国的教育改造 ………………………………………… 6
    二、积极推行平民教育运动 ……………………………………… 7
    三、在乡村教育中试验生活教育理论 …………………………… 9
    四、普及教育与生活教育理论的进一步试验 …………………… 12
  第三节 为民族民主运动奋斗不息 ………………………………… 13
    一、出访各国宣传抗日 …………………………………………… 14
    二、回国三愿与培养抗战建国人才 ……………………………… 16
    三、为和平民主鞠躬尽瘁 ………………………………………… 18

第二章 陶行知生活教育理论的渊源 …………………………… 21
  第一节 对当时中国社会现实的体认 ……………………………… 22
    一、不可磨灭的青少年记忆 ……………………………………… 22
    二、探索可行的救国之道 ………………………………………… 27
  第二节 对中国传统教育思想的批判继承 ………………………… 30
    一、对儒家教育思想的扬弃 ……………………………………… 30
    二、对中国近现代教育思想的批判继承 ………………………… 32

第三节 对近现代西方教育思想的吸收与改造 ………………………… 35
　一、进步主义教育运动和杜威实用主义教育思想的影响………… 35
　二、杜威教育理论对20世纪初中国知识界的影响 ………………… 39

第三章　生活教育目的观：教人求真、学做真人 …………………… 41
第一节　真人教育目的观的提出 ……………………………………… 42
　一、"立真去伪"之宏愿的确立 ……………………………………… 42
　二、对"真人"之人格的不懈追求 …………………………………… 43
　三、"教人求真、学做真人"教育目的观的形成 …………………… 44
第二节　真人教育目的观的内涵 ……………………………………… 46
　一、真人：为真理而奋斗的人 ………………………………………… 46
　二、真人：德智体美劳全面发展的人 ………………………………… 48
第三节　教人求真：培养具有完满人格的人 ………………………… 51
　一、德育为首 …………………………………………………………… 52
　二、修身为本 …………………………………………………………… 54
　三、知行统一 …………………………………………………………… 54

第四章　生活教育的基本内核：生活即教育 ………………………… 56
第一节　"生活即教育"思想的形成 …………………………………… 57
　一、对脱离生活之传统教育的批判 ………………………………… 57
　二、对杜威"教育即生活"的创造性转换 …………………………… 62
第二节　"生活即教育"的含义 ………………………………………… 66
　一、是生活就是教育：给生活以教育 ………………………………… 67
　二、不是生活就不是教育：用生活来教育 …………………………… 69
　三、是好生活就是好教育：为生活向前向上的需要而教育 ……… 72
第三节　正确理解"生活即教育"的含义 ……………………………… 76
　一、"生活即教育"并非取消教育 …………………………………… 77
　二、"生活即教育"并非杜威命题的简单翻版 ……………………… 78
　三、应在历史语境中理解"生活即教育" …………………………… 79

第五章　生活教育的自然延伸：社会即学校 ………………………… 81
第一节　"社会即学校"思想的形成与发展 …………………………… 82
　一、学校与社会关系的历史考察 …………………………………… 82
　二、"社会即学校"思想的形成与发展 ……………………………… 83

第二节 "社会即学校"的基本含义 …………………………………… 85
　一、把社会办成大学校 ……………………………………………… 85
　二、把学校办成与社会密切联系的学校 …………………………… 86
　三、把学校建成改造社会的中心 …………………………………… 87
　四、把学校建成文化的纽带和文化推广中心 ……………………… 88
第三节 正确理解"社会即学校"的含义 ………………………………… 89
　一、"社会即学校"并非取消学校 …………………………………… 89
　二、"社会即学校"并非"学校即社会"的翻版 ……………………… 90
　三、"社会即学校"的当代启示 ……………………………………… 92

第六章 生活教育的根本方法：教学做合一 …………………………… 94
第一节 "教学做合一"思想的形成 ……………………………………… 95
　一、反对"教授法"，提倡"教学法" ………………………………… 95
　二、从"教学合一"到"教学做合一" ………………………………… 97
第二节 "教学做合一"的含义 …………………………………………… 99
　一、"教的方法根据学的方法，学的方法根据做的方法" ………… 99
　二、"教学做合一"是生活法亦即教育法 …………………………… 100
　三、"教学做合一"以"做"为中心 …………………………………… 101
第三节 "教学做合一"与当前的学校教育 ……………………………… 103
　一、"教学做合一"与"做中学"的关系 ……………………………… 103
　二、实施"教学做合一"，推进教育教学改革 ……………………… 105

第七章 生活教育课程观：生活课程化与课程生活化 ………………… 107
第一节 生活教育课程观的基本内容 …………………………………… 108
　一、生活课程化 ……………………………………………………… 108
　二、课程生活化 ……………………………………………………… 112
第二节 生活教育课程观的实质 ………………………………………… 116
　一、生活教育课程观本质上是大课程观 …………………………… 116
　二、生活教育课程本质上是综合课程 ……………………………… 117
　三、生活教育课程观蕴涵了丰富的素质教育思想 ………………… 118
第三节 生活教育课程观与基础教育课程改革 ………………………… 119
　一、基础教育课程改革必须进行评价制度改革 …………………… 120
　二、基础教育课程改革必须变理论家的改革为实践者的改革 …… 122

第八章 生活教育的师资培养:发展师范教育 …………… 126
第一节 陶行知师范教育思想的形成和发展 …………… 127
一、1917—1926:师范教育思想的初步形成 …………… 127
二、1927—1930:师范教育思想的形成和完善 …………… 129
三、1931—1946:师范教育思想的深入发展 …………… 131
第二节 陶行知师范教育思想的主要内容 …………… 133
一、师范教育的地位和作用 …………… 133
二、教师教育的培养目标 …………… 135
三、教师教育的培养体系 …………… 138
四、师范教育的培养方法 …………… 140
五、教师的道德修养 …………… 141
第三节 陶行知师范教育思想与当代教师教育改革 …………… 144
一、我国教师教育改革的现状 …………… 144
二、陶行知师范教育思想对教师教育改革的借鉴 …………… 145

第九章 生活教育:乡村教育之根本改造 …………… 149
第一节 中国乡村教育必须改造 …………… 150
一、当时的国情与乡情 …………… 150
二、乡村教育改造者的不同追求 …………… 151
三、陶行知乡村教育的思想与实践概略 …………… 152
第二节 建设适合乡村实际生活的活教育 …………… 154
一、活教育的真谛 …………… 154
二、陶行知乡村教育思想与实践的科学管窥 …………… 155
三、陶行知乡村教育思想与实践的教育学思考 …………… 156
第三节 陶行知乡村教育思想与当今乡村教育改革 …………… 158
一、"农民至上"与推动当代乡村教育改革 …………… 158
二、乡村教育与促进乡村现代化 …………… 159

第十章 生活教育理论的当代价值 …………… 162
第一节 生活教育理论是具有强大生命力的教育理论 …………… 163
一、生活教育理论的人民性和爱国性 …………… 163
二、生活教育理论的中国特色和时代气息 …………… 165
三、生活教育理论的继承借鉴与开拓创新 …………… 166
四、陶行知提出的培养目标和教学理论的恒久魅力 …………… 167

第二节　生活教育理论引领素质教育的方向 …………………… 168
　　　　一、追求真理做真人是素质教育的首要任务 ………………… 168
　　　　二、"综合教育":培养全面发展的人 …………………………… 169
　　　　三、倡导创造教育:培养值得彼此崇拜的人 …………………… 170
　　第三节　生活教育理论是现代化的大教育观 …………………… 172
　　　　一、教育必须走现代化之路 …………………………………… 173
　　　　二、教育现代化的最终目标是人的现代化 …………………… 174
　　　　三、教育现代化必须实现思维方式现代化 …………………… 176

附　录　人名索引 …………………………………………………… 180
后　记 ………………………………………………………………… 193

第一章 陶行知光辉的一生

 阅读提示

- 青少年时期的生活为陶行知奠定了亲民、爱民、为民、救民的思想基础；在金陵大学期间，陶行知形成了初步的教育救国思想。
- 美国进步主义教育运动和杜威生活教育思想的影响，使陶行知深信教育对社会的改造作用。
- 一生从事平民教育、乡村教育、普及教育，在教育实践中形成并完善生活教育理论。
- 出访欧、美、亚、非四大洲，宣传抗日救国主张；介绍大众教育运动；促进华侨团结，为中国人民的抗日战争作出了重大贡献。
- 推行抗战教育和民主教育，为和平和民主事业鞠躬尽瘁。

陶行知是20世纪一位伟大的人民教育家、教育思想家和教育实践家。他毕生致力于中国人民的教育事业，力图通过改革封建贵族的旧教育，创建人民大众的新教育，为旧中国找寻一条新生之路。强烈的爱国主义感情使他的脉搏与国家、民族的命运一起跳动，使他的热血与祖国的江河一起奔腾。他几十年如一日，大胆实践，勇于探索，艰苦奋斗，百折不回，创立了适合中国国情的"生活教育"理论体系，为改革中国旧教育，培养新人才作出了卓越的贡献。

陶行知的一生是求真的一生，创造的一生，战斗的一生，伟大的一生。陶行知逝世后，毛泽东称他为"伟大的人民教育家"，周恩来说他是"一个无保

留追随党的党外布尔什维克",宋庆龄尊他为"万世师表"。富有求真精神、改革精神、创造精神、献身精神的陶行知,永远是我们学习的光辉榜样。

第一节 陶行知的青少年生活

青少年时代对每个人的一生都是非常重要的。他的生活、他的家庭、他的求学经历等等,都会在他身上打下深深的烙印。这对陶行知也不例外。我们在此先对陶行知的青少年时代的生活状况作一个简要的介绍,以见出青少年时期的生活对他可能会产生怎样的影响。

一、乡村生活与他一生的平民性

陶行知原名文濬,乳名和尚,1891年10月18日(农历九月十六日)生于安徽省歙县黄潭源村。他姊妹三人,姐姐陶宝珠(因病早年夭亡),妹妹陶文渼(原名美珠)。陶行知的父亲陶位朝,原在休宁县万安镇经营酱园,破产后回家务农。母亲曹翠仂是一个勤劳善良的农村妇女,除了操持家务外,还经常参加田间劳动,为人缝补浆洗,贴补家用。

陶行知从小聪敏好学。他6岁时即由旸村蒙童馆方庶咸秀才免费为其开蒙,7岁时随父到休宁县万安镇,入吴尔宽经馆伴读。11岁时因家境贫寒,无法继续学业,只好随父回到歙县,在父亲的指导下利用劳动空暇时间自学。他还经常到近村船埠头去,向道德文章在当地享有盛誉的清朝贡生、私塾教师王藻求教。他每隔几天就上门求教一次,风雨无阻,王藻深为感动。据说有一天下大雪,当他赶到经馆时,王老先生已经开始讲课了。为了不打断先生的讲课,他一直伫立门外直到下课。此事在当地曾传为佳话,人们盛赞他有"程门立雪"之风(宋朝杨时曾就教于洛阳程颐,"一日见颐,颐偶瞑坐,时与游酢侍立不去;颐既觉,则门外雪深一尺矣")。

正由于自己出身于贫民家庭,对艰苦的乡村生活有着切身的体验,对农民的疾苦有着深切的感受,陶行知才能够自幼养成同情农民、热爱劳动、热爱劳动人民的思想感情,奠定了他亲民、爱民、为民、救民和献身大众教育事业的思想基础。

因为陶行知的父亲是耶稣教内地会的会员之一,所以陶母才得以经人介绍,到歙县教会学校崇一学堂做校工(炊事、勤杂工作)。陶行知在家种菜,每天一早要挑菜到县城去卖,得便就常到崇一学堂探望母亲,帮助母亲干点杂活。1905年陶行知14岁时，崇一学堂校长唐进贤（英国传教士，英文名吉布斯）见陶行知勤劳聪敏，同意他免费入学。从此陶行知开始接受新学教育。他学习刻苦认真，各门功课成绩都很好，特别是英语、数学成绩尤为突出，经常受到老师褒奖。除了完成功课外，他还非常喜欢读唐诗。因无钱买书，所以他会经常借别人的唐诗来抄写，边抄边吟，几近入迷。曾经有老师问他："你读唐诗推崇何人？"他回答说："白、杜。"老师又问："白乐天、杜子美之风格有何异同？"答："白诗通俗晓畅，杜诗沉郁有力，两人多为感时忧国之作，都能反映民生疾苦，这就是我所以推崇白、杜的原因。"老师听后不禁赞道："后生可畏啊！"

在崇一学堂学习期间，陶行知在学习目的上已经发生了质的变化，他已不再仅仅是为了改变自己的命运而学习，而是逐渐形成了为国家为民族而勤奋学习的宏伟志向。他在学堂宿舍墙壁上写道："我是一个中国人，要为中国作出一些贡献来。"少年立志，坚定鲜明。

陶行知在崇一学堂修习两年，以优异成绩毕业。其间，陶行知目睹旧中国的贫穷落后，科学文化不发达，庸医误人之事时有发生，自己的姐姐也早年夭折，加之受同窗好友章文美等人医药济世思想的影响，即逐渐产生了医学救国的思想。1908年他同章文美一起考入了教会办的学校——杭州广济医学堂，但由于该学堂对非基督徒学生在学习课程等问题上有明显歧视，陶行知表示不满，故入校三天后即"愤而退学"，"失望地返归故乡，专心于英语学习，直至次年"。次年，即1909年，陶行知又离乡外出到苏州，暂居表兄张志暴家。他一边在浸理学堂读书，一边打短工，勤工俭学；有时还要靠典当衣物度日，过着极其艰苦的生活。陶行知后来回忆说："十八岁流落在苏州的时候，我和我的表兄把衣服当得三百文过一日。"

二、金大求学与教育救国思想之产生

陶行知在苏州艰难度日时，巧遇从英国归来的崇一学堂校长唐进贤并得到他的帮助和引荐，前往南京考入汇文书院博习馆（今南京金陵中学前身）预科。1910年，汇文书院与基督教长老会所办的宏育书院合并，更名为金陵大学后，陶行知即从汇文书院直接升入金陵大学文科。当时正值辛亥革命前夕，民主主义思想广为传布。陶行知开始信仰孙中山的革命学说，主张民主共和。辛亥革命爆发后，他积极参加社会活动，组织爱国演讲，举办爱国募捐，宣传民族民主革命，还回到家乡参加地方上的武装起义。陶行知自述，在南京"读了三年后，第一次革命爆发了，此时回到故乡，任徽州议会秘书。半年后，我又回校继续完成学业"。1912年，陶行知曾联合南京各大学，并邀请苏州东吴大学等来南京举行学生运动会，以售票所得捐助黄兴领导的革命政府南京留守机关，以解决财政困难。他对当时金陵大学学报只有英文版没有中文版表示不满，并于1913年积极倡议出版《金陵光》中文版。得到校方同意后，从第四卷第一期起，增设中文版，陶行知先后任编辑和中文主笔，发表《金陵光出版之宣言》，勉励同学戮力同心，使中华大放光明于世界。

陶行知就读金陵大学时，虽然积极投入民主革命活动，工作紧张繁忙，但仍然坚持认真读书勤奋学习。不论国文、数学，还是外语，均成绩优异，深得师生赞誉。1914年夏，陶行知以全校总分第一的成绩毕业。他在毕业论文《共和精义》中指出："共和之要素有二：一曰教育；二曰生计。""人民贫，非教育莫与富之；人民愚，非教育莫与智之。"他的结论是："教育实建设共和最要之手续，舍教育则共和之险不可避，共和之国不可建，即建亦必终归于劣败。"① 当时的江苏省教育司司长黄炎培应邀参加毕业典礼，亲手为陶行知颁发中文文凭，对他的毕业论文也大加赞赏，称之为"秀绝金陵第一枝"。

陶行知在金大学习期间，信仰明代哲学家、思想家王阳明的"知行合一"说，认同"知是行之始，行是知之成"，遂改名"知行"。

三、海外求学接受进步主义教育之浸染

陶行知在金陵大学毕业后，决定赴美国留学深造。但他苦于没有旅费，不得不以"十扣柴扉一扇开"的希望，托亲访友多方借款。父母为成全儿子，节衣缩食，省吃俭用，父亲还毅然戒掉了大烟（即鸦片），并因劳累过度而病倒。他们的牺牲精神使陶行知深为感动。

1914年秋，他在前往美国的海轮上，曾以极度兴奋的心情写下了《海风歌》，歌颂科学文明。但当他看到轮船底层，工人们像黑炭一样，在资本家的驱使下干苦力活时，他的心碎了，"简直像硝镪水刻到心窝里"；他也明白了，不但"海船上的货舱是人间地狱"，所有工厂里的工人也都在受尽苦难，无论吃的、穿的、住的，无不"渗透了工人们的血泪"！这是一个贫民的儿子对受剥削受压迫的工人阶级的深切同情。

初到美国，由于学费问题，陶行知先入伊利诺伊大学攻读市政，但这与他教育救国的志向相去甚远。他曾写信给哥伦比亚大学师范学院院长罗素，明确地表示，他终身唯一的愿望就是"通过教育途径来建立民主共和"，并确定"哥伦比亚大学师范学院对我来说是最合适不过的"。因此，在1915年夏获得伊利诺伊大学政治学硕士学位后，他即转入哥伦比亚大学师范学院专攻教育科

---

① 陶行知．陶行知全集：第1卷．成都：四川教育出版社，1991：221．

学，研修有关教育行政、比较教育、教育哲学、教育史、教育社会学等课程，并成为美国著名教育家杜威最赏识的学生之一。杜威倡导"生活教育"的思想，提出"教育即生活"、"学校即社会"的命题，要求教育与生活联系，学校与社会沟通，将学校教育还给儿童，使教育符合儿童生长、生活的规律。杜威强调教育的社会功能，试图通过教育与社会生活的密切联系，克服传统教育的封闭性，赋予教育自我发展的动力。这反映了现代社会对教育发展的基本要求。杜威的生活教育思想无疑对陶行知有着深刻的影响，陶行知甚至认为杜威的教育思想是改造中国教育的一副良药。

留学期间，陶行知虽然获得了庚子赔款的半费奖学金，并由孟禄博士推荐，获得了利文斯顿奖学金，但生活仍然窘迫。他利用课余和节假日勤工俭学，自力更生解决生计问题；他刻苦勤奋地学习，晚饭后即到图书馆看书，"每至深夜始返"；他不忘自己是中国人，时刻系念祖国，在美国的同学都称他是"中国性"最强的留学生。[①]

1917年，陶行知在获得哥伦比亚大学"都市学务总监"资格后回国。在回国的海轮上和同学们谈自己的抱负时，陶行知说："我要使全中国人民都受到教育。"陶行知以他爱国爱民的赤子之心，最终选择了通过教育来实现救国救民的理想，从此他坚定不移地踏上了献身人民教育事业的征途。

第二节 探索改革中国的教育

辛亥革命以后，中国人虽然已经认识到教育的落后并试图改造中国的教育，但传统的封建教育根深蒂固，而拿来的西方教育又与中国的实际不相适应，故中国的教育从总体上来说还是旧教育，或者说是处于迷茫状态的教育。如何改造中国的教育，使之适合于中国的现实，是教育界共同关注的问题。陶行知归国后便汇入了中国教育改造的洪流之中。

[①] 1916年陶行知开始构思博士论文。由于材料缺乏，论文难以在回国之前完成。他的导师孟禄为其安排了一场博士学位的初试，同意他回国后再完成博士论文。陶行知在东南大学时，为撰写《中国教育哲学与教育》博士论文收集资料。但1923年12月12日东南大学失火，他的博士论文稿付之一炬。此后他一直忙于平民教育和乡村教育，无暇重写博士论文，故未能获得哥伦比亚大学的博士学位。1929年12月14日，鉴于陶行知在平民教育与乡村教育运动中以及在科学教育方面所取得的突出成绩，上海圣约翰大学授予陶行知科学博士荣誉学位（现译为理科硕士或理学博士），此后人们也称陶行知为"陶博士"。

一、投身中国的教育改造

陶行知回国后，应聘任南京高等师范学校教育学教授，主讲《教育学》、《教育行政》、《教育统计》、《教育心理》等课程，向学生介绍世界上各种新的教育观念和成就。1918年陶行知代理教务主任。南京高等师范学校并入东南大学后，陶行知任教育专修科主任。

五四运动之前的中国教育，面临着来自内外两方面的束缚：一是封建传统教育的束缚，二是德、日教育模式的束缚。中国教育界先进人物，如蔡元培，早就呼吁要突破外来教育模式的束缚；陶行知既批判"仪型他国"的弊端，又力言只有挣脱旧教育的束缚，中国教育才能顺应世界教育改革的潮流，迎头赶上。陶行知鲜明地高举反对封建传统教育与反对洋化教育两面大旗，为中国教育寻觅曙光。

正是在这背景下，陶行知发表不少论文，提出了很多改革教育的主张。在南京高等师范学校，他曾提出将全部"教授法"改为"教学法"，克服传统教育中"先生只管教，学生只管受教"的弊端。但是这一改革却遭到了保守势力的反对，以致在校务会议上激烈辩论两小时仍不能通过。为此，陶行知辞去代理教务主任的职务。五四运动后，在新文化浪潮的冲击下，"教学法"才为教育界普遍接受，通行全国，并一直沿用至今。陶行知还积极提倡女子教育，并首先向大学不能男女同学的旧习发起冲击。1919年12月，陶行知在南京高等师范学校提出了"规定女子旁听办法案"，与北京大学一起开始招收女生，开中国高校男女同学之先声。此风迅速盛行，各大学陆续开始招收女生。陶行知及其他倡导新教育的同志再接再厉，又继而促成中学开放女禁，有力地推进了中国的女子教育。

传统教育机械划一，压抑学生个性自由发展。陶行知在南京高等师范学校提出"改良课程案"，将本校课程改为"选课制"，规定"一科之学生可以选他科之课程"，以利学生自由发展。与此同时，他主张课堂教学与社会实践结合，引导学生走出校门，进行教育调查。他提倡暑期学校，招收各地教育行政人员及中小学教师进行短期培训。这是中国高等学校开办暑期学校的开始。陶行知还把教育改革的目光投向全国，如参加了中国学制的改革，他强调学制一定要适合国情，批评过去学制的不健全，在他的积极参与下，拟定了"六、三、三"新学制（即小学六年，初中、高中各三年），迄今为止，我国采用的基本上就是这种学制。

1919年到1921年，陶行知先后接待和陪同美国著名教育家杜威、孟禄来华考察讲学。这是中国现代文化教育史上的一件大事，也是"五四"时期中西文化交流的一个标志。陶行知作为杜威的弟子，在这件事上发挥了积极作用。杜威在华讲学两年余，足迹遍及14个省市，大小演讲200余次。陶行知参与了部分演讲的翻译，也曾著文介绍杜威的学说，使杜威的哲学和教育基本理论异常迅速地广泛传播到全国各地，对中国文化教育界产生了深刻影响。杜威来华可视为中国教育纳入欧美教育革新运动之始。孟禄来华历时4个月，其调查和讲学活动几乎都由陶行知全程陪同。孟禄作为国际知名的教育学专家，有相当开阔而又深刻的学术见解，对中国传统教育之弊端也知之甚明，他希望中国教育改革朝民主共和方向发展。1921年12月，在北京召开中国教育调查讨论会，由各方面代表1000余人出席。陶行知主持讨论会，并将孟禄报告调查所得一并参加讨论。如果说杜威的讲学使中国文教界人士大开眼界，明确了中国教育的发展方向，那么，孟禄的教育调查则指出中国教育的病源所在，并开出匡治的方案，他们都有效地把中国教育改革引向新的路子。所以，陶行知认为这是"为我国教育开一新纪元"，"深望大家奋起继续开辟继续试验的精神，来做这新纪元的帅领"。

受杜威、孟禄等讲学的影响与鼓舞，1921年12月，陶行知与蔡元培、马叙伦等一起策划，由新教育共进社、《新教育》杂志社、实际教育调查社合并，成立中华教育改进社，以"调查教育实况，研究教育学说，力谋教育改进"为宗旨。1922年2月，陶行知受聘为中华教育改进社主任干事，同年5月接任《新教育》杂志主编，提出要推进教育革新运动，必须具备开辟和试验精神，尤应走出国门，迈向世界，参与国际教育运动。

1923年世界教育联合会成立大会将在旧金山召开，陶行知为此做了大量的准备工作。他用了一年多时间调查汇编成《中国教育之统计》，共得表格56种，编辑有关中国教育之报告17种，并组织专家学者研究赴会的提案。这些材料反映了前阶段中国教育革新运动的成绩。当时公推蔡元培、郭秉文、陶行知等为参加首届世界教育会议的代表。后因陶行知公务繁忙不能赴会，但又先后被推举为参加第二、三届世界教育会议的代表。陶行知等新教育运动的倡导者对国际教育运动的强烈参与意识，正是欧美教育革新运动在中国唤起的一种信心的外露。

二、积极推行平民教育运动

中国平民教育运动发端较早，20世纪初，陈独秀、邓中夏等都开始提倡平民教育。而当杜威的平民教育思想在中国广泛传播之后，平民教育运动有了进一步的推动。1920年夏，陶行知在南京高等师范学校举办第一次暑期学校时，各省选送学员1300多人，讲习一个多月，以提高全国教育行政人员及中小学教师的科研能力和工作水平。在此期间，曾组织学员教附近平民识字。这期暑期学校也为全国高等学校开办暑期学校之始。

1922年，在中华教育改进社的首届年会上，通过了《推进平民教育案》。1923年6月，陶行知在南京成立平民教育促进会，试办3所试验学校，每校招生50人。在试验中，他发现多数店家住户因店务家务繁忙不能来上课，这促使他寻求新的解决办法。他由家中孙儿教祖母、大儿教小儿得到启发，认为可以随处用识字的人教不识字的人，我教你，你教他，他又教他，一家一店用不了多少时间便可使全家全店读书明理。他把这种方法叫"连环教学法"，并且通过办"平民读书处"的形式来推广平民教育。他不但在自己家里办起了"笑山平民读书处"，让自己6岁的儿子小桃教奶奶识字，还促使梁启超、胡适、熊希龄、蒋梦麟等京城名流都在家中办起了读书处。此风一开，使平民读书处流行一时。

1923年8月，陶行知与朱其慧、晏阳初、朱经农、黄炎培等在北京发起成立中华平民教育促进会总会，陶行知被推为总会执行书记，开始在全国大规模地推行平民教育运动。

陶行知认为平民教育是唤醒人民、挽救国家的好方法，可以"用最少时间最少经费教导年长人民读书识字爱国做好人"。平民教育可以提高人民的凝聚力，使大家团结起来，"建设五族一心的国家和全家一心的家"；平民教育能创造一个四通八达的社会，打通"层层叠叠的横阶级"和"深沟坚垒的纵阶级"，使社会充满生气，使劳苦大众改善生活。我们可以看到，在当时，陶行知对平民教育确实抱有一些不切实际的幻想，对教育作用的认识有点过于理想化，但他强调平民教育对社会改造的宗旨，坚决反对某些人拿平民教育去做"欺人的勾当"、"盗名的幌子"，更不许任何教会拿去"做传教的工具"等思想，则反映了他通过平民教育达到社会改造的信心。

正由于陶行知对平民教育运动有着坚定的信心，所以他一投入这个运动，就全力以赴，忘我工作。他常年奔波于北京、上海、江苏、安徽、湖北、江西、湖南乃至内蒙古等地，积极宣传和推行平民教育。每到一地，他深入到工厂、学校、商店、机关、寺庙甚至监狱去发表演说，有时一天数场，不知疲倦。与此同时，他还利用写信的方式进行宣传，无论同事、朋友、家人，上至官员，下至平民百姓，他都写信讲平民教育的好处，劝他们投入到这个运动中来。他曾下决心每天写一封信去宣传平民教育，连在候车室、轮船上，他都抓紧写信。陶行知公而忘私，逢年过节也难得和家人团聚，仍奔波在旅途上，他有一首诗写道："上车过旧年，下车过新年。年年车上过，也算是过年。"

为解决平民教育所需要的教科书，陶行知与朱经农合作，共同编写了《平民千字课》（共四册），在使用中受到各地广泛欢迎，发行量高达 300 万册，在推行平民教育运动中发挥了重要作用。

平民教育的主要组织形式就是平民学校和平民读书处。1924 年，北京城内办了 100 多个平民读书处，张家口办了 200 多个平民读书处，浙江一个县就开办了 100 多个平民学校和读书处。陶行知曾总结说，平民教育运动开展以来不过 9 个月，已推行到 20 个省区，会读《平民千字课》的已有 50 万人。由此可以看出当时的中国多么需要平民教育，这也同样可以解释为什么平民教育运动会有如此大的声势，如此丰硕的成果。平民教育运动对当时中国教育的影响是极为深远的。

在平民教育运动进入高潮时，陶行知就已经清醒地认识到：中国以农立国，100 个人当中有 85 个住在乡村里。平民教育是到民间去的运动，也就是到乡村去的运动。于是，他提出了平民教育"到民间去"、"到乡村去"的口号，鼓励更多的人"把乡下人的幸福放在心里"，把教育普及到广大农村去。

陶行知等提倡平民教育运动，反映了爱国爱民的知识分子在黑暗势力尚处于强大之时，为探索救国救民道路而作的一种努力，也反映了有良知的知识分子对社会的一种强烈责任感。但在这个运动中，由于他无法得到上层人物对平民教育的支持，也由于时局动乱，经费严重短缺，平民教育运动无以为继；更由于他的反帝反封建思想使他始终与旧势力旧思想格格不入，于是他就与一些人发生了严重的分歧，最后不得不退出了平民教育促进会，转而将他的全部时间和精力都投入到乡村教育运动中去。

三、在乡村教育中试验生活教育理论

为了使全国人口中绝大多数的农民有受教育的机会，1926 年，陶行知把工作重点转向研究乡村教育。他指出，中国教育改造的根本问题在农村，如果广大农民得不到受教育的权利，没有文化，不懂科学，长期处于愚昧落后的状态，那么，中国农民难以出头，国家也断无振兴之日。这年 7 月始，他先后在南京、无锡等地进行实地考察，积极筹划乡村教育运动。10 月底，他以中华教育改进社名义发表《创设乡村幼稚园宣言书》。11 月下旬，他又以中华教育改进社名义在南京举办乡村教育研究会，会后发表《中华教育改进社改造全国乡村教育宣言书》，明确宣告中华教育改进社今后的主要使命在于推动乡村教育，为 3 亿 4000 万农民服务；宣布中华教育改进社以实现四个"一百万"为既定目标，即筹募 100 万元基金，征集 100 万位同志，创办 100 万所学校，改造 100 万个乡村，"一心一德的为中国乡村开创一个新生命"。陶行知还发表了《师范教育下乡运动》、《我们的信条》、《中国乡村教育之根本改造》等重要文

章，提出"教育必须下乡，知识必须给予农民"。

但当时的中国广大农村极少有学校，而仅有的一些乡村学校又走错了路，必须另找生路。

生路在哪里呢？陶行知说，"就是建设适合乡村实际生活的活教育"，使教育真正下乡，真正向农民普及，为广大农民服务。

发展乡村教育，最要紧的是建立一支合格的乡村师资队伍，而这必须靠"特殊的训练"来培养。所以，办好乡村师范是当务之急。但是，当时中国的师范学校"多半设在城里，对于农村儿童的需要苦于不能适应"。陶行知决心用新的办法，用新的生活教育理论来创办一所真正的乡村师范。

1926年底，陶行知在上海召开乡村教育讨论会，筹备试验乡村师范学校，就有关办学宗旨、培养目标、办学方法、开设课程、学校组织、招生名额、考试科目、修业年限等作了详细研究。1927年初，试验乡村师范学校的招生广告在有关报刊发表，其"投考资格"规定："初中、高中、大学末一年半程度学生；有农事或土木工经验；及在职教师，有相当程度，并愿与农民共甘苦，有志增进农民生产力，发展农民自治力者，皆得投考。倘有志兴办乡村小学者，为预储师资起见，选择合格学生，保送来校投考，尤所欢迎。"广告特别声明："小名士、书呆子、文凭迷，最好不来！"① 广告发布后，不少进步青年纷纷写信要求投考，更有许多有识之士推荐和保送青年学生来求学。但当时正值北伐革命军逼近南京城，盘踞南京的军阀孙传芳部下褚玉璞准备负隅顽抗。一时间，南京城外战云密布，人心惶惶。陶行知沉着镇静，照样发出开学通知书："本校誓与村民共休戚，村民既须在枪林弹雨之下耕种，吾校断不因时局不靖而辍学，故投考开课均照公布之日期办理，决不变更。"

1927年3月11日考试那天，在南京三路交通俱已断绝的情况下，仍有13名青年冒着枪林弹雨赶来应考，还有20多人请假补考。他们之中，近者来自上海、苏州、镇江，远者来自安徽、浙江、湖北、江西及北京。这场入学考试也是别开生面的，除国文、常识测验、演说、辩论外，还有劳动考试，即到劳山上挥锄垦荒。

1927年3月15日，南京试验乡村师范学校在晓庄劳山脚下举行了隆重的开学典礼。参加者除13个学生和学校指导员外，还有城里的来宾和附近的农民群众。男女老幼，穿着干净的衣服，挤满了会场。爆竹一响，锣鼓齐鸣，校旗慢慢升起，庄严肃穆。

校长陶行知发表了热情的演说："本校特异于平常的学校有两点：一无校

---

① 陶行知．陶行知全集：第2卷．成都：四川教育出版社，1991：693—694．

舍，二无教员。……我们的校舍上面盖的是青天，下面踏的是大地，我们的精神一样的要充溢于天地间。……本校只有指导员而无教师。我们相信没有专能教的老师，只有比较经验稍深或学识稍好的指导，所以农夫、村妇、渔人、樵夫都可以做我们的指导员，因为我们有许多不及他们之处。我们认清了这两点，才能在广漠的乡村教育的路上前进。"① 这是陶行知对"生活即教育"、"社会即学校"的一个通俗具体的阐释。

陶行知规定合格的乡村教师必须做到有农夫的身手，科学的头脑，改造社会的精神，健康的体魄和艺术的兴趣。这五条培养目标体现了陶行知德、智、体、美、劳全面发展的教育思想。

晓庄学校是陶行知生活教育理论的发轫地与第一个试验基地。它实施教育与生产劳动相结合，教育与社会生活相结合的原则，师生与农民交朋友，拜农民为师，建立"会朋友去"的制度。为做到"教学做合一"，该校有8所中心小学、5所中心幼稚园，1所中学和多所民众学校，均由师范生轮流担任教师和管理者，在实践中培养师范生的办学能力。陶行知反对死教书、死读书，提倡活教书、活用书，他把图书馆命名为"书呆子莫来馆"，把礼堂取名为"犁宫"，门外书写一副对联："和马牛羊鸡犬豕做朋友，对稻粱菽麦黍稷下工夫"；食堂也取名为"食力厅"，要求学生自食其力。总之，晓庄学校的一切，从教学计划、教学内容到教学方法，都贯彻了"生活教育"的原则，体现出彻底改革的精神。陶行知自己经常赤脚穿草鞋，扛锄头，挑大粪，和农民打成一片，并且把母亲和夫人孩子从北京迁到晓庄安家，他是中国知识分子与工农相结合的突出典范。

1928年，陶行知派人到浙江创办湘湖乡村师范学校，作为第二个晓庄，同时试验"生活教育"理论，培养合格的乡村教师。1929年，陶行知又派学生李友梅、吴廷荣、蓝九盛等到江苏淮安创办新安小学，陶行知兼任校长，后派汪达之任校长。后来举世闻名的新安旅行团就是该校推行生活教育理论的一次创造性实践。

当时，晓庄学校有中国共产党的地下组织。地下党领导师生积极开展反帝爱国斗争。1930年，晓庄师生参加南京"四五"学生反帝示威游行，支援下关工人罢工斗争。国民党政府强令陶行知开除"赤化"学生，陶行知严辞拒绝。不久，国民党当局悍然封闭晓庄学校，师生30余人被捕，石俊、叶刚、郭凤韶、袁咨桐等10多位青年学生在雨花台英勇就义。陶行知本人也以莫须有的罪名遭到通缉，被迫逃亡日本。晓庄学校创校3年，培养学生200多人，他们把晓庄精

---

① 陶行知. 陶行知全集：第2卷. 成都：四川教育出版社，1991：344.

神传向四方，为中国人民的解放事业和人民教育事业作出了巨大的贡献。

四、普及教育与生活教育理论的进一步试验

1931年九一八事变后，民族危机空前严重，国民党政府采取不抵抗政策，置民族利益和国家利益于不顾，激起全国人民的极大愤慨。这时，陶行知已从日本秘密潜回祖国，匿居上海，受《申报》总经理史量才之聘，任该报总管理处顾问。陶行知以"不除庭草斋夫"的笔名撰写了大量文章，包括政治、哲学、经济、军事、文化、教育等方面，和反动势力进行针锋相对的斗争。特别是写了许多杂文，严厉抨击蒋介石"安内攘外"的反动政策，反对国民党的"文化围剿"，主张团结全国人民抗日救国。与此同时，陶行知还积极提倡"科学下嫁"运动，向人民大众普及科学知识。

1932年"一·二八"事变后，战火迅速烧到上海。陶行知为教育团结广大人民共赴国难，积极提倡和推行普及教育运动，以培养国民的军事能力、生产能力、科学能力、识字能力、运用民权能力和节制生育能力，把国民造就成"健全分子"，使"时代落伍的人一起赶上时代的前线来"，适应当时抗日救国斗争形势的需要。

但是，用什么办法来普及教育呢？陶行知设想要办出一种完全新型的学校，这种学校既是一个小学堂，又是一个小工场，一个小社会。陶行知为之取名为"工学团"，其含义是"工以养生，学以明生，团以保生"。工学团可大可小，从几个人的家庭、店铺，几十个人的学校、寺庙，几百个人的村庄，几千人的工厂，到几万人的军队、工程队等等，都可以成为工学团。它不需要围墙，不需要另外建房子，不需要添多少设备，所以它是用穷办法去普及穷人教育的好形式；他又能将工场、学校、社会打成一片，人人生产，人人长进，人人平等互助，自卫卫人，这就又有利于实施普及教育的六大培养目标，以较快的速度提高人民的觉悟，把人民团结起来。陶行知满怀信心地说："中华民族之新生命是在工学团的种子里潜伏着，我有这种认识，我有这种信仰。"他希望尽快把这种子遍撒人间。

1932年10月，陶行知在上海宝山县亲自主持创办了山海工学团，又名山海实验乡村学校。因当时日寇即将攻入山海关侵占华北，所以陶行知为工学团"取名山海，语意双关，志在实施国难教育，唤醒祖国人民，收复一切失地，要日寇还我河山"。该工学团的主体是"本村的真农民"，即"靠自己动手种地吃饭的人"，办学原则是"充分运用本村固有的力量"。在山海工学团的影响下，陶行知的学生徐明清主办以工人为主体的晨更工学团，朱泽甫主办光华工学团，孙铭勋、戴自俺主办劳工幼儿团，方明主办报童工学团和流浪儿工学

团，朱冰如主办浦东女工读书班以及吴淞铁路工人学校等。紧接着，工学团运动又很快发展到全国各地，各种职业、各种形式的工学团纷纷建立，普及教育运动全面推开了。

工学团运动兴起后，一个突出的矛盾是缺乏师资。为了全面推行普及教育，陶行知号召"全国小学生总动员做小先生"，提倡即知即传人的"小先生制"。小先生好比电线，将学校与家庭沟通，学校与社会沟通，于是社会变成了学校。"小先生制"一出世就显示出强大的生命力，上海的"小先生"深入工厂、农村、商店、家庭，在普及教育中发挥了很大的作用。不到一年，"小先生制"很快推广到全国20多个省市，形成一支普及教育的生力军。上海有小先生万余人，湖北的江陵，浙江的鄞县都是全县普遍采用小先生制，其他如山东之邹平、泰安，河北之南开、定县，山西之舜帝庙，广东之百侯，河南之百泉、洛阳、开封，也都是成效卓著。陶行知有诗赞小先生："我是小学生，变做小先生。粉碎那知识私有，要把时代儿划分。""我是小先生，填平害人坑。把帝国主义打倒，活捉妖怪一口吞。""我是小先生，要与众人谋生。上天无路造条路，入地无门开扇门。"

陶行知在实践中逐渐认识到王阳明"知行合一"说的错误，他把王阳明的"知是行之始，行是知之成"的理论翻了半个筋斗，改为"行是知之始，知是行之成"。1934年7月，陶行知正式把自己的名字由"知行"改为"行知"。后来，陶行知对知与行关系的认识又前进了一步，认识到知来源于行而又指导行，即认识来源于实践而又指导实践，他把"行——知——行"的关系比喻成"行动是老子，知识是儿子，创造是孙子"。在最后几年，陶行知又常用"衍"来签名，以表明行知行之间的关系。

"知行"——"行知"——"行知行"，反映了陶行知哲学思想的发展和深刻变化，也反映了他生活教育理论进一步试验和完善的真实历程。

第三节　为民族民主运动奋斗不息

抗日战争爆发后，抗战救国就是中国面临的第一要务。在战争的烽火燃遍全国之时，原先的乡村教育和普及教育自然无法进行下去。此时的陶行知同其他爱国志士一样，迅即投入到抗日救亡运动之中。在这个运动中，陶行知以他独特的地位和威望，为民族民主运动作出了突出的贡献。

一、出访各国宣传抗日

1935年一二九运动爆发，全国掀起抗日救亡运动的新高潮。1936年初，国难教育社成立，陶行知被选为理事长，起草《国难教育方案》，积极推行国难教育运动。

陶行知说，国难教育只有一个目的，"这个目的就是保卫中华民国领土主权之完整以争取中华民族之自由平等"。国难教育是要教人先救民族之生命，教育之生命才能自然得救。国难教育是普及教育的进一步发展，它是"中国已到生死关头"时对全国人民实行总动员的救国教育。陶行知为此而编的《老少通千字课》是适合于儿童和成人的新的识字课本，突出了爱国主义教育和反帝反封建的教育。如《中国人》一课内容是："我是中国人，我爱中华国，中国现在不得了，将来一定了不得！"表达了对当时中华民族危机的忧虑和对中华民族未来的信心，使教的人和学的人都深受教育。这套课本既是识字课本，又是政治教育课本，在国难教育中起了很大作用。

1936年5月31日，陶行知与宋庆龄、何香凝、沈钧儒、邹韬奋等人以及各地救亡团体代表在上海开会，成立"全国各界救国联合会"，发表抗日救国宣言。7月，他与沈钧儒、章乃器、邹韬奋四人联名发表《团结御侮》公开信，赞同中国共产党关于建立抗日民族统一战线的主张，呼吁国共合作。陶行知写诗《团结御侮文件》："大祸已临头，箕豆忍相煎。摩登万言书，我名最先签。"公开信发表后，毛泽东即复信表示支持，并愿与救国会"在各方面作更大的努力与更亲密的合作"。

1936年7月，陶行知受全国各界救国联合会的委托，以国民外交使节的身份，出国访问，宣传抗日，同时出席世界新教育会议和世界和平大会。8月，他先到达伦敦参加世界新教育联合会第七届年会。参加会议的有50多个国家的1500余名代表。陶行知在会上介绍了中国大众教育运动，强调中国在抵抗东方法西斯侵略过程中，大众教育运动是争取民族自由平等和劳苦大众解放的战斗武器。他说："现时中国教育的目标是国家的解放，如果教育并不能使中国自己成为独立、自由的国家，那教育就没有意义了。"陶行知的发言，引起与会者强烈的反响。8月底9月初，陶行知又匆匆赶往巴黎，同钱俊瑞、陆璀等会合，一起赴日内瓦出席世界青年和平大会；接着又赶赴比利时首都布鲁塞尔参加世界和平大会。陶行知被推为中国代表团主席和中国执行委员，他与大家商议起草了大会发言稿和《告和平与中国之友书》，强烈谴责日本破坏远东和平侵略中国的罪行，呼吁国际社会给中国人民以切实可靠的援助。这来自东方反侵略前沿阵地的强烈呼声，赢得了来自世界各地的4000余名与会者的热烈响应，许多外国朋友纷纷在《告和平与中国之友书》上签字，表示对中国反法西斯斗争的支持。

在参加了三次国际会议后，紧接着，陶行知又把自己的精力放到团结海外华侨的工作上来。旅欧华侨除知识界外，主要分布在商界和劳工界，他们派别很多，各立门户，常因小集团的利益而发生矛盾。因此，做华侨工作，有一定的困难。但绝大多数华侨毕竟是爱国的，这是推动华侨团结抗日的重要基础。陶行知与王海镜、胡秋原等发表《告海外同胞书》，倡议在巴黎举行全欧华侨抗日大会，并起草了大会章程，以"不分党派、阶级、职业、信仰，唯以团结华侨抗日救国及增进侨胞福利"为宗旨。1936年9月26日，陶行知出席巴黎全欧抗日救国联合会成立大会，即席创作并朗诵《中华民族大团结》一诗。到会的各国华侨代表共400余人。陶行知在会上发表讲演，强调"团结御侮是中华民族当前神圣的任务"。会场气氛十分热烈。陶行知、钱俊瑞、陆璀等人与华侨代表们同仇敌忾，手挽手高声唱起了《义勇军进行曲》，许多华侨激动得流下了热泪。

为了更深入广泛地向华侨宣传，陶行知每到一国，就参加侨胞集会，调查华侨情况，协调华侨社会各方关系。在美国，他发现华侨社会"四分五裂"、"互不相容"，陷于分散混乱之中。为帮助旅美华侨团结对敌，陶行知亲自找到各派华侨团体的领袖，做耐心细致的思想工作，并利用集会讲演，通过各种座谈会交流，还成功地运用他的大众诗和高唱救亡歌曲，来激发华侨们的爱国热情。终于，在美华侨们捐弃前嫌团结起来了，他们有钱出钱，有力出力，共赴国难。在陶行知的奔波呼吁下，其他许多国家的华侨也行动起来了，成立了各种形式的抗日救国联合会，积极支援祖国抗战。

争取国际援助，是陶行知作为"国民外交使节"出访各国的重要任务。在这方面，陶行知主要做了如下几件事：一、草拟《杜威宣言》（即《四学者之正义电》），杜威、爱因斯坦、罗曼·罗兰、罗素（甘地后来来电加入）等世界名人联合发表宣言，谴责日本侵略，支援中国抗日。宣言很快在全世界广泛传布，引起强烈反响。二、推动各国抵制日货。陶行知认为，抵制日货，对日本进行经济制裁，是制止其侵略的有效措施。为此，他不断致力于向美国各界广泛宣传，推动美国许多地方举行群众性的抵制日货大会，使日货在美销量骤减35%。在陶行知的努力下，世界和平大会执行委员会议决，从1938年元旦开始，在全世界普遍抵制日货。陶行知还亲自到各个国家进行宣传，推动他们一起参加到国际援助中国抵制日货的行列中来。三、深入调查研究，推进对日禁运。经调查，陶行知发现美国是日本军需材料的主要供应者，而且占到日本进口军需材料总数的54.5%。在洛杉矶一次5000人的群众大会上，陶行知愤怒地揭露，当日本在中国杀死 100 万人时，其中有 54.5 万人是美国的军火帮助杀死的。他的讲话引起美国人民强烈反响。码头工人罢工拒绝搬运援日军火，各界人士也进一步掀起禁运和抵制日货运动。

陶行知在国外时，曾四访加拿大，推动加拿大医疗和医药援华。他还到过墨西哥，会见墨西哥总统，争取到墨西哥人民对中国抗战的同情和支持。此外，陶行知还访问了德国、荷兰、意大利、比利时、奥地利、希腊、埃及、印度等 28 个国家和地区，足迹遍布欧、美、亚、非四大洲，行程 25 万公里，历时两年，开展了广泛的访问、演讲、募捐等国民外交活动，宣传中国人民抗日救国主张，揭露日本帝国主义侵华罪行，介绍中国大众教育运动，促进华侨团结，推动华侨救国联合会的组织工作，为动员广大华侨和世界各国人民支持中国人民的抗日战争，作出了重大贡献。

出国期间，陶行知曾先后三次到伦敦瞻仰马克思墓，其中有一次是与中国共产党代表吴玉章一起去的。陶行知在马克思墓前写下一首小诗——"光明照万世，宏论醒天下。二四七四八，小坟葬伟大"①，表达了他对马克思的崇敬。

1936 年 11 月 22 日国内发生了"七君子"事件，沈钧儒、李公朴、邹韬奋等救国会七领袖被捕入狱，陶行知虽远在国外也遭到通缉。陶行知闻讯万分愤慨，在他的推动下，世界和平大会以及杜威、爱因斯坦、罗素等名人都曾致电国民党政府，提出抗议，要求立即释放"七君子"。国内外对七君子被捕的抗议浪潮，汇成了一股逼蒋抗日的强大压力，也直接推动了"西安事变"的发生。1937 年抗战爆发后，七君子终于获释。陶行知也写信给国难教育社的同志，要他们及时把国难教育运动转为"战时教育运动"，并出版《战时教育》杂志，以适应抗战的需要。

二、回国三愿与培养抗战建国人才

1938 年 8 月，陶行知回国，路过香港时发表回国三愿：一是创办晓庄学院，培养高级人才；二是创办难童学校，培养人才幼苗；三是在香港创办中华业余补习学校，团结推动侨胞抗日救国。第三件事当时就付诸实行，在港创校，对港澳青年和海外侨胞进行教育，提高他们对抗日战争的认识，明白自己应负的责任。第一件事却由于国民党政府的刁难和阻挠，未能实现。第二件事即后来创办的重庆育才学校。

同年 10 月，陶行知应聘任国民参政会参政员。12 月，生活教育总社在桂林正式成立，陶行知当选为理事长。为配合中国共产党提出的全面抗战，他又

---

① 注："二四七四八"为马克思墓编号。

把"战时教育运动"改为"全面教育运动"。陶行知在《抗战的全面教育》一文中说,"教育要通过生活才是有效的教育;抗战教育要通过抗战生活才是有效的抗战教育","教育是民族解放的武器,人类解放的武器。不展开到整个民族,整个人类,不够称为全面教育"。① 所以,全面教育就是不分前方后方,不分男女老幼,都要接受抗战教育,促使全民团结一致争取抗战胜利。

1939年7月20日,重庆育才学校在凤凰山上的古圣寺开学。陶行知招收了160多名具有特殊才能的难童入学。育才学校的办学宗旨是培养儿童成为"抗战建国之人才",具体目标是使儿童"团结起来做追求真理的小学生,团结起来做即知即传的小先生,团结起来做手脑并用的小工人,团结起来做反抗侵略的小战士"。他在重视文化基础教育的同时,根据"因材施教"的原则把学生分成音乐、舞蹈、绘画、戏剧、文学、自然、社会等七个组,精心培养人才幼苗。陶行知聘请了许多著名的进步学者、专家、教授来校任教,如有任教音乐组的著名作曲家贺绿汀和李凌,任教绘画组的木刻家陈烟桥,任教文学组的诗人艾青和作家魏东明,任教戏剧组的戏剧家章泯和刘厚生,任教舞蹈组的著名舞蹈家戴爱莲和吴晓邦等,另有郭沫若、翦伯赞、田汉、何其芳、夏衍、周扬、刘白羽、周而复乃至李可染、关山月、吴作人等文化艺术界名人都曾到育才作讲座和指导。

在教学方法上,与晓庄的做法有所不同。它采用以课堂教学为主的分级授课制,但做法比较灵活,不强求一律,而是承认差别:在各专业组学习的学生,如中途发现不适合可以转组;有的学生数学基础较好而英语基础较差,可以随高年级学数学而从低年级学英语;还准许学生根据自身爱好和条件,在学习本组专业课外,再选学别组专业课。坚持贯彻"教学做合一",但也注重发挥教师的指导作用。充分发扬教学民主,师生可以互相争论,共同探讨,彼此都以服从真理为前提。育才学生在日后表现出卓异的才华,是同这种民主而又科学的教学方法分不开的。

育才重视集体生活的教育性。陶行知说,"育才学校全盘教育基础建筑在集体生活上",这种集体生活包括四个方面:劳动生活、健康生活、政治生活和文化生活。也就是劳动教育、健康教育、政治教育和文化教育。这四种生活都有一个共同的目的,即把学生培养成为"抗战建国的人才"。陶行知十分注意把政治教育全面渗透到学校各项生活中去,使劳动生活、健康生活、文化生活之解释、动员、组织的过程都成为一种政治生活,也就是一种政治教育。所以,育才的教育并不是关在校园内,而是经常引导师生走向社会,把课堂直接放到政

---

① 陶行知.陶行知文集:修订本.南京:江苏教育出版社,2001:769.

治斗争风浪中,过战时的生活,受抗战的教育,在抗战熔炉中经受锻炼。

育才学校创办后,一直得到中国共产党的支持和帮助。周恩来、邓颖超曾专程到育才看望师生,给师生作抗战形势报告。周恩来还为同学们题词"一代胜似一代",并捐助400元给学校购置体育器材。1941年皖南事变后,国民党当局妄图用政治迫害和经济封锁等手段扼杀育才学校,加之物价飞涨,育才学校一度经费断绝,师生生活濒于绝境。有人劝陶行知,放弃育才,别再"抱着石头游泳",陶行知说,不,"我是抱着爱人游泳",一定要游到胜利的彼岸。陶行知面对困难没有屈服,决心发扬"新武训"精神,坚持把育才办下去。这时,周恩来送他一套南泥湾大生产的照片,并送他一件用延安毛线编织的毛衣。陶行知受到鼓舞和启发,组织育才师生开荒生产自救,立足自力更生共渡难关。社会各界人士无不为陶行知的精神所感动,冯玉祥、郭沫若、茅盾、徐悲鸿、许士骐等名人为育才义卖字画,史良捐赠图书,音乐家捐琴谱,科学工作者捐仪器,新加坡华侨陈嘉庚、菲律宾华侨杨静桐热心捐助经费,重庆商界人士徐佩镕、马冠雄、沈天灵先生都把先父母辞世的赙仪数十万元悉数捐给育才,加之美国援华会的援助费,才使育才学校在困难中奇迹般地坚持了下来,而且继续招生,继续发展。

育才学校在困难中逐步发展起来,一批又一批学生被输送到延安、中原和苏北抗日根据地,有些人到了浙东和川东游击区参加革命斗争,其中还有不少人为革命献出了年轻的生命。育才学校,这所嘉陵江畔的进步学校,当时国统区内的"解放区",为中国的革命和以后的社会主义建设培养了大批英才。

三、为和平民主鞠躬尽瘁

1945年抗战胜利后,毛泽东为了和平建设新中国,由延安飞抵重庆与国民党谈判,陶行知作为人民团体的代表曾多次受到接见。毛泽东离开重庆时,陶行知代表民盟中央到机场欢送,并合影留念。

但是,国民党政府很快撕毁"双十协定",内战的危机一触即发。陶行知响应中国共产党的号召,积极投入反内战、反独裁、争取和平民主的斗争。他提倡"民主教育"运动,主办《民主星期刊》,出版《民主教育》杂志,指出民主教育是"教人做主人"的教育。1946年1月,陶行知与李公朴、史良等在重庆创办社会大学,陶行知和李公朴分别担任正副校长。陶行知在开学典礼上提出了"大学之道,在明民德,在亲民,在止于人民之幸福"。这所新型大学,是在中共中央南方局和周恩来、董必武、吴玉章等同志的支持、关怀和指导下办起来的。它是当时重庆民主革命斗争的一座营垒,是对革命青年进行马克思主义教育的一个基地。党内外许多著名学者如博古、吴玉章、郭沫若、邓初民、张友渔、王昆仑、马寅初、许涤新、曹靖华、何其芳、艾芜等都先后在社会大学任教。社会大学除进行比较系统的革命理论学习外，还组织学生参加革命斗争实践和专业实习，在短期内培养了一批中国革命和建设急需的人才。一些学生在解放战争中英勇牺牲，还有一些人在渣滓洞集中营壮烈殉难。

1946年4月，陶行知离开重庆赴上海，路过南京时专程去晓庄看望了乡亲父老。昔日风景幽美的晓庄，如今已是满目疮痍，原有的校舍也成一片废墟。唯有他父母坟前的两棵大树被农友保存下来，至今岿然并存。农友们希望陶行知留下来不要走，继续为农民办学，陶行知深情地说："晓庄，我是一定要回来的，不仅要把晓庄师范恢复起来，还要办小学、中学、大学。可是现在还不行，内战的危险依然存在，只有到实现和平和民主的那一天，我才能回来。"5月，陶行知在上海听说周恩来到了南京，立即赴南京到梅园新村拜访他。陶行知汇报了育才学校迁沪和在上海办社会大学的打算。周恩来表示赞同，接着分析了当时的局势，指出反动派很可能会狗急跳墙，对民主、进步人士动杀机，大家一定要提高警惕。陶行知表示："民主是时代的潮流，反动派的屠刀是阻止不了的！"陶行知重返上海后，即以极大的革命热情奋不顾身地投入反内战、争取和平民主的斗争。短短三个月时间，他向各界群众发表演讲100多次。6月23日，上海工人、学生、市民群众10多万人汇合到北火车站广场，欢送和平代表团马叙伦、雷洁琼等11人到南京请愿。陶行知在大会上疾呼："八天的和平太短了，我们需要永久的和平！伪装的民主太丑了，我们需要真正的民主！"请愿代表到达南京下关车站，竟遭到一群特务的暴力殴打，酿成南京下关惨案。事后当局还造谣说是"难民骚动"。陶行知代表上海市民联合会、民主促进会、上海争取和平会等54个人民团体举行记者招待会，严词驳斥了当局的谣言，揭穿了反动派的可耻阴谋。

面对不断高涨的民主运动，国民党政府惊惶失措，他们终于伸出血腥的屠刀，于7月11日和7月15日先后在昆明暗杀了民主战士李公朴、闻一多。消息传来后，陶行知义愤填膺，拍案怒斥："正义是杀不完的，真理永远存在！"当暗杀陶行知的黑名单已传出，郭沫若、翦伯赞等都劝他提高警惕、注意安全时，陶行知大义凛然地说："我等着第三枪！"表现了他临危不惧、为革命献身的大无畏精神。7月16日，陶行知给育才学校师生写了最后一封信，信中写道："深信我的生命之结束，不会是育才和生活教育社之结束。我提议为民主死了一个，就要加紧感召一万个人来顶补……"他以崇高的革命气节在信中勉励大家"平时要以'仁者不忧，智者不惑，勇者不惧，达者不恋'的精神培养学生和我们自己。有事则以'富贵不能淫，贫贱不能移，威武不能屈，美人不能动'相勉励"。7月24日夜，陶行知通宵整理自己的10万字诗稿，7月25日清晨，终因劳累过度，健康极差，刺激过深，不幸患脑溢血，救治不及，于当日中午12时30分与世长辞，终年55岁。周恩来、邓颖超闻讯立即赶到住地，周恩来俯身拉着陶行知还不十分僵硬的手，含泪说："陶先生，你放心去吧！你已经对得起民族，对得起人民。你的事业会由朋友们、你的后继者们坚持下去的，你放心去吧！我们一定要争取全面的、永久的和平和实现民主来告慰你。朋友们都得学习你的精神，尽瘁民主事业直至最后一息。陶先生，你放心去吧！"

陶行知逝世后，周恩来在给党中央的电报中指出："十年来，陶先生一直跟着毛泽东同志为代表的党的正确路线走，是一个无保留追随党的党外布尔什维克。"延安、重庆、上海各界人士先后召开隆重的追悼大会。毛泽东题词："痛悼伟大的人民教育家陶行知先生千古"。朱德题词："学习陶行知先生全心全意为人民服务，不屈不挠为独立、和平、民主而斗争的精神"。宋庆龄题词："万世师表"。何香凝题词："行知先生精神不死"。

根据陶行知生前愿望，他的灵柩由上海运抵南京晓庄安葬，全国53个人民团体联合举行了公祭仪式。沈钧儒先生主祭，参加葬礼的各界知名人士和农民群众达数千人。董必武代表中共中央参加了葬礼，并题诗一首《哭陶先生》贴在灵柩上，诗云：

> 敬爱陶夫子，当今一圣人。
> 方圆中规矩，教育逾陶钧。
> 栋折吾将压，山颓道未伸。
> 此生安仰止，无复可归仁。

陶行知，这位"人民导师"，一代宗师，长眠在晓庄劳山脚下。他的伟大精神，将光照千秋，彪炳史册！

学习与思考：

1. 陶行知为什么能把自己的一生与中华民族的前途命运紧密地连在一起？
2. 陶行知的一生对你的人生设计有什么启发？
3. 作为一个公民应不应该具有强烈的社会责任感？应该如何确立这种社会责任感？

第二章
陶行知生活教育理论的渊源

 阅读提示

- 家庭出身和乡村生活对陶行知一生有着不可磨灭的影响。
- 青少年时代所受的传统文化教育,孕育了他对中华民族的情怀、对祖国前途命运的关注、对普通民众无私的爱、对中国教育事业义无反顾的投入……
- 美国进步主义教育思潮,杜威、孟禄和克伯屈等人教育思想的浸染,强化了陶行知教育与实践相结合的观念。
- 20世纪20年代国内教育救国思潮以及教育实践的影响坚定了陶行知的教育救国信念。

  认识来源于实践。陶行知生活教育理论是他一生智慧的结晶,也是他长期投身于改造、批判旧的封建教育、建立中国新教育的实践中逐渐形成的。但他的家庭出身、青少年时期所受的教育、19世纪末20世纪初中国的社会环境等因素以及前人、同时代人的思想和实践对他的影响,却是生活教育理论深刻的思想渊源。为了正确认识和深刻领会生活教育理论的内涵和精神实质,我们有必要从他对当时社会现实的体认,对中国传统教育的批判继承,对近现代西方教育思想的吸收和改造等方面来作一番探寻。

第一节　对当时中国社会现实的体认

我们常说人是环境的产物，是社会的产物，这正说明社会和生活对人的塑造。一个人的世界观、人生观和价值观的形成是一个渐次的过程，受着诸多因素的影响，而且会随生活的变化而变化。陶行知的世界观和人生观就是在他的生活实践中逐渐形成和发展的。他之所以能够把自己的一生无怨无悔地贡献给中国人民的教育事业，之所以能够具有"捧着一颗心来，不带半根草去"的牺牲精神，可以从他所过的生活中寻得端倪。

一、不可磨灭的青少年记忆

一个人青少年时代的生活对其一生都会产生重要的影响。这包括他的家庭出身，求学经历以及受过什么样的教育，当时社会的历史状况等等。生活在亦农亦商的困窘家庭中的陶行知，一生都不曾忘记自己的贫苦出身。

（一）贫寒家境打下的不灭印记

陶行知自幼家境贫寒。他的儿子陶城在回忆父亲的文章《真善美的爱——陶行知一家》中就写道：由于其祖父"在家种瓜种菜，砍柴卖柴"，所以家里生活非常清苦，"为了保证爸爸上学，祖母才不得已把自己的亲骨肉宝珠姑母送到别家当童养媳"。陶母曹翠仂是一位普通的农村妇女，她既要操持家务，协助田间劳动，又要经常为人浆洗缝补以贴补家用，也曾到教会学校做佣工。为了节省，陶家连剃头也舍不得花钱，陶父、陶行知及他几个孩子，都是由陶母为他们理发的。那把剃刀也好似陶家的传家宝一样，一直为陶母所珍惜。陶行知也曾专门为此剃刀题词："这把刀！曾剃三代头。细数省下钱，换得两担油。"他还写道："吾母治家，最为勤俭，连剃头都是她一人包办。这把刀现在是成了我们最为纪念的传家宝了。它剃过父亲的头，剃过我的头，剃过桃红、小桃、三桃、蜜桃的胎头。"陶行知13岁时，因其父染上不良嗜好，陶家生活愈加困难，陶行知被迫辍学在家劳动，还经常挑菜到县城卖；他无钱买书，曾经常借别人的书来抄写，以满足自己的求知欲；18岁流落苏州时，曾经过以典当度日的生活。

贫穷的农村生活，清贫的家庭境况，难忘的童年记忆，对陶行知的一生都产生了不可磨灭的影响：他一生对穷苦儿童发自内心的深切关爱；他教育学生不做人上人和人下人而要做人中人；他能够放弃官位高薪，脱掉西装革履，换上布衣草鞋去与农民交朋友;他能够矢志不渝地从事平民教育,对工人农民和劳苦大众的生活状况给予深刻的理解和同情;他对农村农民问题的关注和艰苦实践;他特别重视"做"在教育过程中的作用;他创办南京试验乡村师范学校、山海工学团、育才学校;他重视平民教育、乡村教育、大众教育、国难教育……其最深刻的根源之一就在于他的农村和农家出身,因为这一切对于官宦人家出身,做惯了少爷小姐的人是根本无法想象的。我们仅举一例,就可以看出"乡村情结"在陶行知身上打下的印记有多么深刻。

陶行知的同乡好友、留美时的同学胡适,一次乘飞机游桂林后,写下了一首《桂游小赞》的诗赠给陶行知。诗曰:

"看尽柳州山,
看尽桂林水,
天上不须半日,
地上五千里。
古人辛苦学神仙,
要受千百戒。
看我不修不炼,
也凌云无碍。"①

陶行知读了胡适此诗,心中非常不是滋味,遂回了一首《另一看法》的诗作答:

"流尽工农汗,
还流泪不息。
天上不须半日,
地上千万滴!
辛辛苦苦造飞机,
无法上天嬉,
让你看山看水,
这事倒稀奇。"②

后来,陶行知从上海飞往香港,再次想起胡适的诗,于是又写了一首题为"飞行有感"的诗:

天上看人间,
越看越奇怪。

---

① 陶行知. 陶行知全集:第7卷. 成都:四川教育出版社,1991:494.
② 陶行知. 陶行知全集:第7卷. 成都:四川教育出版社,1991:440.

黄的一块块，
绿的一块块。
一块块里，
还有许多小块块；
歪歪曲曲，
曲曲歪歪，
这里头的奥妙啊，
怕只有锄头了解。
要想要它解决啊，
还得要机器起来。

我也"凌云无碍"，
看了一个大概。
一块块的田地是谁种？
一座座的屋子是谁盖？
除了山和水，
问是谁造的世界？①

　　字里行间流露出的是他对工农大众浓浓的爱，与胡适的态度形成了鲜明的对比。

　　1923年他在给妹妹的一封信里写过这么一段话："我本来是一个中国的平民。无奈十几年的学校生活，渐渐地把我向外国的贵族的方向转移。学校生活对于我的修养固有不可磨灭的益处，但是这种外国的贵族的风尚，却是很大的缺点，好在我的中国性、平民性是很丰富的，我的同事都说我是一个'最中国的'留学生。经过一番觉悟，我就像黄河决了堤，向那中国的平民的路上奔流回来了。"②

　　1927年他在写给晓庄学校全体同志的信中说："我们第一步要谋中国三万万四千万农民之解放，第二步要助东亚各国农民之解放，第三步要助全世界农民之解放。这个学校不但要做中国教育革命之出发点，并且要做世界教育革命之中心。……上海杀机四伏，倘使外国炮火把我顺便轰死了，这封信就算作我的遗嘱。倘诸事办理就绪，仍得生还，必当穿草鞋与诸君共同耕种，并从事增

---

① 陶行知．陶行知全集：第7卷．成都：四川教育出版社，1991：493—494.
② 陶行知．陶行知全集：第8卷．成都：四川教育出版社，1991：40—41.

进农民之生产力与自卫力,以为全世界农民解放之准备。"① 他之所以像黄河决堤一样向平民的路上奔流回来,之所以能够不顾生死安危谋全国乃至全世界农民之解放,最深刻的根源还在于他的农村和农民出身和他长期对农村生活的深刻体验。这与穿上洋装就忘了农村和农民的那些农家子弟形成了极鲜明的对比。由此不难看出长期的农村生活和农家出身对陶行知的深远影响。

（二）国学对陶行知的深刻影响

陶行知的家乡歙县位于安徽省东南部的新安江上游,隶属于徽州。这里不仅是闻名华夏的徽商故里,也是著名的徽州文化的发祥地。这里孕育滋生了被统称为"徽州学派"的以朱熹为代表的"新安理学",以江永和戴震为代表的"徽派朴学",还形成了独具特色的"徽派建筑"。此外,这里也是驰名中外的徽墨和歙砚的产地。自东晋以来逐渐形成的新安文化流派与自然形成的徽商经济之间的相互激荡,构筑了此地特有的人文社会环境。身处这样的环境中,人们必然会受到这种环境的熏染。

望子成龙是中国人根深蒂固的观念,无论是穷家还是富家。受当地社会风气和传统习俗的影响,还在陶行知很小的时候,其父就利用闲暇时间教儿子临帖识字。他6岁开蒙,7岁随父到休宁县入吴尔宽经馆伴读,11岁时在父亲的指导下自学,也曾拜歙县秀才吴朗斋为师攻读经书,并经常向在当地享有盛誉的清代贡生王藻先生求教。直到这时,陶行知所受的都是正宗的传统文化教育。进入崇一学堂之后,虽说是以西学为主,但他也从未放弃对国学的学习。除了学好代数、英文等西方课程之外,经学、国文、历史等有关中国文化的课程,他也同样重视。他还利用课余时间广泛阅读中国传统的文化知识,尤其喜爱唐诗。

在汇文书院和金陵大学期间,随着年龄的增长,他更体会到穷孩子上学的不易,更有着对知识的渴求,于是他把几乎所有的精力和时间都用在学习上。由于金陵大学是一所由美国人创办的教会大学,所以不仅学制上、管理上完全是欧美化的,就是在校园的文化氛围上,也充斥着欧美化气息。在这样的文化氛围中,陶行知在如饥似渴地学习西方文化的同时,对中国传统文化的学习钻研也从未放松。在此期间,他不仅认真钻研王阳明的学说,信奉他的"知行合一"理论,并以陶知行为笔名在金陵大学学报《金陵光》上发表文章,而且对儒学、墨学以及传统文化的其他知识也有认真的学习和研究。从他在金大学报《金陵光》上发表的15篇中文文章来看,无论其语言风格还是典故的运用,都烙下了传统文化深深的印记。此处仅举《一夫多妻之恶结果》中的一段话为

---

① 陶行知. 陶行知文集：修订本. 南京：江苏教育出版社,2001：254-255.

例,以见国学对陶行知之影响:"一国和而后国治,一家和而后家齐。亲爱则和,交恶则不能和。娣姒(音 dìsì,即妯娌)交恶,所妒者财,而兄弟不和;妻妾交恶,所妒者色,而夫妇嫡庶不和。兄弟不和,析居犹可也;至于夫妇嫡庶不和,则家不可为矣。盖姬妾众多,则虽兼爱家如墨子,亦不能均其爱力。必有色艺较佳而宠较专者,必有不安于室者,于是妻与妾争名分,妾与妾争嬖(音 bì,宠爱)幸。而子女之中,又各祖其母,各逞其气,各争其权。有如人彘之祸,皇孙之啄,五公子之争立,皆多婚阶之厉也。"①

尤为值得重视的是他对国学的态度。《金陵大学学报》1909 年创刊时只有英文版,从第 4 卷第 1 期起,接受陶行知的倡议增设中文版,陶行知任编辑;从第 5 卷第 5 期始,陶行知任中文版主笔。他在《增刊中文报之缘起》中谈到了增加中文版的三个理由,即推广规模、保存国粹、灌输学术。在"保存国粹"中,他写道:"自西学中输,新学派之醉心欧化,蔑视国文也,久矣。殊不知腐儒鄙弃西学,固属偏见;而新进蔑视国文,尤为忘本。夫国文之用,所以表示一国人之思想,记载一国人之行动,以互相传达,而特异于外人者也。故国界一日不消除,则国文一日必留存,未有有国而可弃其国文者也。国文有缺点,吾当补缀之;国文有窒塞,吾当贯通之;国文衰暗,则当改良之,光明之。其事实难,然吾辈青年学子所不可放释之责任也。同人有志于此。爰(音 yuán,于是)增刊中文报,以磨炼作国文之才,而唤起爱国文之心。能作能爱而后可言保存;能保能存而后可言光明。"② 其爱国、爱国文、爱祖国文化之情溢于言表。

此外,在陶行知留存下来的一本笔记中,他工工整整地抄下了 90 首古诗词,以便于随时阅读,这也可以看做青年陶行知喜爱中国传统文化的佐证。

(三) 教会学校的影响

早在 1876 年,一位英国传教士吉布斯(Gibbs,汉名唐进贤)就受"基督教中华内地会"的派遣到歙县进行传教活动。到 20 世纪初信徒已发展 40 人,陶行知之父陶位朝便是其中之一。当唐进贤 1900 年在歙县县城教堂内附设教会小学堂,即"崇一学堂"后,陶母就在该校做佣工。1906 年,崇一学堂由小学改为中学堂,陶行知进入该学堂,开始系统地接受教会学校的教育和西学的熏陶。虽然陶行知在崇一学堂的学习时间只有两年,但对他一生的影响却是巨大的。在该学堂他修习了修身、国文、经学、中国历史等"中学",也修习了英文、算学、代数、格致、西方历史等"西学",此外还学习了地理、音乐、

---

① 陶行知. 陶行知全集:第 1 卷. 成都:四川教育出版社,1991:169.
② 陶行知. 陶行知全集:第 1 卷. 成都:四川教育出版社,1991:166—167.

体操、医学常识等课程。通过这些功课的学习，既使他已有根基的"中学"知识得到了较大程度的丰富，也为他"西学"知识的之后发展奠定了坚实的基础。

从崇一学堂毕业后，陶行知选择了学医，并在校长唐进贤的帮助下考入了教会办的杭州广济医学堂。尽管由于他不满该校对非基督教徒学生的歧视而从广济医学堂"愤而退学"，但在1900年还是在唐进贤的指引下投考了教会开办的南京汇文书院成美馆（相当于大学预科的中学部）学习。1910年，汇文书院与益智书院和基督书院合并为金陵大学后，他又直接升入了大学，成为金陵大学的首届学生。金陵大学的办学宗旨则在于"培养学生的'基督化人格'，亦即培养'基督牺牲与服务精神'，以造就健全国民，发展博爱精神，养成职业知能的根本"。① 至于金陵大学五载求学经历对陶行知的影响，他在1916年写给哥伦比亚大学师范学院院长罗素（J. E. Russell）的信中作了这样的描述：进入金陵大学后，"令人高兴的是，在金大对于基督徒学生和非基督徒学生均一视同仁……在包文博士（Dr. Bowen）和亨克博士（Dr. Henke）的指导下，又深受詹克教授（Prof. Jenk）的'基督教的社会意义'观点的影响，我于1913年成为一个基督徒"②。这之后，陶行知不仅参加了教会在金陵大学的学生组织"青年会"的活动，而且逐步接受了基督精神的熏陶。1946年陶行知逝世后，曾在金陵大学教书的老师司徒雷登忆及自己的学生时说过："……在校时，他专攻王阳明的学说，同时对于基督教的真谛探讨不遗余力。"③ "'由于他在学生时代坚信基督教'，后来他从事教育，坚信博爱，主张小先生制等，'均为基督教精神之最大发挥'。"④ 由此可见，陶行知在金陵大学兼摄中西文化，实现了自身思想体系的升华，铸就了自己的精神信仰和道德风范。

二、探索可行的救国之道

鸦片战争后，国家贫弱不堪，内忧外患，亡国之忧充斥在每个国人的心中。如何救国？拿什么来救国？19世纪末20世纪初国内一批心系祖国前途和命运的人，为探寻救国救民的道路和方法进行着艰苦的探索。

（一）教育救国：众多人认定的救国之道

面对着国家的贫弱现状，许多人都在思考着不同的救国之道。有人认为中

---

① 余子侠. 山乡社会走出的人民教育家：陶行知. 武汉：湖北教育出版社，1999：41.
② 陶行知. 陶行知全集：第8卷. 长沙：湖南教育出版社，1992：727－728.
③ 司徒雷登. 我所认识的陶行知. //陶行知先生纪念集. 北京：三联书店，1946.
④ 余子侠，张纯. 陶行知与基督教：中华归主?. //重庆市陶行知研究会编. 陶行知教育思想与当代教育改革. 昆明：西南师范大学出版社，2002.

国的贫穷落后是封建专治制度和外国列强的侵略造成的，要改变这种状况，必须推翻封建统治，抵御外国列强的入侵。这是政治救国的根据。辛亥革命、五四运动是其表现形式。有人认为中国之所以落后，是由于经济的落后，故提出了实业救国的主张，并为之作出了许多努力。有人认为，中国落后的根源不在于经济和政治，政治经济的落后、受帝国主义列强的欺凌，从根本而言是因为中国的科技不发达，国力不强盛。基于此，一些人主张科技救国。还有一批知识分子则认为，中国在政治、经济、科技等方面的落后，当然是造成国家贫弱的原因，但更根本的原因却在于教育的落后。自隋朝建立了科举制度以后，教育就完全是为封建统治服务的，"学而优则仕"，当官封爵几乎成为接受教育的唯一目的。无数人为了金榜题名而皓首穷经，耗尽了毕生精力，但却是上无治国之策，下乏富家之术，于家于国于社会，全然无用。平民百姓则根本无法受到教育，文盲充斥了全国。所以，中国的落后在于民智未开，民智未开在于缺乏普及性的教育。故废科举、兴学校、开民智、育人才就成为许多人追求的救国之道，以至于教育救国在那时形成了一股潮流。"百日维新"（1898）运动中，以康有为、严复为代表的"教育救国"论应运而生。他们认为西方之所以富强"不在炮械军器，而在穷理劝学"。"穷理"就是发展科学，"劝学"就是普及现代教育。影响所及，使得孙中山、蔡元培、章炳麟、梁启超、陈嘉庚、徐特立、黄炎培、胡适、鲁迅、张伯苓、晏阳初、梁漱溟、陈鹤琴……一大批有识之士都纷纷投入到"教育救国"的宣传及实践之中。他们致力于兴新学、办报纸、建学会，试图通过发展教育使中华民族获得新生。1917年陶行知留学归国后，就迅速融入到靠发展教育救亡图存的洪流之中。

（二）陶行知的教育救国思想

陶行知一生致力于民族的教育事业，是因为他始终坚信教育是救国之道。而他之所以有此信念，除了受美国进步主义教育思潮和杜威等人的影响之外，还在于他对中国国情的体会认识。他的乡村生活经历以及后来的求学之路，使他对中国的教育状况有着深刻的体会，深感穷孩子接受教育之不易，深感发展教育对改造中国的重要意义。早在1914年他就在大学毕业论文《共和精义》中，表露出他最初的教育救国观念："人民贫，非教育莫与富之；人民愚，非教育莫与智之……教育实建设共和最要之手续，舍教育则共和之险不可避，共和之国不可建……"① 如果说他这时的教育救国思想，完全是受当时国内流行的教育救国思潮的影响所致，还带有相当的感性成分的话，那么当他在美国接受了进步主义教育运动的理论和影响之后，依靠教育改造社会、拯救国家的信

---

① 陶行知. 陶行知全集：第1卷. 成都：四川教育出版社，1991：221.

念不仅进一步得到了强化,而且成为他一生的理性追求。他在1916年写给哥仑比亚大学师范学院院长罗素的信中明确表示"我的毕生志愿是,通过教育而非武力来创建一个民主国家。……我坚信,没有真正的公共教育就不可能有真正的共和国。"①

1917年秋,他带着先进的教育理论,怀着"要使全中国人都受到教育"的志向,开始了他的教育生涯。1922年,中华教育改进社成立,陶行知出任主任干事。1923年,他在南京同朱其慧、晏阳初等人组织了南京平民教育促进会,后又共同倡议,成立了中华平民教育促进会。他认为,"平民教育运动是一个平民读书运动","今日之平民教育就是将来普及教育的先声"。② 他还在给朋友的信中强调了开展平民教育,以启迪民众爱国救亡思想的重要性:"中国现在危亡之祸迫在眼前,万万等不及国民小学的学生长大之后再出来为国家担当责任。我们必定要把年富力强的人民赶紧的培植起来,使他们个个读书明理,并愿为国鞠躬尽瘁。"③ 这是他教育救国思想的明确表达。正因为他对教育的功能看得如此之高,把普及教育看得如此重要,所以他才提出"文字教育应预令强迫"的主张。他在《中国普及教育方案商讨》中甚至这样说:"民国二十四年一月一日下令预告全国民众限二十四年十二月三十一日前读毕教育部指定几种《千字课》之一种。至四月一日、七月一日、十月一日下第二、第三、第四次预告令。第一次预告令下后,即令小学生、茶馆说书人、电影院广告与警察到处逢人宣传,劝其早些求学,不要临时抱佛脚;并说明二十五年一月一日即有识字警察手指《千字课》,站在城门口、车站、码头及交通孔道,临时抽验来往行人,检查他们的头脑如同检查行李一样,不识字的要罚愚民捐铜元一枚。预令里还要说及二十五年一月一日以后,家里、店里、工厂里、任何机关里,如有无故不识字的人,按人数每人每月罚银一元。由家长、店主、工厂经理、机关主持人缴纳。识字成人或学生对其负责,而不识字之亲友不肯施教者,罚守知奴捐银一角并公布之。"④ 这虽然有些理想化甚至近乎苛刻,但却反映了他在平民中普及教育的急迫心情。就是抱着这样的教育救国宏愿,他的足迹遍布大江南北长城内外,为普及平民教育而辛勤劳作。

在促进平民教育的过程中,陶行知进一步关注到农民和乡村教育问题。他认为,中国是以农立国,农村人口占全国总人口百分之八九十。因此,要改造

---

① 陶行知. 陶行知文集. 南京:江苏教育出版社,2001:13.
② 陶行知. 陶行知教育文选. 北京:教育科学出版社,1981:23.
③ 陶行知. 陶行知书信集. 合肥:安徽人民出版社,1981:15.
④ 陶行知. 陶行知全集:第3卷. 成都:四川教育出版社,1991:293—294.

社会，必须改造乡村，而欲改造乡村，则必须对农村教育进行改造。他甚至把乡村学校看做"今日中国改造乡村生活之唯一可能的中心"。为此，他提出了要筹集100万元基金，动员100万个同志，创办100万所学校，改造100万个乡村的宏伟计划，从而"为中国一百万个乡村创造一个新生命，叫中国一个个的乡村都有充分的新生命，合起来造成中华民国的伟大的新生命"。这种由对中国国情的深刻体察而得出的结论，就是在为中国的教育寻觅曙光。正是在这样的指导思想和愿望的驱使下，他才开始在心中酝酿如何发展乡村教育的重大问题。

第二节 对中国传统教育思想的批判继承

中国教育的发展源远流长。尽管中国的传统教育有着这样那样的缺陷，但也有值得我们骄傲和继续发扬的一面。陶行知尽管对中国的旧教育深恶痛绝，对中国的传统教育进行过激烈的批判，但他并没有对传统的教育采取全盘否定的态度，在他的思想中仍然不乏对古人教育思想精华的吸取。

一、对儒家教育思想的扬弃

关于知行关系的论辩，几乎涉及秦汉以后整个中国思想史。不仅涉及儒家，道家和释家也多有论及。其中尤以儒家特别是宋明理学更为集中和系统。据陶行知自己说，他还在金陵大学求学时，便即开始研究王阳明的学说，并对其"知行合一"论深信不疑，甚至因此把自己的名字也改为"知行"。事实上他不只是受王阳明的影响，二程朱熹的知行观对他同样产生了影响。虽然知行观是属于哲学方面的论争，但这种论争却对教育理论和实践都有着密切的关系。陶行知后来对王阳明的学说进行了根本的改造，由"知是行之始，行是知之成"改为"行是知之始，知是行之成"，标志着他的哲学思想的飞跃，在认识论上找到了生活教育的理论基础。

此外，他泛爱大众，主张通过"教育为公达到天下为公"的教育理想，也可以看做对儒家"大道之行，天下为公，选贤与能，讲信修睦。故人不独亲其亲，不独子其子。使老有所终，壮有所用，幼有所长，矜寡孤独废疾者皆有所养"（《礼记·礼运》）理想的继承。他的"明民德"为主的办教育的目的，也是对《礼记》中"大学之道，在明明德，在亲民，在止于至善"的改造。他在自己写的《新大学歌》中写道："大学之道，在明大德，在新大众，在止于大众之幸福。知止而后能动,动而后能虑,虑而后能得。"这正是对旧教育目的论的现代继承。

在教育内容上,可以说他是主张德智体美劳全面发展的,其中尤为重视"德",即一个人道德品质之养成。在办重庆育才学校时,他就把育才学校的办学宗旨概括为"智、仁、勇",并在该校的校徽上用三个圆圈来表示。他在《育才学校教育纲要草案》中写道:"育才学校办的是智仁勇合一的教育。智仁勇三者是中国重要的精神遗产,过去它被认为'天下之达德';今天依然不失为个人完满发展之重要的指标。"① 但把"三达德"作为对人的道德涵养的要求提出来,则是在儒家经典《中庸》一书中。书曰:"智、仁、勇三者,天下之达德也","知斯三者,则知所以修身;知所以修身,则知所以治人;知所以治人,则知所以治天下国家矣"。要达到"修身齐家治国平天下",首要的就是"修身",而"修身"就是要提高一个人的道德修养。陶行知对儒家的这一思想赋予了全新的内容,要求育才学校通过智仁勇的教育,使每一个学生在"个性上滋润着智慧的心",要有"了解社会与大众的热诚,服务社会与大众自我牺牲的精神"。②

在培养目标上,陶行知一贯主张教师的职责在教人求真,学生的职责在学做真人,无论是知识的探求还是德性的培养,都要求一个"真"字。其实,"明明德"也好,"智仁勇"也好,他都是格外强调对学生德性的培养,无论是教师还是学生,必须首先做一个"真人",即做一个能够自立、自化、自觉之人。人必自立而后才能立人,人必自化而后方可化人,人必自觉而后方可觉人。所以,培养自立、自化、自觉的人,理应成为教育的一种追求。

在教学方法方面,他广泛吸取儒家教育思想的精华,提出了"教学做合一"、"五路探讨"、因材施教、教学相长、启发式教学等方法。他起初提出要"教学合一",认为作为一个先生,其责任不仅在"教",而且在"教学",即教会学生学习,这很容易使我们想起古人提出的"鱼"与"渔"的关系。他提出,先生不仅要把自己教的方法和学生学的方法结合起来,还要在教学中和自己的学问联系起来,使自己在教学中不断增进知识,要做到"以教人者教己","相学相师",从而使得师生之间能够互相促进。这是对《礼记·学记》中所提出的"教学相长"说的发扬。《学记》中说:"学然后知不足,教然后知困。知不足,然后能自反也;知困,然后能自强也"。

陶行知还非常强调学生学习主动性的发挥。教师的教学不仅要给学生传授

---
① 陶行知. 陶行知全集:第4卷. 成都:四川教育出版社,1991:460.
② 陶行知. 陶行知全集:第4卷. 成都:四川教育出版社,1991:460—461.

新知识,不仅要把教学做紧密结合起来,不仅要教学生会学习,同时还必须充分调动学生学习的主动性,使学生能够主动、自主、快乐地进行学习。因此他反对死读书、读死书,反对脱离实际对学生进行简单的灌输,提倡启发式教学。他说:"在学校里并非一面教人,一面受教,就算了事。"孔子有"不愤不启,不悱不发"之语,应该在学生达到"愤"和"悱"的状态时,先生才及时去"启"和"发"。但要想使学生达到"愤"和"悱"的状态,学生想学、愿学、乐学是必要前提。因此陶行知补充说:要"使他不得不愤,使他不得不悱"[1]。

除了儒家思想外,陶行知的教育理论与墨子的学说也具有某种渊源关系,如墨子的"兼爱"思想、注重"亲知"的思想、重视实践和科学的思想等等。

二、对中国近现代教育思想的批判继承

清朝及以后的历史是中华民族饱受磨难的历史,是中华民族一步步沦为西方列强殖民地半殖民地的历史,亡国的感觉萦绕在每个中国人的心头。于是,反帝反封建、救亡图存就自然成为时代的中心任务。为了改变贫穷落后、挨打受欺的现状,就必须有科技的发展和民族工业的快速发展,以迅速增强国力。而要达此目的,非有教育的发展不可,故而在清末就兴起了一场废科举、兴学校的教育改革运动。新的教育改革运动虽然兴起了,但旧的传统教育观念,如读书做官,学而优则仕,以学校和书本为中心等等,以其强大的惯性严重地阻碍着教育改革,使得中国的教育仍然难以适应社会发展的需要。在这种背景下,一大批心系民族命运的有识之士便以急迫的心情投入到救国运动之中。实业救国、科技救国、教育救国像一股股潮流一样在全国涌动。生活教育运动就是在这个大背景下兴起的。

从中国近代教育思想史上看,陶行知的生活教育思想是受到明清之际尤其是清末思想家们所倡导的"经世致用之学"传统的影响的。颜元强烈反对宋明理学家脱离实际只迷信书本的做法。他认为如果脱离实际只是闭门读书,其结果必然是书读得越多越迷惑,处事就越无能,就越无法推动经济的发展。他主张为学在于务实,必须学以致用。龚自珍认为,科举教育制度培养的尽是些无用之人:"生不荷耰(音 yōu,古代的一种农具)锄,长不习吏事,故书雅记,十窥三四,昭代功德,瞠目未睹。"[2] 这种教育制度不是培养人才,而是"摧锄天下人材",如不从根本上革除必然祸患无穷。魏源也认为科举教育培养的是无用的"庸儒",说科举教育培养的只是一些"不识兵农礼乐工虞士师为何

---

[1] 陶行知. 陶行知全集:第1卷. 成都:四川教育出版社,1991:314.
[2] 龚自珍. 龚自珍全集. 上海:上海人民出版社,1975:5.

事"的人①。他认为真正的教育必须与社会需要密切结合,为社会培养有用之才,为现实服务。洋务派曾国藩、李鸿章、左宗棠、张之洞和后来的维新派康有为、梁启超、严复、谭嗣同等,也纷纷提出了改科举、兴学堂、重西学、求实用的主张并积极进行实践。如洋务派不仅兴办了外国语学校,各种工业技术学校和军事学校,强调教育为社会服务,而且开始了留学教育以"师夷长技";维新派在继续废科举、兴学堂的同时,还积极办报纸,立会社,使教育与社会之间的联系更加密切,康有为还在广州的长兴里创办了"万木草堂",亲任总教授和总监督并亲自任教。

陶行知也非常强调教育必须为社会服务,必须与社会需要紧密结合。1918年,他在《职业与教育》杂志上发表了《"生利主义"之职业教育》一文,指出职业教育的实质就在于生利,并对如何实行职业教育进行了详细系统的论述。其实,他不仅认为职业教育是生利的教育,整个教育都应该如此。所以无论是搞平民教育、乡村教育、大众教育,还是师范教育、特殊人才教育,他都非常强调"教"与"学"必须同"做"紧密结合,强调试验、实践在教育过程中的作用,其生活教育思想中时时处处都渗透着重视实用,学以致用的精神。这除了受西方教育思想的影响之外,显然也受到当时经世致用传统的影响。如果说这种影响对陶行知还是比较间接的话,那么辛亥革命前后的教育改革浪潮对他的影响就非常直接了。

辛亥革命前后,孙中山、蔡元培、黄炎培、章太炎等人一面致力于对封建教育制度的根本批判和革命,尽力抵制保皇派在教育领域中继续推行封建专制教育的复古主义逆流,一面致力于开办新型学校,为挽救民族危机培养有用人才。孙中山认为,新型的教育和学校应该关注每一个社会成员,使所有人都能够享有平等的受教育权利。他强调学校的作用说:"学校者,文明进行之泉源,在衣食住行四种人生需要之外,首当注意办学";"学校的目的在于读书识字学问智识之外,当注意于双手万能,力求实用,"学生在此可以学到"天地万物之理,人生日用之事"。当时的革命派非常注重教育为现实服务,反对尊孔法古,甚至认为"法古教育是亡种之根"。他们提倡教育要研究现实,要注重实用,学校要研究当今社会实际的种种事务,学生应学会衣食住行等生活本领、处理生活交往的能力和从事实业的才能,故"言教育者,必以研究目前之人事,为真正之教育"②。在所有这些人的主张中,教育与社会和生活应该紧密

---

① 魏源.魏源集:上.北京:中华书局,1983:37.
② 参阅:毛礼锐,沈灌群主编.中国教育通史:第4卷.济南:山东教育出版社,1988:341、342.

结合的意见是相当一致的。

　　蔡元培曾任民国临时政府的教育总长、北京大学校长，在陶行知创办南京试验乡村师范学校时，还兼任该校的董事长。在蔡元培看来，教育必须以培养学生的健全人格为目标，故此他提出了军国民教育、实利主义、公民道德、世界观和美育并重的教育方针。实利教育重视的是学生的智力发展，它不是要学生去学习那些无用的经书，而是要把基础知识和实际应用结合起来，强调学校教育要随着科学的发展而发展，教育必须有助于国家财富的增长。他还非常重视基础教育，把基础教育比做房子的地基，甚至认为小学教师在社会中的责任"比总统还大些"。对教师，他要求必须运用启发式教学，反对注入式教学，还要针对学生的不同特点，采取不同的方法因材施教；对学生，他反对死读教科书，要求他们养成自动、自觉、自学的学习习惯。这一切，包括他在北京大学的办学经验，都给陶行知提供了有益的借鉴。

　　黄炎培是我国近现代历史上一位著名的教育家。辛亥革命后，他曾任江苏省教育司司长，终身从事职业教育。他把职业教育视为"为民族谋独立与繁荣"的一项伟业，试图通过发展职业教育达到"使无业者有业，使有业者乐业"之目的，并通过它来改变中国社会所面临的严重问题。在从事职业教育的过程中，他提出职业教育必须是社会化的教育，认为"办职业教育，是绝对不许关了门干的，也绝对不许在书本里讨生活的"，"绝对不许理想家和书呆子去干的"①。他提出了职业教育的教学原则是"手脑并用"、"做学合一"，认为要学得农工商的知识是不能单靠读农工商的书就可以的，必须使"理论与实际并行"，"知识与技能并重"。他还注意吸收西方教育家的理论观点，1913年在我国首次提出了"生活教育"的思想。陶行知的"生活即教育"、"社会即学校"、"教学做合一"的理论和实践显然也受到黄炎培职业（实用）教育思想的影响。

　　张謇是一位著名实业家，他创办了我国第一所民办师范学校——南通师范学校。他的办学思想和思路对陶行知有很大启发，陶行知自己就曾说"和农民生活习惯打成一片，我是学得张謇的"，"他曾告诉我，要替农民做事，第一就得和农民打成一片，不然，农民就怕你，什么真心话也不同你说"②。

　　总之，20世纪20—30年代陶行知所参与和领导的教育改造运动不是孤立的，他的生活教育理论的形成和实践，与此时国内的教育救国思潮有着密切的联系。这个背景影响了陶行知，而陶行知的教育思想和实践也是这一时期教育运动的重要组成部分。

---

① 黄炎培. 提出大职业教育主义征求同志意见. 教育与职业, (71).
② 陶行知. 陶行知全集：第4卷. 成都：四川教育出版社, 1991：805.

第三节 对近现代西方教育思想的吸收与改造

近代以来,西方资本主义发展迅猛;科技的进步、近代工业突飞猛进的发展,使得教育与现实生活需要之间的距离越来越大。所以,改革传统教育以适应现代社会发展的要求,已成为众多国家的共同愿望。17世纪以后,在一些发展较快的国家,已涌现出许多新的教育思想。夸美纽斯、卢梭、爱尔维修、裴斯泰洛齐、赫尔巴特、福禄培尔、欧文等人的教育思想,迅速影响着整个世界。19世纪后半叶至20世纪初,一批新教育家又很快在欧美国家涌现,如美国实用主义进步教育的代表杜威,欧洲以提倡新教育而闻名于世的蒙台梭利、怀特海、罗素等。他们都反对旧的传统教育,主张尊重儿童个性,以儿童活动为中心,让儿童在活动中发展个性和各方面的能力。陶行知就是在这个时候来到美国,并受教于杜威、孟禄、克伯屈等人,接受了进步教育运动的熏陶的。

一、进步主义教育运动和杜威实用主义教育思想的影响

进步主义教育是19世纪末20世纪初在美国形成的一种教育哲学流派,它对美国整个20世纪的教育产生了重大而深远的影响。进步主义教育的理论和实践就其本质而言,是对19世纪末20世纪初在美国占统治地位的欧洲传统教育的反动。自南北战争以后,美国已经逐步完成了从农业社会向工业社会的过渡,科学和工业的发展使社会发生着快速的变化,人们渴望通过科学了解自然,通过工业技术改变自然,因此,研究自然界,研究人和人类社会,培养更多的具有研究能力的人才就自然成为社会对教育提出的迫切要求。面对着这种要求,旧式的教育,即"教师根据教学大纲、教科书的要求给学生布置作业,要求他们反复练习、记忆,并在考试时背诵出来,而学生注意的也只是印在书本上的字词,而不去理解与人生意义有关的问题","在整个18世纪和19世纪的大部分,死记硬背始终是最流行的方法"[1]的传统教育已根本不能胜任,故摧毁传统教育以适应时代的要求,就成为当时美国教育改革的首要任务。而在反传统教育的潮流中,进步主义教育逐渐演变为19世纪末20世纪初主宰美国教育思潮的主流。

---

[1] 陆有铨. 现代西方教育哲学. 郑州:河南教育出版社,1993:4.

观念的变化必然带来行动的变化。进步主义教育思潮在教育实验中逐渐形成并在美国形成了一场影响深远的进步主义教育运动。进步主义教育非常崇尚实验，也非常强调教育与社会、与生活的关系。可以说，进步主义教育思潮就是在持续不断的教育实验中逐步形成的。在这场运动中，美国出现了许多不同于传统学校的新型学校，如玛丽艾塔·约翰逊（Marietta Pierce Johnson，1864—1938）的有机学校（Organic School），梅里安（Junius L. Meriam，1872—1960）的密苏里大学附属小学，沃特（William Wirt，1874—1938）的葛雷学校（Gran School）等。其中尤值得一提的，是被杜威称为"进步教育之父"的帕克（Francis W. Parker，1837—1902）在昆西市所进行的教育改革实验。针对过去的学校教育过于重视书本知识的学习，过于强调机械记忆，忽视生活、实践对教育的作用的弊端，帕克按照"教育要使学校适应儿童，而不是使儿童适应学校"的"儿童中心论"，对课程、教材、教法都进行了改革：废除了以彼此独立为特征的课程设置，而以综合课程来取代；反对死记硬背，而是围绕学生的兴趣爱好，在教师的指导下通过游戏、观察、会话、试验等方法，使儿童在生动活泼的生活中学会语言、科学和艺术。

这些新型学校几乎全都致力于对传统教育的反叛，反对照本宣科式的知识与技能的传授和对学生的机械训练，反对死记硬背和强迫记忆，重视学生的身心发展，强调活动课程的重要性，强调调动学生的学习兴趣，强调对学生进行价值观和民主作风的培养等等。杜威在1896—1903年也创办了芝加哥大学实验学校。这所学校的性质属芝加哥大学附属小学，它也是杜威实验他自己教育理论的实验室。"实验学校将当时的手工训练、新的教学方法，以及学校和社会联系等因素融合在一起。注重社会性和学生的活动；强调儿童的兴趣或冲动乃是儿童天赋的资源、未投入的资本，而儿童积极生长正是依靠这些资源和资本的运用；提出教育是生活的过程，而不是将来生活的预备，学校是社会生活的一种形式，教育的重心要从教科书、教师或任何别的地方转移到儿童。"①可以说上述几点已经包括了杜威教育思想的主要内容。

杜威的教育思想是其实用主义哲学的体现。和一切进步主义教育家一样，杜威的教育思想是以对传统教育的批判为基础的，而对传统教育的批判实际上也就是对传统教育哲学的批判。杜威认为，传统教育把教育看做为"遥远的未来作准备"的，儿童时代和学生时代成了成人生活的"预备期"——对儿童的教育是为他们日后的成人生活作准备；传统教育把教育视为个体的潜在能力向着特定的目标的展开过程，而这个特定目标则是由成人按照自己的意愿确定

---

① 陆有铨. 现代西方教育哲学. 郑州：河南教育出版社，1993：8—9.

的，完全忽略了儿童的个性差异；传统教育的根本缺陷是脱离儿童的生活，脱离社会和生活实际。鉴于此，杜威提出了与传统教育截然不同的观点——教育即生活，教育即生长，教育即经验的改造。

杜威认为，任何教育都是社会中的教育，都是在社会生活中的教育。教育和社会生活之间的关系，如同"滋养料"与生物生活的关系一样。所以"教育即生活"就是要求学校应与社会和社会生活结合起来而不是与之相脱离，学校教育应与儿童的生活、成长结合起来而不是与之相脱离。这实际上是要求改造学校同社会彼此孤立的状况，使学校生活成为学生生活和社会生活的契合点，从而使得学校教育既与社会需要相符合，又与儿童成长相符合。他反对把教育看作未来生活的准备，强调教育本身的生活性，强调教育应成为"经验的继续不断的重新组织，或继续不断的改造"①。他还认为，"既然教育并不是谋生的手段，而是与过富有成效和本身有意义的生活的过程是一致的，它所能提供的唯一最终价值正是生活的过程本身"②。在他看来，生活是人与环境相互作用并不断更新的结果，因此，教育绝对不可与生活相脱离。

与"教育即生活"的命题相适应，杜威提出了"学校即社会"的命题。既然教育就是生活，生活又与社会紧紧联系在一起，所以谈教育即生活，就必然离不开社会。实际上在杜威的思想中，通过学校教育来改造社会的观念是根深蒂固的，他一直把学校看做改良社会的有效工具。他认为，学校一般有三种功能：一是简化社会生活，二是纯化社会生活，三是平衡社会生活③。可以看出，学校的这三种功能都是指向社会改造的。为了达到用学校来改造社会的目的，就必须先用社会生活中的民主观念和科学观念来改革学校，使学校真正成为社会的雏形。继之使每个学校都成为一种雏形的社会，都联系社会生活的不同领域进行教学活动，从而使学校充满艺术氛围和科学、民主精神。学生在学校不单要读书，学习文化知识，还要养成共同生活、合作交往的习惯和能力，践行公德公益，知道立法司法行政的效用。"当学校能在这样一个小社会里引导和训练每个儿童成为社会的成员，用服务的精神熏陶他，并授予有效的自我指导的工具时，我们将拥有一个有价值的、可爱的、和谐的大社会的最强大的并且最好的保证。"④ 当学校能为社会培养和输送这种既有知识和技能，又有自觉服务社会的人才时，就自然会起到逐步改造社会的作用。这就是杜威"社

---

① 杜威. 民本主义与教育. 邹恩润译. 上海：商务印书馆，1934：136.
② 杜威. 民本主义与教育. 邹恩润译. 上海：商务印书馆，1934：254.
③ 参阅：吴式颖，任钟印主编. 外国教育思想史：第9卷. 长沙：湖南教育出版社，2002：314.
④ 杜威. 学校与社会·明日之学校. 北京：人民教育出版社，1994：41.

会即学校"思想的基本内容。杜威这种思想影响了20世纪初中国一大批知识分子,这其中自然也包括陶行知。

"教育即生长说"是建立在对传统教育理念批判的基础之上的,它与"教育即生活说"有着密切的联系。传统教育把教育看作为未来的生活作准备的,于是固定不变的未来生活目标就成为教育的目的。在杜威看来,教育的目的就是它自身,"在它自身以外没有目的;它就是它自己的目的","教育就是发展;不断发展,不断生长,就是生活"①。因为教育即生活,就是强调教育和人一生的生活是相随相伴的,人的一生不仅是身体的发育生长,而且伴随着心理、智慧、知识、技能、道德等诸多方面的生长。这诸多方面的生长,都始终渗透着教育的影响。"教育即生长"从人的生活历程上看,就是把教育看作一个持续发展的历程,这一历程是同人的生命历程、生活历程共始终的,人们不可能在生活历程的某个阶段达到教育的最终目的。所以,教育就是持续不断的"生长"过程。

另外,从"教育即生活"的意义上,杜威还提出了"教育即经验的改造"的命题,而这一命题又是他"从做中学"思想的理论根据。在他看来,经验既不是简单的感觉印象,也不是一种简单的认识形式,而是人与环境的相互作用过程,它既包含着知识,也包含了行动和行动的感受。由于人生活的环境永远是处于变动状态的,为了能够适应不断变动的环境,人就必须不断改造已有的经验,从而获得经验的意义,并提高进一步获取经验的能力。那么,经验与教育有什么关系呢?要使经验和教育之间建立联系,就必须了解人们所从事的各种活动之间的关系以及它们的连续性,就必须了解活动和活动的结果之间的关系。也就是说,只有将人对环境的作用和作用的结果联系起来,经验才具有教育的价值,经验同教育之间才能建立联系。他说:"经验作为一个活动的过程是占据时间的,它的后一段时间完成它的前一段时间;它把经验所包含的、但一直未被觉察的联系显露出来。因此后面的结果揭示前面的结果的意义,而经验的整体就养成对具有这种意义的事物的爱好或倾向。所有这种继续不断的经验或活动是有教育作用的,一切教育存在于这种经验之中。"② 所以,教育的作用就在于使个人在特定的时间产生出有价值的经验并使之成为获得新经验的基础。

总之,尽管进步主义教育运动中存在着不同的理论和见解,但它们也有一些共同的特征,如以儿童为中心,重视儿童的兴趣和爱好,重视学习的生活化,重视学校与社会的联系,强调学校教育的实用性等等。当陶行知1914年

---

① 杜威.民主主义与教育.王承绪译.北京:人民教育出版社,1990:54.
② 杜威.民主主义与教育.王承绪译.北京:人民教育出版社,1990:84.

到美国时，正是进步主义教育运动方兴未艾之时。他生活于进步主义教育运动所营造的浓烈氛围之中，加之求学于进步主义教育的大本营哥伦比亚大学，接受杜威、孟禄、克伯屈等人的直接教育和影响，耳濡目染，对求知若渴的陶行知来说，新的教育理论和实践不可避免会对他产生重大影响，尤其是作为"进步主义教育运动代言人"的杜威的思想和实践的影响。如在他的生活教育理论中，在他创办南京试验乡村师范学校的实验中，在他以后一系列的教育实践中，都可以看出进步主义教育理论的印记。

二、杜威教育理论对 20 世纪初中国知识界的影响

前面谈到在 20 世纪初的中国形成了一股教育救国的思潮。这一思潮的根本特点是追求教育的实用功能。这一思潮的兴起，除了中国传统的经世致用思想的传承、教育界急于想通过振兴教育达到救亡图存的目的之外，还有一个非常重要的因素也对这个思潮的兴起起了推波助澜的作用。这个因素就是杜威 1919 年 5 月到 1921 年 7 月长达 2 年多时间在中国的巡回讲学。我们在此追溯这一时期杜威教育理论对中国知识界的广泛影响，可以使我们更进一步了解陶行知教育思想在这个时期发展的脉络。

杜威在华讲学期间，先后到过奉天、直隶、山西、山东、江苏、江西、浙江、福建、湖南、湖北、广东等 11 个省，所到之处均受到热烈而隆重的欢迎。有资料记载，他在上海的演讲，"听者之众，几近于无席可容"[①]；1920 年 6 月 6 日在南通更俗剧场演讲《教育者之责任》时，听众"实到二千人"，"以各校教职员学生居多"[②]；1921 年 4 月在广州的演讲，其中两次的听众超过千人，座无隙地，而当他因事必须离粤时，当时"百粤人士甚为快慊，百般设法阻止其行，大有扳辕挡路之慨"[③]；"而由其主张演成之'教育即生活，学校即社会'的标语，也成为教育界最普遍的口头禅"[④]。杜威当年在华受欢迎程度由此可见一斑。对此，郑晓沧先生曾有评论。他说："近年到中国访问的外国学者中留下影响最广大的，许多人说要算杜威博士。他的学说有关于哲学、教育、政治等——最近数年所发表的政论，常引起世人的注目——但是他最大实际的贡献，是在他的教育学说"[⑤]。

---

① 周由廑. 约翰·杜威博士教育事业记. 东方杂志，1919，16（6）：6.
② 民国日报，1920-06-09（7）.
③ 晨报，1921-05-15（3）.
④ 舒新城. 近代中国教育思想史. 上海：中华书局，1932：240.
⑤ 郑晓沧. 杜威博士治学的精神及其教育学说的影响//郑晓沧教育论著选. 北京：人民教育出版社，1993：134.

杜威的教育思想对现代中国教育的影响是持久而深远的。他不仅直接影响到哥伦比亚大学的学生如胡适、陶行知、蒋梦麟、陈鹤琴等，而且影响到蔡元培、黄炎培、梁漱溟、晏阳初等一大批人，并且通过这些人的努力，使杜威的理论与中国当时的教育思潮相融合，进而渗透到中国的教育政策中去，因而对中国正在进行的教育改革起了巨大的推动作用。比如1919年10月全国教育会联合会议定《废除教育宗旨宣布教育本义案》就明确表示要以杜威的"儿童中心论"为理论基础；1922年胡适借参与起草"新学制"标准和学制草案之机，又把"适应社会进化之需要"、"发扬平民教育精神"、"谋个性发展"、"注重生活教育"等内容列为学制标准；1923年政府公布的"新学制课程标准纲要"及围绕新课程所编写的各种教材、读物也都强调以儿童为中心，采用选课制，注重教育与社会生活的联系等，都对中国教育以后的发展起着不容忽视的重要作用。此外，陶行知、陈鹤琴和晏阳初等人都在杜威的启发下从事各自的教育实践，研究并解决中国的教育问题，并以此反观杜威的教育理论。在移植杜威的实用主义教育哲学过程中，中国出现了几种本土化的平民教育理论，如陶行知的生活教育论、陈鹤琴的活教育论和晏阳初的平民教育论等。

杜威的理论和活动之所以在中国能够产生如此大的影响，最根本的原因在于他的教育理论迎合了当时中国的实际需要。如前所述，清末以后，对中国传统教育的批判讨伐就没有停止过，对旧教育的改造同样也没有停止过。早在杜威本人来华之前，实用主义教育思想在民国初年已开始传入中国了。在实用主义教育思想的影响下，"百日维新"时已经提出的重视实业教育的主张和实利主义的教育思想更进一步得到发扬。经过黄炎培、蔡元培、庄俞等人的大力提倡，实利主义教育终于成为当时中国一个重要的教育思潮。蔡元培在1912年就把实利主义教育看作教育的基本宗旨之一，认为"实利主义之教育，以人民生计为普通教育之中坚"。而黄炎培则极力主张"学校教育采用实用主义"，并在此基础上把实用主义和实利主义合并为职业教育。之后，陈鹤琴的"活教育"、陶行知的"生活教育"等，无不是对杜威思想的进一步发展和改造。由此可见，杜威的思想对中国教育的影响是多么深刻，显见陶行知生活教育理论产生之特殊渊源。

学习与思考：

1. 你如何看待陶行知的青少年生活对他一生的影响？
2. 你认为应该如何评价陶行知的教育救国思想？
3. 试述美国进步主义教育思想和国内20世纪初的教育改造运动对陶行知的影响。

第三章
生活教育目的观：教人求真、学做真人

 阅读提示

- 教育目的是教育工作的出发点和最终目标，也是确定教育内容、选择教育方法、检查和评价教育效果的依据。
- 陶行知的教育目的观是培养"真人"，他一生的教育实践所追求的就是"千教万教教人求真，千学万学学做真人"。
- 真人是具有完满人格与渊博学识，能说真话、办真事、求真知、为真理而奋斗的人。
- 我们要不断加强修养，做一个具有完满人格的新时代的真人。

教育目的是指通过教育过程将受教育者培养成什么样的质量和规格的人。培养什么样的人的问题是生活教育理论中极为重要的内容。陶行知根据社会客观实际状况以及社会对青少年一代自身全面发展的要求，在吸收传统教育合理思想内核的基础上，提出了"教人求真"、"学做真人"的生活教育目的观。这是研究陶行知生活教育理论的根本出发点和归宿，必须给予充分的重视。

第一节 真人教育目的观的提出

古往今来，在教育的培养目的上，可以说是众说纷纭，莫衷一是。而陶行知从"立真去伪"之宏愿的确立到真人教育目的观的形成，则源于他在长期的教育改造实践中对传统教育旧的教育目的观的批判和扬弃。将"真人"教育作为新教育的培养目的，既是他生活教育理论的内在要求，也是他的人生追求和教育理想的真实体现。

一、"立真去伪"之宏愿的确立

探讨陶行知的生活教育目的观的产生，当从其大学时代开始。出于对当时社会黑暗、虚伪以及政治制度腐败的愤慨，出于实现振世救国、改造社会的人生理想，陶行知立下了"立真去伪"之宏愿。1911年辛亥革命后，封建王朝的专制统治被推翻，民主共和政权建立了。但时隔不久，政权却落到了袁世凯一伙大野心家、伪君子手中。袁世凯窃取了政权以后，大耍阴谋诡计，日夜梦想推翻民主共和制，复辟封建帝制。当时的中国是社会腐败、世道衰微、虚伪盛行、欺骗塞途、真假难分、是非难辨，"于是伪君子乃杂然应时而兴，随地而起。位高者为伪大，位卑者为伪小"①，那些"嘴上喊爸爸，心里咒死他"的现象随处可见。面对着这样的社会现实，陶行知揭示出"中华之大病在于不诚"，在于作伪，整个中国为伪之人遍布社会，为伪之事屡见不鲜。他在《假人》一文中曾感慨地说："真小人易知，伪君子难防。看去是真的，又像有几分假；听来是假的，又像有几分真：真中有假，假又像真，把人弄得头昏脑黑，无从辨别。假社会当中做人是多么难对付的一件事啊！"②

陶行知1913年发表的《伪君子篇》一文更对做什么样人的问题作了透彻的分析，深刻阐明了"为人须为真人，毋为假人"的人生真谛，并对伪君子的社会危害进行了深刻的剖析。他说："天下非真小人之为患，伪君子之为患耳。真小人，人得而知之，人得而避之，并得而去之。伪君子服尧之服，诵尧之言，而处心积虑，设阱伏机，则桀纣也。桀纣，汤武得而诛之也。桀纣而尧，则虽善实恶，虽恶而难以罪之也；虽是实非，虽非而难以攻之也；真中藏假，

---

① 陶行知.陶行知全集：第1卷.成都：四川教育出版社，1991：190.
② 陶行知.陶行知全集：第7卷.成都：四川教育出版社，1991：9.

虽假而难以察之也。博尧之名,而无尧之艰;享桀纣之利,而无桀纣之祸。无人非,无物议,伪君子以此自鸣,世人以此相隐慕。一家行之而家声伪,一国行之而国风伪,行之既久而世俗伪。嗟夫!真小人之为患,深之不过数世,浅则殃及其身而已;伪君子则直酿成伪家声、伪国风、伪世俗,灾及万世而不可穷。"①

他还进一步指出:"统古今而论,伪君子惟今世为最盛。吾国之贫,贫于此也;吾国之弱,弱于此也;吾国多外患,患于此也;吾国多内乱,乱于此也。"② 对此,他愤慨地发出"真人不出,如苍生何"的感慨。正因为对国家、对民族的高度责任感和使命感,作为一个热血青年的陶行知才会对伪君子有着深切的痛恨,才会从那时起就确立了"立真去伪"的宏愿,决心为民族的利益和人民的福祉与伪人、伪事作坚决的斗争。他说:"孟子自言四十不动心,王子自言南都以前尚有些乡愿意思。二贤岂欺我哉?阅历则然耳!夫二贤,一则善养浩然之气,一则善致良知。其立真去伪,尚且若是其难,何况吾辈小子!……行出一真是一真,谢绝一伪是一伪。"③

1931 年,他在《假人》一文中,描述了假好人、假父子、假母女、假夫妻、假情人、假朋友、假师生、假军队、假官吏的丑恶嘴脸之后,表明了与假人、假事作斗争的决心。他说:"去年夏天写就《假好人》短诗十首,志在劝世,兼以自励。措词未免过分,但一腔热血,实望大家洗心改面,共同手创一个光明磊落的真世界罢了。"并宣称:"我是新武松,已上景阳岗。遇着人面虎,打去无商量。"④

二、对"真人"之人格的不懈追求

陶行知确立了立真去伪的宏愿以后,一生都把"真人"作为自己的人格追求,作为自己立德行世的基本原则,特别是在他确立了教育救国的志向和目标以后,就一以贯之地以此来教育自己的学生。他身体力行,率先垂范,一生追求真理。他特别推崇具备"真人"人格的人。1925 年在《学生的精神》的演讲中,他举了明代浙江宁海人方孝孺的事迹来教育学生。他说:"坚强不动摇的人格及不屈不挠的精神,决不能少的,尤其在我们学生时代。我现在要举一段历史例子给诸君听,就是明朝的方孝孺先生,当燕王棣篡位之时,使他草

---

① 陶行知. 陶行知全集:第 1 卷. 成都:四川教育出版社,1991:192.
② 陶行知. 陶行知全集:第 1 卷. 成都:四川教育出版社,1991:192.
③ 陶行知. 陶行知全集:第 1 卷. 成都:四川教育出版社,1991:193.
④ 陶行知. 陶行知全集:第 7 卷. 成都:四川教育出版社,1991:9,12.

'即位诏'，他大书'燕王篡位'四字，因此被夷十族。当燕王篡位之时，势力胜过现在的任何军阀，但不能压迫方先生一笔锥。可见方先生的人格及不怕死的精神，真令人钦佩而尊敬，亦可证明读书人不可忘掉气节。"①

  他还多次讲述清代大学者颜元的故事启发人们。颜元16岁时，其干祖父即想用行贿的办法给他买个秀才头衔。可颜元不但不领情，反而大哭大闹，以绝食表示"抗议"，说出了"宁为真白丁，不作假秀才"的警世之言。陶行知在文章、书信、演说中常引用这句话，告诫后辈做人要做真人，不做假人，不办假事，不蒙骗别人。他勉励学生：我们处在任何环境里面，必抱有坚强人格，不可自由动摇，尤其到了生死关头，要有"富贵不能淫，贫贱不能移，威武不能屈"的气概。这才算得上一个真正的大丈夫，真正的国民。1942年底，他在育才学校的一次演讲中，进一步强调："一个人到了富贵不能淫，贫贱不能移，威武不能屈的境界是永远不会被患难压倒，那时他成亦成，败亦败，而不是世俗所谓之成败了。"就在他不幸逝世前几天写给育才学校全体师生的最后一封信里，他还告诫学生："平时要以'仁者不忧，智者不惑，勇者不惧，达者不恋'的精神培养学生和我们自己。有事则以'富贵不能淫，贫贱不能移，威武不能屈，美人不能动'相勉励。"②

  陶行知常常教育自己的孩子要"追求真理做真人"，并给他们起了"问真"、"探真"的学名。1940年底，陶行知的次子陶晓光想进成都无线电厂工作，需要一张学历资格证明。于是他写信给父亲的好友马侣贤（时任重庆育才学校副校长），请求开一张学历证书。谁知这事被陶行知发现了，他立即发电报要晓光把证明寄回，并写信告诫他："我们必须坚持'宁为真白丁，不作假秀才'之主张进行。……'追求真理做真人'，不可丝毫妥协。万一金大也不能进，我愿筹集专款，帮助你建立实验室，决不向虚伪的社会学习与妥协。你记得这七个字，终身受用无穷，望你必须努力朝这方面修养，方是真学问。"③陶行知就是这样以"真人"为自我修养的目标，自勉勉人，"涵养一心向真之赤心"，"涵养一种海阔天空的境界"，终身追求"真人"之人格。

三、"教人求真、学做真人"教育目的观的形成

  如果说陶行知立真去伪之宏愿的确立源于他对伪君子的痛恶，尚带有较强烈的情感因素的话，真人教育目的观的形成则源于他在长期的教育实践中对中

---

① 陶行知. 陶行知全集：第2卷. 成都：四川教育出版社，1991：272.
② 陶行知. 陶行知全集：第9卷. 成都：四川教育出版社，1991：719.
③ 陶行知. 陶行知全集：第9卷. 成都：四川教育出版社，1991：310.

国旧教育的深切体察。

陶行知1917年从美国留学回来，正当国内新文化运动方兴未艾，进步知识界高举民主、科学大旗向着封建的腐朽思想猛烈开火。当时的中国教育，虽然经过清末民初废科举，兴学校，学习美、英、法、德、日等国家的进步思想，在不少志士努力下，有了一些进步，但总体情况，仍如陶行知所说，新学办了30年，依然是换汤不换药，卖尽力气，不过把"老八股"变成"洋八股"。然而，无论是"老八股"还是"洋八股"，它们的通病都是把教育向"死胡同"里拉，不是要人们来学"生"，偏偏要他们来学"死"。它"教学生读死书，死读书；它消灭学生的生活力、创造力"[1]。陶行知在《"伪知识"阶级》一文中对这种教育制度作了深刻的揭露批判。他痛斥中国封建社会的科举制度是封建统治者"用名利、权位的手段引诱全国天才进入'伪知识'的圈套，成为废人"，成为"伪知识阶级"。陶行知认为：学习的目的在于求"真知"。真知是以实践经验为基础的，脱离实践经验的知识是"伪知识"。他说中国文化的发展，先秦诸子"都凭着自己的经验发表文字，有独到的议论"，但后来人只知道根据书本滥发文字，却无自己的贡献。等到八股文发达到极点的时候，全国士人都死读死记朱熹注解的《四书》，都只以朱熹注解的《四书》为标准阐述经义，作八股文以求得功名。他说："以前帝王所收买的知识还夹了几分真，等到八股发明以后，全国士人三更灯火五更鸡去钻取的知识，乃是彻底不值钱的伪知识了。"在老八股教育下，"伪知识"抹杀了真知，消磨了"民间天才"。只有少数人成为达官贵人，大多数名落孙山，成为没有真本领找饭吃的人，就去做土豪、劣绅、讼棍、刀笔吏。而那些"教书先生"又开始了"大书呆子教小书呆子，几乎把全国中才以上的人都变成书呆子"，成为"废人"。这样的教育已到了绝境，到了不得不另找生路的时候了[2]。

那么，中国的教育应当朝着什么方向发展呢？陶行知认为旧的教育必须改造，教育的社会功能再也不是造就"书呆子"和"废人"或少数精英人才，而是面向整个民族整个社会的全体国民，开启民智、富强国家，"教育之功能，就其大者而言，为立国之大本；就其小者而言，亦为如何导引国民精神生活与实际生活臻于健全与畅遂之关键"。他强烈呼吁"不要再把伪知识传与后辈"，要与"青年共同努力去探求新知识的源泉"。他已经预见到"二十世纪以后的世界属于努力探获真知识的民族"，"东西两半球上面也没有中华书呆国的立足

---

[1] 陶行知.陶行知全集：第3卷.成都：四川教育出版社，1991：612.
[2] 陶行知.陶行知文集：修订本.南京：江苏教育出版社，2001：276—278.

点。我们个人与民族的生存都要以真知识为基础"[①]。他还强调"教育是教人做人，教人做好人，做好国民的意思"。那么，什么样的人是好人，是好国民呢？他曾从各个不同的角度作过许多论述。1943年在《百侯中学校歌》中，他将这些不同论述明确地概括为一句话："千教万教，教人求真；千学万学，学做真人。"

总之，自1913年确立了"立真去伪"之宏愿起，陶行知在几十年的人生实践中，无论是社会变革还是教育改造的主张，无论是对教育理想还是人格理想的追求，都始终贯穿着一条主线，即：求真知，做真人。"教人求真，学做真人"一直都是生活教育的价值追求，而他独具特色的真人教育目的观也正是在这个过程中逐步形成并最终确立的。

第二节 真人教育目的观的内涵

"教人求真"是为了"学做真人"。那么什么是"真人"呢？"真人"的概念源出于《南华真经》，是庄子尊称关尹、老子二人是"古之博大真人"。其原文是："关尹老聃乎古之博大真人哉，寂寞无形，变化无常，死与生与天地并与神明往与，芒乎何之忽乎何适，万物毕罗莫足以归，古之道术有在于是者……"道家信仰的是人可以经过修炼成仙。后来吸收儒家思想的忠孝仁义作为修道之本，真人的思想品行的内涵也随着变化，"仁爱清静，积而修习，渐致长生，自然神化，白日登仙，于体合道"，成为道教的修炼理论与修道目标。随着时代的变迁，道家思想不断发展，道教也几经变化，但"真人"这个称呼却一直保留下来。后来历代多沿用"真人"这个名词，成为封建王朝的封号与典范人物的代称。陶行知善于古为今用，他把人们习惯了的称呼，赋予了全新的意义。他所说的"真人"是指具有完满人格、渊博学识、高超本领的人，是指说真话、办真事、求真知、为真理而奋斗的人。随着陶行知生活教育理论的成熟与发展，他的"真人"观具有了时代的特色。从他历年来的讲话和著述中，我们可将其"真人"概括为为真理而奋斗的人，德智体美劳全面发展的人。

一、真人：为真理而奋斗的人

陶行知始终教育学生必须尊重真理，热爱真理，追求真理，为真理而献

[①] 陶行知. 陶行知文集：修订本. 南京：江苏教育出版社，2001：282.

身。他常常用柏拉图的名言"吾爱吾师,吾更爱真理"来激励学生。在陶行知看来,教育的最终目的就是培养为真理而奋斗的人,为国家、为人类而献身的人。所以陶行知曾在不同场合用不同的方式一再强调:"我们追求真理,爱护真理,抱着真理为国家、为人类服务,社会必有了解之一日";每一个人都应当有强烈的社会责任感和历史使命感,要"为一大事来,做一大事去",这一大事,就是为自己创造,为社会创造,为国家创造,为民族创造,为人类创造。因此,他要求学生和教师都必须具有追求真理和改造社会的精神。他在《育才学校校歌》里提出,教育的任务就是"找出真理之夜明珠,衔回人间……迎接东升的太阳,得到光,得到热,得到力:'创造幸福的新中国,新世界'"①。他认为,旧教育是少爷、小姐、政客、书呆子的专有品和装饰品。这样的教育绝对培养不出为国家、为民族、为人类而创造的人,因此,新教育必须坚持"人民第一,一切为人民"。早在上世纪 20 年代他就旗帜鲜明地提出:"我们要大学培养与国计民生有关系的学者领袖,不要大学培养避世的隐士、出世的僧尼、不知世事的书呆子。我们要学生认识人民。人民认识学生。"② 1939 年,他在重庆创办育才学校时又一次明确提出了他的教育目的观:"不是培养他做人上人,有人误会以为我们要在这里造就一些人出来升官发财,跨在他人之上,这是不对的。我们的孩子们都从老百姓中来,他们还是要回到老百姓中去,以他们所学得的东西贡献给老百姓,为老百姓造福利;他们都是受着国家民族的教养,要以他们学得的东西贡献给整个国家民族,为整个国家民族谋幸福。"③

他认为要做到"人民第一,一切为人民",就要敢于反对虚伪,除伪求真,在学问上要忠于真理。他说:"在学问上忠于真理的,则在政治上必忠于革命。""学问不论新旧,只要是追求真理,便与革命之精神符合。若以学问做买卖,则无论新旧,都有做汉奸之可能……"他由此得出结论:"一个人在学问上能追求真理,则在革命上能杀身成仁。"在 1946 年 5 月发表的《小学教师与民主运动》一文中他写道:"这教人求真和学做真人的教学自由,也只有真正的民主实现了才有可能。在不民主的政治下,说真话做真事的人是会打破饭碗,关进集中营,甚至于失掉生命。因此这教学自由,也是要在整个的人民基本自由中全盘解决。让我们和人民站在一条战线上,争取真正民主的实现。共

---

① 陶行知. 陶行知全集:第 4 卷. 成都:四川教育出版社,1991:29—30.
② 陶行知. 陶行知全集:第 2 卷. 成都:四川教育出版社,1991:284.
③ 陶行知. 陶行知全集:第 4 卷. 成都:四川教育出版社,1991:456.

同创造一个独立、自由、平等、进步、幸福的新中国。"①

二、真人：德智体美劳全面发展的人

生活教育十分重视人的德智体美劳全面发展，强调德育为首、德智并重的原则。而这一原则的形成也是一个渐次的过程，在生活教育运动的不同阶段有着不同的表述。

（一）平民教育运动时期的全面发展思想

1919年7月22日，陶行知在浙江第一师范学校毕业生讲习会上发表了题为"新教育"的讲演，认为新教育的目的，就是要养成"自主"、"自立"和"自动"的国民。自主就是既要做天然界之主，又要做群界之主；自立就是要在天然界群界之中，能够自食其力，不求靠他人；自动就是做一个共和国民的主动自觉意识。他还格外强调说："身体和精神要全体顾到，不可偏于一面。譬如在体育上，耳目口鼻手足统要使他健全；在智育上，既要使他自知，又要使他能够利用天然界的事物；在德育上，公德和私德，都不可欠缺的。"②

1922年初，陶行知在评论新学制草案时，主张中国学制的改革应当是"适合国情，适合个性，适合事业学问需求的"、"独创的学制"。从这里可以看出他在考虑新教育的培养目的时就已经确立了顾及学生的个性、人格、能力全面发展的思想。1925年底，他在南开学校的演讲词《学做一个人》中又提出了做人要做"整个的人"、"完全"的、"独立"的人。他认为，做"一个整个的人"，一要有健康的身体，二要有独立的思想，三要有独立的职业③。没有健康的身体就是"残废的"；没有独立的思想就会失去"判断是非的能力"，就会被"他人当作工具用"，就会丧失"自己独立的人格"；没有独立的职业就不能做自食其力的劳动者。可见，只有有了以上三种要素，才是"整个的人"，才具有了"独立的人格"；否则，就会成为"废人"。所以这里所说的"整个的人"是身心全面发展的人，包括身体、学识、道德、情操能力的全面发展。

（二）乡村教育运动时期的全面发展思想

陶行知在倡导乡村教育运动时指出："'生活即教育'，是叫教育从书本的到人生的，从狭隘的到广阔的，从字面的到手脑相长的，从耳目的到身心全顾的。"④ 进而他又明确提出了乡村教育的五个培养目标，表明了生活教育的目

---

① 陶行知. 陶行知文集：修订本. 南京：江苏教育出版社，2001：975.
② 陶行知. 陶行知全集：第1卷. 成都：四川教育出版社，1991：314.
③ 陶行知. 陶行知全集：第2卷. 成都：四川教育出版社，1991：289—290.
④ 陶行知. 陶行知全集：第2卷. 成都：四川教育出版社，1991：505.

的是根据社会需要,促进学生身心手脑的全面发展。在此,体育、劳动教育、智育、德育、美育全面发展的思想已经表述得相当明确了。他在发展乡村教育过程中提出:小学教育应培养手脑双全、志愿自立立人的儿童。其目标是健康的体力、劳动的身手、科学的头脑、艺术的兴趣、团结自治的精神[1]。对于乡村幼儿师范教育,他规定的宗旨是:"造就乡村幼稚园及幼稚师范学校教师,俾能与乡村儿童妇女共甘苦,以谋乡村妇女儿童幸福之增进。"其目标是:看护的身手、科学的头脑、儿童的伴侣、乡村妇女运动之导师[2]。这里的几个提法,基本精神都是进行五个方面的教育,促进学生身心全面发展。在给南京试验乡村师范学校设计的校旗上,也清楚、形象地反映了他的全面发展的思想:在校旗的中心有一个圆圈,里面有个"活"字,代表所培养的学生要有生活力;圆圈外有一个等边三角形,代表"教学做合一"。三角上面有一个"心"放在中间,表示关心农民之甘苦;左边有一支笔,右边有一把锄头,表示手脑并用;三角之外有一大圆圈放射的光芒,四面有100个金色星布满全旗,代表100万个学校,改造100万个乡村,使个个乡村都得到光明,合起来造成整个中华民族的伟大光明。

(三) 创办育才学校时的全面发展思想

1939年6月,陶行知在《育才学校教育纲要草案》中规定:育才学校办的是知情意合一、智仁勇合一的教育。他认为,"知情意的教育是整个的,统一的"。要进行"知情意合一"的教育,必须全面而准确地理解它们的含义。首先,他认为,"知的教育不是灌输儿童死的知识,而是同时引起儿童的社会兴趣与行动的意志"[3]。由此可以看出,陶行知把认识的获得过程看作一个动态的过程,是追求真理、发现真理、创造新知识的过程。同时他还把认知过程与行动激励过程相结合,促进知与行的统一。这一观点与陶行知一贯倡导的要"活学"不要"死学"的要求是相一致的。其次,他十分重视对学生情感的培养,认为情感是人对客观事物的一种特殊反映形式,是人对客观事物所持态度的体验。情感对人的行为有"启发"和"调节"作用。但是"感情教育不是培养儿童脆弱的感情,而是调节并启发儿童应有的感情,主要的是追求真理的感情"[4]。他充分阐明了情感对认知和意志培养的作用和意义。他说:在感情之调节与启发中使儿童了解其意义与方法,便同时是知的教育;使完成追求真理的

---

[1] 陶行知. 陶行知全集:第2卷. 成都:四川教育出版社,1991:406—407.
[2] 陶行知. 陶行知全集:第2卷. 成都:四川教育出版社,1991:402.
[3] 陶行知. 陶行知全集:第4卷. 成都:四川教育出版社,1991:460.
[4] 陶行知. 陶行知全集:第4卷. 成都:四川教育出版社,1991:460.

感情并能努力与奉行，便同时是意志的教育。再次，意志是人们自觉地将愿望设计为蓝图，以它支配和调节自己的行动去克服困难以求实现达到目的的心理过程。一个人有了坚强的意志，就会对自己追求的目标投入全部的热情和力量，排除障碍、勇往直前。陶行知十分重视意志教育。他认为：合理的意志之培养和正确的知识教育不能分开，坚强的意志之获得和一定情况下的情绪激发与冷淡无从割裂。意志的培养最终是以社会及历史的发展为目的。陶行知认为：意志教育"不是发扬个人盲目的意志，而是培养合于社会及历史发展的意志"[①]。

培养完满的人格，还必须进行"智仁勇合一的教育"。陶行知认为：过去被称为天下之"达德"的智仁勇，是中国重要的精神遗产，它今天依然不失为个人完满发展之重要指标。关于智仁勇的含义以及三者的关系，他解释说："我们需要智仁勇兼修的个人，不智而仁是懦夫之仁，不智而勇是匹夫之勇，不仁而智是狡黠之智，不仁而勇是小器之勇，不勇而智是清淡之智，不勇而仁是口头之仁。"他强调，"育才学校不仅是以智仁勇为其局部训练之目标，而是通过全部生活与课程以达到智仁勇之鹄的"。因此，"我们要求每一个学生个性上滋润着智慧的心，了解社会与大众的热诚，服务社会与大众自我牺牲的精神"[②]。不过陶行知把智仁勇这中国古代的精神遗产赋予了新的时代内涵，他把培养追求自然与社会的科学真理视为大智，这就是他"千教万教，教人求真；千学万学，学做真人"的思想；他把了解人民大众的生活，热爱人民大众、为人民大众服务视为大仁，这就是他"捧着一颗心来，不带半根草去"的为人民大众献身的精神；他把为民族和人民的解放和幸福而奋斗牺牲视为大勇，这就是他为人民、为国家"鞠躬尽瘁，死而后已"的大无畏精神。因此，他认为只有德智体美劳全面发展，同时，又能知情意、智仁勇和谐合一，才是生活教育要培养的"真人"。他在为育才学校创作的校歌中写道："修炼智慧之眼。磨出金钢之喙。展飞大无畏之翼。涵养一心向真之赤心。……真即善；真即美；真善美合一。让我们歌颂真善美的祖国，真善美的世界，真善美的人生，真善美的创造。"[③]

陶行知在强调人的全面发展的同时，也坚决反对那种排斥人的个性发展、千人一面的单一化、模式化的目的要求。他主张教育要在立脚点谋平等，于出头处求自由。早在1919年他就明确提出："在集体之下发展民主，着重个性"，要克服"过于集中"、过于"平均"、"被动呆板"的倾向。他在育才学校的办

---

① 陶行知. 陶行知全集：第4卷. 成都：四川教育出版社，1991：460.
② 陶行知. 陶行知全集：第4卷. 成都：四川教育出版社，1991：460—461.
③ 陶行知. 陶行知全集：第4卷. 成都：四川教育出版社，1991：29—30.

校宗旨中就指出:"培养人才之幼苗,使得有特殊才能者的幼苗不致枯萎,而且能够发展。"① 因此他提出教育要"着重个性",尊重个人。个性的发展是全面而充分的发展,是自主而和谐的发展,它是人的全面发展所表现出来的自主、自由、充分、和谐的特征。这充分表明陶行知既注重全面发展又注重个性特色的丰富而完整的人才观。

发展学生的个性特色,就是要根据人的生长需要,尊重学生的兴趣、需要、创造和自由,把每个人的个性潜能充分发挥出来。陶行知十分重视学生个性的培养,他从国家发展的需要和个人发展的需要这两个方面来看待这个问题。他说:"我们……常常发现老百姓中有许多贫苦孩子有特殊才能,因为没有得到培养的机会而枯萎了。这是一件非常可惜的事情。这个民族的损失,人类的憾事,时时在我的心中,提醒我中国有这样一个缺陷要补足。"② 他主张给予具有特殊才能的儿童以特殊营养,使其特殊才能不致枯萎,并培养其获得专门知能之基础。因此,他强调教人要从小教起。按照他的要求,对于特殊才能要给予特殊的教育,就是要给予他们"适当的阳光、空气、水分和养料",就是要在集体生活中,根据学生兴趣特长因材施教,使每个人的潜能都得到充分而和谐的发展。陶行知特别强调要在集体生活中培养学生的个性特长,因为一方面,丰富的、生动的、积极的集体生活,是促进个性生动发展的"养料",另一方面,个人的才能、个人的创造充分发展,又能有助于生机勃勃的集体生活的形成。

总之,陶行知生活教育的目的,就是要将学生培养成既有个性特长,又在德智体美劳诸方面全面发展的人,培养成一个充满生命活力和具有完满人格的"真人",使他们都能够为争取民族解放、大众解放、人类解放服务。

第三节 教人求真:培养具有完满人格的人

怎样将学生培养成为具有完满人格的"真人"呢?陶行知在长期的教育实践中经过不断的探索和总结,为我们提供了独具特色的、行之有效的途径和方法。

---

① 陶行知. 陶行知全集:第4卷. 成都:四川教育出版社,1991:454.
② 陶行知. 陶行知全集:第4卷. 成都:四川教育出版社,1991:453.

一、德育为首

众所周知，德智体美劳是构成一个人整体素质的五个基本因素，它们共同构成了一个相互联系的统一整体。在陶行知看来，虽然五育不可偏废，但其中德育始终处于首要地位，即做事先做人，做个"真人"，做一个有德性的人。陶行知明确指出："道德是做人的根本。根本一坏，纵然使你有一些学问和本领，也无甚用处。并且，没有道德的人，学问和本领愈大，就能为非作恶愈大。"[1] 所以，陶行知才提出要建筑"人格防"，建筑"人格长城"，而这"人格长城"的基础就是道德[2]。陶行知还强调，道德可分为"公德"和"私德"。一个人的"私德"是重要的，因为"私德"不仅是个人的修养，更是"公德"的根本，其目的是"扩大公德的效用，来为集体谋利益"。一个有道德的人不仅要有公德和私德，而且必须"明大德"。

何为"大德"呢？所谓"大德"就是大众之德，它包含四个方面：一是觉悟，二是联合，三是解放，四是创造。"明大德"就是为了创造新自己，创造新中国，创造新世界。具备大德，是陶行知对道德要求的最高层次，也是成为"真人"的必备条件。在陶行知看来，真人应当有以下几个方面的表现：

第一，要树立远大的理想和坚定的信念。陶行知一直强调做人要有远大的理想和高尚的追求。他曾以一首诗来自勉并勉励同志："人生天地间，各自有禀赋；为一大事来，做一大事去。多少白发翁，蹉跎悔歧路。寄语少年人，莫将少年误。"这里所谓"大事"，他认为就是改造社会，就是把坏的环境变好，好的环境变得更好。不仅如此，陶行知还认为：一个真正的人必须要有思想，有高尚的精神生活。这种"高尚的生活精神不用钱买，不靠钱振作，也不能以没有钱推诿"[3]。而思想和精神的最高体现则是一个人的信仰。他说："'信仰'是真实的觉悟"，信仰"也是生命力之源泉"，而且这种信仰最终体现为一个人对国家和民族的责任感和使命感。早在1923年11月，陶行知在给其妹妹的信中曾自述其志："我们生在此时，有一定的使命。这使命就是运用我们全副精神，来挽回国家厄运，并创造一个可以安居乐业的社会交与后代，这是我们对于千万年来祖宗先烈的责任，也是我们对于亿万年后子子孙孙的责任。"[4]

第二，要做爱国亲民的"人中人"。1924年陶行知在《南京安徽公学办事

---

[1] 陶行知. 陶行知全集：第4卷. 成都：四川教育出版社，1991：522—523.
[2] 陶行知. 陶行知全集：第4卷. 成都：四川教育出版社，1991：523.
[3] 陶行知. 陶行知文集：修订本. 南京：江苏教育出版社，2001：185—186.
[4] 陶行知. 陶行知全集：第8卷. 成都：四川教育出版社，1991：41—42.

旨趣》中，提出"我们不但是物质环境当中的人，并且是人中人"。在解释什么是"人中人"时，他吸取了传统文化中的精华，强调做"人中人"必须有"独立的意志，独立的思想，独立的生计和耐劳的筋骨、耐饿的体肤、耐困乏的身，去做那摇不动的基础"①。他强调，我们应当教育学生做"人中人"，而不是做"人上人"或"人下人"。因为"人上人"是那些做坏事，吃好饭，却又常骑在老百姓头上作威作福的统治者，"人下人"则是身受压迫剥削而不知觉悟，为奴性窒息，失去自尊心和自信心的劳苦大众。他认为，一个人位卑并不可悲，可悲的是位卑而丧志，甘做"人下人"。1939年，他在重庆创办育才学校时又进一步强调了培养"人中人"而不是"人上人"的观点。他说：育才学校不是为了培养升官发财、跨在他人之上的"人上人"，而是要培养为老百姓造福、为整个国家民族谋幸福的人②。1946年他在重庆创办社会大学时，把"新民"改为"亲民"，提出了大学之道"在明民德，在亲民，在止于人民之幸福"。陶行知对"亲民"进一步解释为"要亲近老百姓"，"要钻进老百姓的队伍里去和老百姓亲近，变成老百姓的亲人，并且要做到老百姓承认我们的确是他们的亲人"③。这是陶行知"亲民"、"爱民"、"民为贵"、"天下为公"、"文化为公"等思想在德育方面的具体体现。

第三，要做诚实守信、具有坚强人格的人。陶行知一生对假人假事深恶痛绝，"宁为真白丁，不做假秀才"是他的警世之言。他特别反对在学问上不诚实，弄虚作假。1913年5月他在《为考试敬告全国学子》一文中针对学生考试作弊，尖锐地指出："德也者，所以使吾人身揆于中道，知识不致偏倚者也。身体揆于正道，而后乃能行其学识，以造人我之幸福；学识不致偏倚，而后乃能指挥身体，以负天降之大任。道德不立，智勇乃乖。"④因此，他大声呼吁："今日不能止同学之欺行，安望他日除国家之秕政，革社会之恶俗乎？挽狂澜而息颓风，是所望于诸君之力行。"他语重心长地对广大学子说："世顾有无德而能善其终者乎？吾辈学子可以深长思矣。"⑤做真人不仅要诚实守信，而且必须具备"坚强的人格和百折不回的精神"，在任何情况下都应该做到立场坚定，认准了方向就要勇往直前，决不退缩，决不轻易改变信念。

---

① 陶行知. 陶行知全集：第1卷. 成都：四川教育出版社，1991：45.
② 陶行知. 陶行知文集：修订本. 南京：江苏教育出版社，2001：809.
③ 陶行知. 陶行知全集：第4卷. 成都：四川教育出版社，1991：671.
④ 陶行知. 陶行知全集：第1卷. 成都：四川教育出版社，1991：186.
⑤ 陶行知. 陶行知全集：第1卷. 成都：四川教育出版社，1991：186.

二、修身为本

如前所述,在道德上,公德和私德都不可欠缺,都是健全人格所必须具备的一个重要内容。陶行知认为,公德主要是指服务社会和国家的态度,而私德则是个人立身之本,也是公德的根本。私德最重要的是自我修养,正如他在1914年说过的那样:"希望人人洗心革面,一刷污俗。种种恶念、恶言、恶行,譬如昨日死;种种善念、善言、善行,譬如今日生,与日俱新,与月俱新,更与年俱新。"①

陶行知认为私德修养最重要的方面,一是廉洁,二是自治,三是自觉自动的精神。所以强调廉洁,是因为一切坏心术坏行为皆由不廉洁而起。而廉洁的关键是自律,因此,他明确指出:"我们要律己不苟,律下不苟,律上不苟,方能创造一个廉洁的社会。"廉洁与自治关系密切。自治,此处指的是"学生自治"。在陶行知看来,"学生自治可为修身伦理的实验"。他在《学生自治问题之研究》中,对学生自治的意义和作用作出了精辟而独到的论述。他认为,学生自治就是学生练习道德行为的有效手段,就是"'学生结起团体来,大家学习自己管理自己的手续'","就是'为学生预备种种机会,使学生能够大家组织起来,养成他们自己管理自己的能力'"②。自觉自动的精神是道德修养的最高境界。在他看来,自动是自觉的行动,而不是自发的行动,可以不学而能。自觉的行动需要适当的培养而后可以实现,因此他认为育才教师最大的责任便是引起儿童对纪律的自觉需要、自觉遵守,引起儿童对学习的自觉需要、自动追求。为了加强道德修养,他要求学生"每天四问",即我的身体有无进步,我的学问有无进步,我的工作有无进步,我的道德有无进步。这每日四问就是每日不断的自我反省、自我锻炼、自我提高的过程。

三、知行统一

早在1919年,陶行知就针对当时学校普遍存在的"道德与行为分而为二"的现象,明确指出:"修身伦理一类的学问,最应注意的,在乎实行。"他认为旧教育的弊端之一就是修身理论脱离实际,思想与行为不一致,形成学生"嘴上讲道德,耳朵听道德,而所行所为却不能合乎道德的标准,无形无影当中,把道德与行为分而为二"③。革除这种弊端的方法,最有效的莫过于让学生独立参加社会实践,培养言行一致的道德行为。为此,他主张给学生提供各种社

---

① 陶行知. 陶行知全集:第1卷. 成都:四川教育出版社,1991:199.
② 陶行知. 陶行知全集:第1卷. 成都:四川教育出版社,1991:29.
③ 陶行知. 陶行知全集:第1卷. 成都:四川教育出版社,1991:31.

会实践的机会，去练习道德行为，力求做到知行统一，只有在学"做人"的实际行动中学会"做人"，才是真正的道德教育。

陶行知认为一个人道德上的知行统一，必须是在实际生活中远处着眼，近处着手，从小事做起，要"按照自己的能力，看准一件事，会精聚神的来干他一下"。如果一个人连自己的事都不愿干，不会干，怎么能够指望他为国家、为社会做事呢？正所谓"一屋不扫何以扫天下"。所以陶行知特别重视教育学生要从身边的小事做起，提出"在服务社会的时候，就可以从自己的家里学起，做起"。例如，他提倡学生每天要自己干扫地、抹桌、烧饭等工作。他认为"扫地抹桌，是养成扫除肮脏的习惯。我们还可以把扫地抹桌的魄力，推出去扫除全国、全世界的一切的肮脏东西！我们要随时随地，见肮脏就除，见污秽就扫，必须家庭无肮脏，社会无肮脏，世界无肮脏而后已"。又例如，他对学校和社会中"公物比私物容易损坏"的现象，提出了严肃的批评："公园的花木随意乱折，图书馆的书随意乱翻。还有人希望流芳百世，到处提名，以至名胜都被糟蹋。学生外出旅行的时候容易犯这个毛病。"他要求学生必须革除这些坏习惯，在"阅览公众书报，不折角、不划线、不加批、不唾粘，依照规定手续借还"。

总之，陶行知所追求的"真人"教育目标，就是培养道德品质高尚的人，就是培养既能够热爱祖国，热爱人民，也能够讲文明，讲礼貌，还能够热爱劳动，艰苦奋斗，自觉抵制一切腐朽思想的侵蚀的人，一个真正的具有完满人格的人。

当前世界正跨入信息时代，在科学技术迅猛发展和综合国力竞争日趋激烈的国际形势下，教育面临着前所未有的挑战。一个国家要增强国际竞争力，必须通过教育来提高国民素质，尤其是思想道德素质。目前我国学校德育改革和创新的主要任务是：改变以往学校道德教育的封闭性、说教式、形式化、脱离生活的弊端，从形式主义转向注重实际生活体验，从单纯强调认知能力转向重视情感、态度、能力等因素的整合，从课堂封闭的道德教学转向社会全息开放的社会活动。陶行知关于"真人"培养的内容和要求，途径和方法对当前学校道德教育的改革和发展有着重要的启示，至今仍有着可资借鉴的现实意义。

学习与思考：

1. 生活教育的培养目的是什么？陶行知是怎样提出真人教育目的观的？
2. 真人教育的含义和特征是什么？
3. 我们应该如何加强思想道德修养，做新时期的"真人"？

第四章
生活教育的基本内核：生活即教育

 阅读提示

- "生活即教育"是生活教育理论的核心命题，由此推展出陶行知各种丰富的教育主张。
- "生活即教育"命题是在批判脱离生活的传统教育的基础上提出的，也是对杜威教育思想的改造，是对如何解决中国本土教育问题而提出的教育理论命题。
- 在教育内容上，"生活即教育"是把教育的范畴扩大到整个的生活，是生活就是教育，过什么生活即受什么教育，生活教育是给生活以教育。
- 在教育方法上，"生活即教育"是把教育法等于生活法，不是生活就不是教育，想要受什么教育便须过什么生活，生活教育是用生活来教育。
- 在教育目的上，"生活即教育"是把教育的目标定位在改造生活上，是好的生活就是好的教育，要用前进的生活引导落后的生活，生活教育是为生活向前向上的需要而教育。
- "生活即教育"的主张符合人类教育形态发展的宏观走向，它关注的是大众生活的改善，但并不否定专门的学校教育。

"生活即教育"是陶行知生活教育理论的基本内核，它直接地、鲜明地回答了教育理论与实践中的核心问题，即生活与教育的关系问题。我们将在本章中详细讨论该命题的提出、含义，以便能够消除对该命题的种种误解和曲解，正确理解该命题以及它和另外两个命题之间的关系——"社会即学校"是"生活即教育"的自然延伸；"教学做合一"是"生活即教育"的根本方法。这对我们研究陶行知生活教育理论，准确把握其精神实质都是非常重要的。

第一节 "生活即教育"思想的形成

陶行知生活教育理论属于20世纪以来世界范围内的新教育运动，"生活即教育"这一陶行知生活教育理论的核心命题也是新教育运动的重要主张之一。考察其形成，主要是从两个层面来进行的：其一，对脱离生活的传统教育的批判；其二，对杜威"教育即生活"的改造。通过自己的教育实践，尤其是在晓庄学校进行的"教学做合一"试验，陶行知认识到"教育即生活"不适合解决中国的教育问题，于是将命题翻了半个筋斗，这就是"生活即教育"。这一思想的最终形成，直接催生了陶行知整合生活与教育的独特理论——生活教育理论。

一、对脱离生活之传统教育的批判

对脱离生活之传统教育的批判构成了20世纪新教育运动的共同背景，杜威和陶行知都是批判传统教育的较为激烈者。虽然在谋图整合生活与教育的主张上二者有所区别，并且"生活即教育"是在批判、改造"教育即生活"基础上提出来的。但是，对于传统教育的批判二者之间并没有什么区别。因此，以下介绍没有区分陶行知是在提出"生活即教育"主张之前还是之后对传统教育的批判，而是试图从整体上梳理陶行知对中国传统教育脱离生活之弊病的各项批评，以求突显出陶行知何以提出"生活即教育"这样的全面改造传统教育的核心纲领。

与"五四"新文化激进派反传统思想相呼应，陶行知对脱离生活、脱离社会的中国传统教育进行了猛烈的抨击。传统教育是脱离生活的教育，他巧妙地借用了"活"字的双关用法，认为传统教育是"没有生活做中心"的"死教育"，在死教育中是死学校、死书本，由死教育造成的是死人、死国和死世界①。那么，脱离生活的传统教育是以什么为中心的呢？

（一）批判读书中心的教育

传统教育是书本教育，学生只是读书，教师只是教书。陶行知对以读书为中心的传统教育的批判最为猛烈，他形象地刻画了旧时代之学生生长过程的三个阶段：读死书；死读书；读书死。因此，传统教育是吃人的教育。

那么，书不应当读了吗？陶行知并不是一般地反对读书，他批判的是以读书为目的、为读书而读书的教育，嘲笑的是读书没有目的的人——书呆子、守知奴。陶行知主张用书而不主张读书，"我们应当明白，书只是一种工具，和锯子、锄头是一样的性质，都是给人用的。我们与其说'读书'，不如说'用书'"②。因此，新时代之学生也离不了书，所不同的，他是用活书，活用书，用书活。

什么是"用活书"？陶行知所持的是活的知识观："活书是活的知识之宝库。花草是活书。树木是活书。飞禽走兽小虫微生物是活书。山川湖海，风云雨雪，天体运行都是活书。活的人，活的问题，活的文化，活的武功，活的世界，活的宇宙，活的变化，都是活的知识之宝库便都是活的书。"③

什么是"活用书"？陶行知提出的是工具主义的知识观："我们对于书的根本态度是：书是一种工具，一种生活的工具，一种'做'的工具。工具是给人用的；书也是给人用的。我们对一本书的见面问，是：你有什么用处（当然是广义的用处）？为读书而读书，为讲书而讲书，为听书而听书，为看书而看书，再不应该夺取我们宝贵的光阴。用书必有目的。遇到一本书我们必须问：你能帮助我把这件事做得好些吗？你能帮助我过一过更丰富的生活吗？"④

书是生活的工具，不可以死读，但不可以不活用。陶行知对传统教育中的死读书者有诗一首："用书如用刀，不快自须磨。呆磨不切菜，何以见婆婆？"传统读书中心的教育是把整个生活都从书里表现出来，它把生活剥削得皮黄骨瘦，结局便是"读书死"。以生活为中心的教育是过什么生活就用什么书，结果是"用书活"。因此，陶行知以为从前的书本教育是非推翻不可的，否则不能实现生活即教育。

以读书为中心的教育必然导致以文字为中心的教科书。不论什么教育，它的教科书是要用文字为载体的，但文字中心的教科书形成的则是"读死书"的

---

① 陶行知. 陶行知文集. 南京：江苏人民出版社，1981：250.
② 陶行知. 陶行知文集. 南京：江苏人民出版社，1981：199.
③ 陶行知. 陶行知文集. 南京：江苏人民出版社，1981：323.
④ 陶行知. 陶行知文集. 南京：江苏人民出版社，1981：294.

教育："以文字做中心之教科书，实便于先生讲解，学生静听。于是讲书、听书、读书便等于正式教育而占领了几乎全部之时间。它使人坐而言，不使人起而行。教育好比是菜蔬，文字好比是纤维，生活好比是各种维他命。以文字为中心而忽视生活的教科书，好比是有纤维而无维他命之菜蔬，吃了不能滋养体力。中国的教科书，是没有维他命的书。"①

这种没有"维他命"的教科书是死的、假的、静的、读的，是切不下菜来的木头刀，应代之以活的、真的、动的、用的教科书，陶行知命名这样的教科书为"生活用书"或"教学做指导"，这里，文字退到工具的地位，处于中心的依然是生活：过什么生活用什么书，生活即教育。

以读书为中心的教育必然导致以书本为中心的会考。任何教育总是要有衡量效果的教育评价的，但以书本为中心的考试必然导致"死读书"、"读书死"的教育，陶行知称之为中国传统教育界之滑稽的悲剧的"杀人的会考"："学生是学会考，教员是教人会考，学校是变成了会考筹备处。会考所要的必须教，会考所不要的就不必教甚至必不教。于是唱歌不教了，图画不教了，体操不教了，农艺不教了，工艺不教了，科学的实验不做了，所谓课内课外的活动也没有了。所教的只是书，只是考的书，只是会考指南。教育等于读书，读书等于赶考。好玩吧，中国之传统教育！"②

此等会考不仅仅存在于传统教育，即使今天的教育，它也在"玩"，所谓积重难返。代替那毁灭生活力之文字、书本的会考，陶行知以为应发动"培养生活力之创造的考成"③，创造的考成所要考的不是纸上的空谈，而是生活的实质，生活的变化。若生活无变化，则教育无成效，这正是生活即教育的原则，是以生活为中心的"考成"——以生活的成效来衡量教育的成效。

陶行知对传统教育的批判之所以犀利，不在于他指出了传统教育的这些表面病症，而在于他揭示出了隐藏在传统教育背后的意识形态，即以读书为中心的教育传统，某种程度上，我们今天的教育也承续了这样的教育传统。

（二）批判文化中心的教育

以读书为中心的传统教育往深里去便是以文化为中心的教育观，在教育理论中称之为"文化本位"。书本知识是人类文化的集中体现，以读书为教育即是把教育视作传递人类文化的工具。然而文化自身又是为了什么呢？陶行知认为文化是满足我们的生活需要的工具：

---

① 陶行知.陶行知文集.南京：江苏人民出版社，1981：297.
② 陶行知.陶行知文集.南京：江苏人民出版社，1981：385.
③ 陶行知.陶行知文集.南京：江苏人民出版社，1981：386.

"文化是人类创造出来的，固然是非常的宝贵，但它也不过是一种工具而已，不能拿做我们教育的中心。人为什么要用文化？是要满足我们人生的欲望，满足我们生活的需要。电灯是文化，我们用了它，可以把一切看得更明白。无线电是文化，我们用了它，可以更便利。千里镜是文化，我们用了它，可以钻进土星、木星里去。……所以文化是生活的工具，它是有它的地位的。我们不唯不反对，而且表示欢迎。欢迎它来做什么呢？就是满足我们生活的需要。"①

陶行知持工具主义文化观，一切文化都只是生活的工具，因此，文化不可以喧宾夺主而成为教育的中心，否则，便导致生活与教育分离。在这样的教育中，没有了生活的参与，文化成了送人的礼物，教育成了装饰品，此等装饰品式的教育是不明文化之用的教育，是于生活无用的教育，实行这样教育的国家，不打而自倒。

在中国的旧文化中，存在着差序格局，最重要的是天理和人欲的差别，天理是文化的精粹，人欲是大众的普泛生活，以文化为中心的传统教育是要明天理而灭人欲。因此传统教育不仅忽视生活而且压制生活，对于大众生活而言，这样的教育不仅是无用的装饰品，而且是产生"恶用"的裹头布。陶行知对于传统教育中的文化压迫进行了深刻的批判："中国从前有一样东西叫裹脚布，把姑娘们的脚紧紧的裹，裹得肉烂骨头断，裹成一只三寸金莲，好嫁一个好人家。我想和这裹脚布相配得还有一样东西，叫做裹头布，把中国的小孩、青年、大众的头脑壳，紧紧的裹，裹得呆头呆脑，裹成一个三寸金头，好做一个文化奴隶。这裹头布便是加在大众头上的一切文化的压迫。"②

从生活到大众生活，从教育到大众教育，陶行知对以文化为中心的传统教育的批判，也从其前期强调文化是生活的工具、满足生活的需要，提升到文化是民族大众解放的斗争武器的高度："文化所要记录、传达、发展、改变的思想乃是人类生活中心的思想，即是政治经济的思想。文化脱离了政治经济便成了不可思议。"③ 由此可以理解陶行知"生活即教育"命题的更为丰富的内涵，其所求的不仅仅是满足大众生活的需要的教育，还是解放大众文化的教育，这样的学校是要和社会生活紧密联系的学校，这样的教育是要和政治经济紧密联系的教育。

（三）批判学校与社会分离

传统教育以读书为中心，以文化传递为己任，忽视、拒斥生活的教育意

---

① 陶行知. 陶行知文集. 南京：江苏人民出版社，1981：247.
② 陶行知. 陶行知文集. 南京：江苏人民出版社，1981：552.
③ 陶行知. 陶行知文集. 南京：江苏人民出版社，1981：549.

义，因此学校教育与社会生活相分离，所谓学校自学校，社会自社会，学校门前挂着闲人莫入的虎头牌以自绝于社会。陶行知把和社会分离的学校比作"鸟笼"，把教育与社会生活紧密联系的学校比作"鸟世界"。这个"鸟世界"就是生活即教育理论下的学校，它要拆去学校与社会中间之围墙，以达到亲民亲物的境界，这就是晓庄学校的"二亲原则"。

可见，陶行知的以生活为中心的教育是要求把整个社会或整个的乡村当作学校，依照这样的教育思想所办的学校是要成为改造生活的中心。

（四）批判教育与政治经济分离

传统教育把教育单单看作专门的文化传递活动，这里的"文化"主要是书本知识，它和现实社会的生活没有多大关系。学校与社会分离的原因是教育与政治经济分离，这样的教育所培养出来的学生既不关心政治经济问题，也解决不了自身的政治经济问题，他受了教育却不能对家庭和社会生活有所贡献。陶行知对与政治经济分离的传统教育给农村、穷人带来的危害看得尤为真切："假使一个农家有四个小孩，只能给长子上学，余下三个孩子，一个要看牛，一个要耙狗屎，一个要在家里打杂。那个读书的儿子，渐渐的手也懒了，脚也懒了，看不起务农了。种田的爸爸，养蚕的妈妈，打杂，看牛，耙狗屎的弟弟妹妹，都不放在眼睛里了。他把知识装满一脑袋，一点也不肯分给亲人。大家也不以为奇。因为做先生是要得了师范毕业文凭才有资格。他初小毕业，欠人的债已把老子的背脊骨压得驼起来了。等他高小毕业，老子又卖了一匹老牛。他从小学考进初中高中师范的时候，他的老子是从自耕农跌到佃农雇农的队伍里去了。弟弟们有的短命死了，有的长得象茅草一样了。他自己是学了师范弄不到教员做，毕业不啻是失业，老起面皮做'守知奴'，吃着没知识的人的饭，还嫌不卫生，受人栽培还骂人愚笨。这一家是难免家破人亡。"①

教育脱离生活是造成二三十年代中国农村衰败的重要原因。陶行知认为以生活为中心的教育应该把社会的中心问题当作学校的中心问题，社会的中心问题就是政治经济问题。因此教育要特别关注政治经济问题，进行政富教合一的教育试验，即政治、经济和教育在"遂民之欲达民之情"上合起来，这样的教育，其所负的使命是：教民造富，教民均富，教民用富，教民知富，教民拿民权以遂民生而保民族②。

当我们说教育脱离生活时，严格地讲，要问是"何种生活"。因为，在一般意义上，教育总是一定社会生活的反映，就传统教育而言，它实质上承载了

---

① 陶行知. 陶行知文集. 南京：江苏人民出版社，1981：364.
② 陶行知. 陶行知文集. 南京：江苏人民出版社，1981：258.

传统社会所认可的、有价值的生活方式,只是到了现代社会里,社会生活发生了巨大变化,传统教育已经不能再很好地适应新生活的内容,因而才有陶行知所批判的教育脱离生活的弊病,这并不是说在特定的社会里传统教育就没有它的合法性。和其他社会机构相比,学校多少显得保守;和现代生活相比,教育总有些滞后,这是教育发展的固有特征。我们可以注意到,当代教育理论关于教育与社会生活的关系,已经提出了一些崭新的理念,例如,《学会生存》中提出的当代教育发展的特征:"教育在历史上第一次为一个尚未存在的社会培养着新人,教育的使命是替一个未知的世界培养未知的儿童。"① 在陶行知时代,系统探讨教育与生活的关系并提出整合二者的一种可能之方案的是杜威,该方案的核心命题是"教育即生活",正是在此基础之上,陶行知意识到尚有另一种可能,并且是解决中国本土教育问题的出路所在,这就是"生活即教育"。

二、对杜威"教育即生活"的创造性转换

杜威和陶行知都是反传统教育的大师,是近现代新教育运动的倡导者和践行者,在这个意义上,二者颇多相似之处。作为杜威的学生,陶行知确实吸收了老师的诸多思想元素,尤其是陶行知前期的教育言论和实践。但是,随着对中国问题认识的加深和生活教育实践中的探索,陶行知逐渐认识到杜威思想的不足,特别是它并不适合解决中国的教育问题,因而把"教育即生活"改造为"生活即教育"。对此,费正清作过如下的评价:"杜威博士的最有创造力的学生是陶行知。……陶行知是杜威的学生,但他正视中国的问题,则超越了杜威。"② 正是通过若干旨在改造中国旧教育的教育试验中,陶行知对杜威思想作出了创造性的改造,而由试验出新知又恰恰是他从老师杜威那里学到的新方法。

(一) 从"经验"到"行动"

在教育理论的哲学基础上,陶行知是用简洁而富有战斗力的词语"行动"来改造杜威晦涩而易于引起歧义的哲学术语"经验"。

杜威教育思想的哲学基础是"经验论"——一种不同于近代欧洲经验论哲学的试验主义认识论。"经验"是杜威的教育哲学乃至一般哲学中最重要的名

---

① 联合国教科文组织国际教育发展委员会. 学会生存:教育世界的今天和明天. 北京:教育科学出版社,1996:36.

② 费正清. 陶行知与杜威. 转引自:单中惠. 现代教育的探索:杜威与实用主义教育思想. 北京:人民教育出版社,2001:492.

词，指有机体和其环境相互作用的过程及其结果，它是主体——人的主动的尝试行为和客体——环境的反作用的结合，因此，人的认识既不源自主体，也不是源自客体，而是主客体的交互作用，即经验。行为和结果之间的连续不断的联系构成了经验，它是生命世界的基本现象，在主动方面，经验就是尝试，在被动方面，经验就是经受结果。基于此，杜威给出了教育的专门定义："教育就是经验的改造或改组。这种改造或改组，既能增加经验的意义，又能提高指导后来经验进程的能力。"①

知识源于经验，通过教育获取知识便是经验的改造。陶行知在一般哲学之知识论上是接受杜威的经验论思想的，据此以区分真伪知识："知识有真有伪。思想与行为结合而产生的知识是真知识。真知识的根是安在经验里的。从经验里发芽抽条开花结果的是真知灼见。……什么是伪知识？不是从经验里发生出来的知识便是伪知识。"②

站在经验论的立场上，陶行知和杜威皆对读书中心的传统教育进行了激烈的批判。杜威从近代实验科学中提炼出了著名的思维五步法，并据此指导学校教育活动，即"从做中学"。陶行知通过对中国传统哲学中知与行的关系的反思，尤其是在晓庄的"教学做合一"之试验的基础上，对杜威的思维五步法进行了改造，强调行动是思想的母亲："我拿杜威先生的道理体验了十几年，觉得他所叙述的过程好比是一个单极的电路，通不出电流。他没有提及那思想的母亲。这位母亲便是行动。……我要提出的修正是在困难之前加一行动之步骤。于是整个科学的生活之过程便形成了：行动生困难；困难生疑问；疑问生假设；假设生试验；试验生断语；断语又生了行动，如此演进于无穷。"③

陶行知的诗作《三代》形象地表达了这一思想。这就是要在行动中求真知，教育不仅是传递经验，更重要的是创造经验。以晓庄试验为界，此前，陶行知的知识观主要是经验论哲学，之后，其知识观则主要是行动哲学。可以认为，生活教育理论是陶行知对杜威教育思想的哲学基础的改造：从经验到行动。在杜威那里，经验主要是个体的获知方式，以经验做教育的基础，就是要求充分考虑到儿童的经验的生长方式来组织教育活动，从而改造传统教育中教育和生活分离的弊病。而在陶行知看来，"倘使一个人停留在自我或少数同伴的生活上，而拒绝广大人类的历史教训，那便是懒惰不长进，跌在狭义的经验

---

① 杜威. 民主主义与教育. 北京：人民教育出版社，1990：82.
② 陶行知. 陶行知文集. 南京：江苏人民出版社，1981：192.
③ 陶行知. 陶行知文集. 南京：江苏人民出版社，1981：319.

论的泥沟里，甘心情愿的做一只小泥鳅。"① 以行动代经验，就是要参与到现实的社会生活中去，参与到大众生活中去，改造生活，而这样的生活才是真生活，这样的教育才是真正的生活教育。

(二) 从"改造学校教育"到"改造大众生活"

在改造传统教育推进新教育运动的旨趣上，陶行知是用"改造大众生活"取代了杜威的"改造学校教育"的目的。

杜威把教育认做经验的改造。这里经验的改造，对于个体而言，就是儿童的生长；对于社会而言，就是环境的改造。当然，杜威的教育理论更多的是讲前者，对社会的改造则比较暧昧，这正是杜威思想的左派激进主义继承者，例如改造主义教育思想家②和陶行知所不满的地方。陶行知在谈及教育和生活的联系时，常常把杜威的"教育即生活"当作对脱离生活的传统教育"改良一下"的理论，算不得真正的生活教育。照杜威讲来，教育有三大部分："第一是社会，就是教育的目的；第二是学校和学科，就是中间一条过渡的桥；第三是儿童的生活和本能，就是教育的起点"③。新教育运动的旨趣是什么？就是把从前与社会生活无关、与儿童生活无关的孤立的学校和学科改造成为适合儿童经验生长的学校和学科。因此杜威提出了"学校即社会"、"教育即生活"两句口号，依此以实现现代学校教育的改造，最终达成其民主主义社会的教育目的。早期的陶行知是信奉杜威的学问的，并这样去实践了，但渐渐觉得行不通，因为在中国这样一个穷国家，改造学校教育和改造民众社会生活实在是相距太遥远，民众无法从这样的学校教育中谋得幸福。既然新教育的目的是为了民主主义之社会，那么，教育能否直接参与到社会生活之中呢？陶行知从中国乡村改造出发，把新教育运动的旨趣从单纯的教育改造提升到了改造大众生活："社会是个人结合所成的。改造了个人便改造了社会，改造了社会便也改造了个人。……办学和改造社会是一件事，不是两件事。改造社会而不从办学入手，便不能改造人的内心；不能改造人的内心，便不是彻骨的改造社会。反过来说，办学而不包含社会改造的使命，便是没有目的，没有意义，没有生气。所以教育就是社会改造，教师就是社会改造的领导者。"④

陶行知认为，杜威在美国之所以要主张教育即生活，是因为"美国是一个资本主义的国家，他们是零零碎碎的实验，有好多的教育家想达到的目的，不

---

① 陶行知. 陶行知文集. 南京：江苏人民出版社，1981：530.
② 改造主义曾是美国的一个重要教育流派，强调要把社会改造作为学校教育的直接目的和教育内容.
③ 杜威. 杜威五大讲演. 合肥：安徽教育出版社，1999：103.
④ 陶行知. 陶行知文集：修订本. 南京：江苏教育出版社，2001：340.

能达到，想实现的不能实现"①。陶行知极强调教育要有生气、活力，有生气和活力的教育绝不能止步于把生活中的枝叶弄些到学校里来，实现儿童的经验的改造或改组。杜威说教育是属于经验、由于经验和为着经验，陶行知则以为教育是在生活中、通过生活和为了生活，因此，教育就是生活的改造，生活即教育。

（三）从"教育即生活"到"生活即教育"

在如何整合教育和生活的关系问题上，陶行知在杜威"教育即生活"的命题基础之上，提出了"生活即教育"的命题，并由此开出"社会即学校"等重要主张。

杜威的"教育即生活"，在教育哲学层面是个复杂的命题，在教育应用层面又是个简单明了的口号。一般人认为，受教育是为了将来能够过上美好的生活，因而教育是未来生活的预备，教育本身不是生活，而是为了生活。杜威针对教育的预备说，提出了自己的独到看法：生长就是自我的不断更新；生活就是发展；不断发展，不断生长，就是生活。生长不是有一个目的，生长就是目的，是为了不断地生长。教育的过程是一个不断改组、不断改造和不断转化的过程；教育即生长，除了更多的生长，也即除了更多的教育，没有什么可以成为教育的目的。故教育是生活的过程，而不是将来生活的预备。总而言之，教育就是生活、生长和经验改造，离开生活和经验就没有生长，也就没有教育②。

杜威在《我的教育信条》中写道："我认为不通过各种生活形式或不通过那些本身就值得生活的生活形式来实现教育，对于真正的现实总是贫乏的代替物，结果便形成呆板，死气沉沉。"③ 可见，陶行知确是秉承了其师杜威的思想的，当然，在两种不同社会发展形态中却结出了两个不同的果实。当这一思想与力图改造中国民众之生活这样的目标相结合时，陶行知认为真正的生活教育必是主张"生活即教育"的。

杜威由"教育即生活"而来的是对学校教育的若干改造主张，如课程生活化、学校社会化、做中学、教师指导下的儿童中心等等。陶行知的旨趣则在于关注改造大众生活的教育，同时，他又是根据自己对杜威的理解来阐发其"生活即教育"的："教育可以说是书本的，与生活隔绝的，其力量极小。拿全部生活去做教育的对象，然后教育的力量才能伟大，方不至于偏狭。……'教育

---

① 陶行知. 陶行知文集. 南京：江苏人民出版社，1981：245.
② 杜威. 民主主义与教育. 北京：人民教育出版社，1990：第一、四、五、八章.
③ 杜威. 学校与社会：明日之学校. 北京：人民教育出版社，1990：6.

即生活'是拿教育做生活，好教育固然是好生活，八股的教育也就造成八股的生活。'生活即教育'根本上可以免除这种毛病，虽然它的流弊也有拿坏生活作教育的，……'生活即教育'，教育极其广阔自由，如同一个鸟放在林子里面的；'教育即生活'，将教育和生活关在学校大门里，如同一个鸟关在笼子里的。……'生活即教育'，是叫教育从书本的到人生的，从狭隘的到广阔的，从字面的到手脑相长的，从耳目的到身心全顾的。"①

在陶行知看来，杜威的"教育即生活"是要拿社会生活中的一两丫树枝放进学校这个鸟笼里，这样的生活容易作假，因而这样的教育也就是容易作假的教育，是假的生活教育。真的生活教育是要过真的生活，因而这样的教育才算是真生活教育。是生活便是教育，不是生活便不是教育，所以，生活即教育。

其实，杜威何尝是想把学校变成一个鸟笼？陶行知又何尝是要把学生变成天空任意翱翔的鸟儿？杜威言教育即生活，是认为真正的教育便是生活；陶行知言生活即教育，是认为真正的生活才是教育，二人皆为如何改造传统教育，使得教育与生活联系起来殚精竭虑。在这个意义上，可以说陶行知"生活即教育"的命题扩展了杜威"教育即生活"的命题，生活教育理论获得了更为丰富的内涵。当然，作为一个命题形式，"生活即教育"的形成可以从陶行知对脱离生活的传统教育之批评以及对杜威"教育即生活"的创造性转换中予以说明，尤其是在后者的基础上结合晓庄"教学做合一"试验直接产生了这一命题的准确表达。但是，作为一个思想理论，只有深入其中之内涵，才能真正明了它是如何形成的。

第二节　"生活即教育"的含义

"生活即教育"的提出是在晓庄。"生活即教育"的内涵是不断发展、逐步明晰的。1939年，陶行知在复一位朋友的信中说道："从定义上说：生活教育是给生活以教育，用生活来教育，为生活向前向上的需要而教育。"② 这三句话是对"生活即教育"含义的概括，可以解读为三个层面：教育的内容，教育的过程和教育的目的。

---

① 陶行知．陶行知全集：第2卷．成都：四川教育出版社，1991：504－505.
② 陶行知．陶行知文集．南京：江苏人民出版社，1981：694.

一、是生活就是教育：给生活以教育

从教育的内容来看，所谓生活即教育，直接地说便是：是生活就是教育。生活即教育的命题大大扩展了教育的内容，它把教育之范畴扩大到了整个生活。

（一）生活具有教育的意义

不同的教育主张对生活和教育的关系有不同的回答。在陶行知的笔下，存在三种不同的教育。第一种，只认为书本知识的学习是教育，不承认日常生活也有教育意义，这就是陶行知所批判的传统教育。第二种，改良一下，认识到了共同生活也具有教育意义，于是把生活中的东西拿些到学校中来，使得学校成为儿童获得生活经验的地方，这就是杜威所主张的"教育即生活"和"学校即社会"的理论，它是陶行知力图加以改造的"易作假的生活教育"。第三种，不仅认识到生活具有教育意义，而且要给生活以教育，用生活来教育，为生活而教育，这就是陶行知所主张的"生活即教育"的理论，它是真正的生活教育。

为什么说生活本身具有教育的意义呢？陶行知认为："教育的根本意义是生活之变化。生活无时不变，即生活无时不含有教育的意义。因此，我们可以说：'生活即教育'。到处是生活，即到处是教育；整个社会是生活的场所，亦即教育之场所。因此，我们又可以说：'社会即学校'。在这个理论指导之下，我们承认过什么生活便是受什么教育；过好的生活，便是受好的教育；过坏的生活，便是受坏的教育；过有目的的生活，便是受有目的的教育；过糊里糊涂的生活，便是受糊里糊涂的教育；过有组织的生活，便是受有组织的教育；过一盘散沙的生活，便是受一盘散沙的教育；过有计划的生活，便是受有计划的教育；过乱七八糟的生活，便是受乱七八糟的教育。"[①]

这段话可以解读为这样一个推理过程：首先，教育的意义在于引起生活之变化，这是对教育的基本定位，是大前提。反之，若认为教育的意义在于文化传递，而不是文化的创造，便是旧教育的定位，不可能同意陶行知的主张。其次，生活无时不变，变化是生活的基本特征，这是小前提。人类社会处于不断的变化之中，社会进化论的思想是陶行知坚信不移的。结论，生活无时不含有教育的意义。生活与生活发生摩擦，便产生了教育的作用，生活的变化即教育的变化。既然生活无时不含有教育的意义，所以说，到处是生活，便到处是教育。对于穷苦的大众而言，受教育也就不再意味着进学校，社会是大众唯一的

---

① 陶行知. 陶行知全集：第 3 卷. 成都：四川教育出版社，1991：246.

学校,生活是大众唯一的教育,这就自然地延伸出社会即学校的主张。既然生活无时不含有教育的意义,所以说,过什么生活即受什么教育,是那样的生活便是那样的教育。我们的教育主张全赖于我们对生活的主张。

(二) 生活的含义

陶行知把教育的范畴扩大到整个生活,承认一切非正式的东西都在教育的范围以内,这就大大地扩展了教育的内容。然而生活的范围极其广大,陶行知所言的生活却是有所指的。

在《生活即教育》一文中,陶行知对"什么是生活"作了富有诗意的回答:"'什么是生活'?有生命的东西,在一个环境里生生不已就是生活。譬如一粒种籽一样,它能在不见不闻的地方发芽、抽条、开花,从动的方面看起来,好像晓庄剧社在舞台演戏一样。"①

如同其师杜威用生长来界定生活,陶行知赋予生活以生命之内涵,都是反对僵死的东西。如此,我们可以疏解"生活即教育"命题中的悖论:若生活囊括一切,则读书亦是生活教育;然而陶行知是批判以读书为教育的。若把生活看作生生不已、有生命的东西,显然死读书便不是生生不已的生活,活用书才是真生活。

可以认为,陶行知所理解的生活,是人类为了生存发展而进行的活动。在不同时期,陶行知对生活有具体不同的解释。按照他的早期说法,"生活主义包含万状,凡人生一切所需皆属之"②。人生一切所需是什么?就是实际生活、日常生活;"实际生活说得明白些便是日常生活。积日为年,积年为终身,实际生活便是人生的一切。分析开来,战胜实际的困难,解决实际的问题,格生实际的利,实际的物,爱实际的人,求实际的衣、食、住、行,回溯实际的既往,改造实际的现在,探测实际的未来;这些事总结起来,虽不敢概括全部人生,但人生除了这些事还有什么?"③

生活即教育,实际生活是教育的指南针。那么,是谁的实际生活呢?实际生活是大众的生活、民众的生活。"大众只可以在生活里找教育,为生活而教育。当大众没有解放之前,生活斗争是大众惟一的教育。并且孤立的去干生活教育是不可能的,大众要联合起来才有生活可过;即要联合起来,才有教育可受。从真正的生活教育来看,大众都是先生,大众都是同学,大众都是学生。……总说一句,生活教育是大众的教育,大众自己办的教育,大众为生活

---

① 陶行知. 陶行知文集. 南京:江苏人民出版社,1981:243.
② 陶行知. 陶行知文集. 南京:江苏人民出版社,1981:1.
③ 陶行知. 陶行知文集. 南京:江苏人民出版社,1981:226.

解放而办的教育。"①

生活是实际的、民众的，生活教育便是实际生活的教育、民众生活的教育，它与装饰品之传统教育根本不同："它不是摩登女郎之金刚钻戒指，而是冰天雪地下的穷人窝窝头和破棉袄。"② 传统的专门学校教育是为了高高在上的生活而设立的，生活教育是为了下层民众的实际生活而办的，所以，陶行知言生活教育是"下层建筑"。

生活的本质是变，是生生不已，陶行知关注民众生活，民众的生活随着民族的命运而变化其主题。30年代，国难当头，大众生活教育亦随着大众生活的变化而变化。"大众教育要教大众以生活为课程，以非常时期的有计划有组织的生活做他们的非常时期的有计划有组织的课程。这非常生活，便是当前的民主解放、大众解放的战斗生活。这是大众教育的中心功课。"③

可见，陶行知所言的生活，不仅是关乎个人生活之人生的，民众生活之日常的，也是民族生活之社会的，例如战时生活、民主生活、现代生活等等。可见对于生活的解释，陶行知从最初强调生活的"生生不已"，到将生活理解为实际生活、日常生活，然后再将实际生活解释为大众的生活、民众的生活，说明他对生活的理解也是在逐步发展的。正因为他将教育与生活、与社会紧密联系在一起，认为是生活就是教育，生活无时不变，即生活无时不含有教育的意义，所以我们就不难理解陶行知为什么会应客观环境的需要，一生从事生活教育运动。

二、不是生活就不是教育：用生活来教育

从教育的过程来看，"生活即教育"要求教育的活动必须是生活之行动，教育的方法就是生活的方法，即用生活来教育。生活即教育的第二层含义可以理解为"不是生活就不是教育"。

（一）教育的真义

众所周知，陶行知的语言是大众化的语言。在中外教育家中，阐述教育理论如此形象、清晰、易懂的，恐怕是未有第二人了。然而，陶行知在《生活即教育》中关于生活和教育的关系的阐释，却颇难理解。他说："是生活就是教育；是好生活就是好教育，是坏生活就是坏教育；是认真的生活就是认真的教育，是马虎的生活就是马虎的教育；不是生活就不是教育；所谓之教育未必是

---

① 陶行知. 陶行知文集. 南京：江苏人民出版社，1981：529.
② 陶行知. 陶行知文集. 南京：江苏人民出版社，1981：424.
③ 陶行知. 陶行知文集. 南京：江苏人民出版社，1981：532.

生活，就未必是教育。"①

　　这段话有两层意思。第一层，是生活就是教育，因此，是什么生活就是受什么教育。这层含义前面已经论述了，其意义在于把教育的范畴扩大到了整个的生活，是给生活以教育的意义。第二层，不是生活就不是教育，因此，若某教育不是生活，它就不是教育。从第一层意思到第二层意思存在须要澄清的东西。其一，若生活便是人生之一切，没有什么不是生活，即没有什么不是教育，那么，什么"不是生活"呢？亦即什么"不是教育"呢？所谓"未必是教育"又指的是什么？其二，从逻辑上推断，"是生活就是教育"只能推出它的逆反命题，即"不是教育就不是生活"，但不能自然地推出其反命题，即"不是生活就不是教育"，这在演绎推理上是有问题的。其三，有一种可能能够解释这一逻辑问题，即生活和教育完全是一件东西，但由此又会生成一个新的问题：既然生活和教育完全是一回事，那么，说"生活即教育"，又为什么不能说"教育即生活"呢？综合以上几个问题，可以认为陶行知一定是赋予了生活和教育以新的内涵。在前面，我们已经分析了陶行知的生活概念，意指生生不已的、实际的大众生活、社会生活，此乃真生活。因此，这里必存在一个区别于"所谓之教育"的"真教育"，照陶行知的话说，就是"不是生活就不是教育"。值得注意的是，这是一个新的视角，它回答的是"什么样的活动才算是教育"，是从教育活动的过程、方法来阐发教育的真义。

　　生活的重要特征是参与，若你形式上接受了某种教育，却又不参与这样的生活，便不算是真教育——"过的少爷生活，虽天天读劳动的书籍，不算是受着劳动教育；过的是迷信生活，虽天天听科学的演讲，不算是受着科学教育；过的是随地吐痰的生活，虽天天写卫生笔记，不算是受着卫生的教育；过的是开倒车的生活，虽天天谈革命的行动，不算是受着革命的教育；我们要想受什么教育，便须过什么生活。"②

　　受什么教育，便须过什么生活，核心字眼是"过"，即参与到这样的生活中去，它不是用某种书本知识来进行教育，而是用生活来教育，在生活中受到教育。所以，未必是生活就未必是教育，这里的"未必"便是指没有实际地去参与生活，这样的教育正是陶行知所竭力批判的传统教育和努力改造的作假的生活教育。传统教育是根本上脱离生活、不要生活的死教育；作假的生活教育是指拿了杜威"教育即生活"的理论进行的改良的洋化教育。前者没有生活，后者是假生活，陶行知所倡导的真教育是要过实际的、真实的生活："过主人

---

① 陶行知. 陶行知文集. 南京：江苏人民出版社，1981：243.
② 陶行知. 陶行知文集. 南京：江苏人民出版社，1981：424.

的生活，就是主人的教育。倘若嘴里读的是主人的书，耳朵里听的是做主人的话，而所过的是奴隶的生活，在传统的目光看来，或可算是主人的教育；但依生活教育的观点看来，则断断乎要称他为奴隶的教育，或是假的主人教育。"①"真正的抗战教育，必须通过抗战生活。抗战讲演、宣传，若不通过抗战生活，我们不会承认它是真正的抗战教育。"②

到底什么是真教育呢？参与到生活中去行动，便是真教育，用生活改造生活的教育，便是真教育。换言之，真教育即真生活。

(二) 教育法即生活法

教育法指教育活动的方法。因为教育乃是实际生活的参与和改造，所以，如何生活就应该如何去开展教育活动。在实际生活中，人们是如何获得经验、改造生活的，那么，教育也就应该如何去指导人们去获得经验、改造生活，这就是用生活来教育。

真正的教育是发生在实际生活之中的，那么生活何以就产生了教育的作用？陶行知形象地把这一过程比喻为生活与生活的磨擦："生活与生活一磨擦便立刻起教育的作用。磨擦者与被磨擦者都起了变化，便都受了教育。有人说：这是'生活'与'教育'的对立，便是'生活'与'教育'的磨擦。我以为教育只是生活反映出来的影子，不能有磨擦的作用。比如一块石头从山上滚下来，碰着一块石头，就立刻发出火花，倘若它只碰着一块石头的影子，那是不会发出火花的。说得正确些，是受过某种教育的生活与没有受过某种教育的生活，磨擦起来，便发出生活的火花，即教育的火花，发出生活的变化，即教育的变化。"③

通常以为，一个人先是受了教育，然后再去影响和改造生活。对于这个人而言，是因为他读了书，受了教育，因而发生了教育的变化，即他成为了一个有教育的人；对于生活而言，生活的变化便是因为有教育的人改造、影响的结果。显然，这是一种典型的知识分子对待生活的态度。陶行知在上面这段话中表达的见解正好相反：所谓教育的变化乃是由于生活的变化引起的教育作用，生活的变化是因为生活与生活的"摩擦"。这是人们在生活中获得经验的基本方式，即生活中不同的东西发生碰撞，人们以一定的行为去适应或改变之，这便导致了生活的变化，对于当事人而言，便是有了教育的作用。所以陶行知认为，生活的变化才是教育的变化，教育要通过生活才能发出力量而成为真正的

---

① 陶行知. 陶行知文集. 南京：江苏人民出版社，1981：262—263.
② 陶行知. 陶行知文集. 南京：江苏人民出版社，1981：654.
③ 陶行知. 陶行知文集. 南京：江苏人民出版社，1981：528—529.

教育。

　　生活与生活磨擦，产生了生活的变化，这便是生活法；生活与生活磨擦，产生了教育的变化，这便是教育法。所以说，教育法即生活法。当年一群青年跑到乡下，和农人共生活，创办晓庄学校，就是典型的例子："当这些青年和农人接触之后，双方都有了惊奇的发现，青年们在学府里受教已久，手无缚鸡之力，只拿得动一支笔儿写几行字，他们下乡不多时，便发现自己也有手，可以做工，可以种田，可以实验，可以使枪杆。农人呢？在'民可使由之，不可使知之'的空气中生活了几千百年，久已被裹头布裹得不能思想。他们和青年知识分子接触之下，禁不住要喊出来：'我们也有头脑啊！'青年发现了自己有双手，才是能坐而言也能起而行。农人发现自己有头脑，才能由了解革命信仰革命并发挥出力量以争取中国之自由平等。"①

　　教育法即生活法，生活法的主导特征是行动，离开了行动的主导地位，就谈不上是真正的生活教育："生活与生活磨擦，便包含了行动的主导地位。如果行动不在生活中取得主导的地位，那末，传统教育者就可以拿'读书的生活便是读书的教育'来做他们掩护的盾牌了。行动既是主导的生活，那末，只有'为行动而读书，在行动上读书'才可说得通。"②

　　行动是生活法也是教育法的中心。所谓行动，通俗地说，就是"做"，以行动为中心的教育法，即是以做为中心的"教学做合一"。陶行知说："教学做合一及在劳力上劳心为最有效之生活法亦即最有效之教育法，便自然以行动为中心而不致陷落在虚空里面。"③

　　由以上的分析可以看出陶行知"生活即教育"这一命题提出的思想路径：起初，是以杜威的"教育即生活"为理论进行晓庄实验的，晓庄实验的核心是"教学做合一"，在实验中，发现杜威的理论行不通，于是用"生活即教育"来替代之，陶行知认为，这样便贯通了生活教育的内容和方法。由此可见，从教育活动、教育方法层面上解读"生活即教育"这一命题的含义，具有十分重要的价值。

三、是好生活就是好教育：为生活向前向上的需要而教育

　　从教育的目标来看，"生活即教育"是为生活向前向上的需要而教育，直白地说，是好生活就是好教育。生活教育要用好的生活引导、改造不好的

---

① 陶行知. 陶行知文集. 南京：江苏人民出版社，1981：659.
② 陶行知. 陶行知文集. 南京：江苏人民出版社，1981：529.
③ 陶行知. 陶行知文集. 南京：江苏人民出版社，1981：654—655.

生活。

(一) 用生活引导生活的教育

根据生活即教育的第一层含义，"是生活就是教育"，其义是给生活以教育，这是在教育的内容上扩展了传统教育的范围，由此延伸出的命题是"社会即学校"。根据生活即教育的第二层含义，"不是生活就不是教育"，其义是用生活来教育，这是在教育的方法上否定了传统教育的死读书的方法，由此延伸出的命题是"教学做合一"。综合这两个层面，在生活和教育的关系上，陶行知是主张生活决定教育的。

由生活决定教育便引出了一个疑问：生活有好有坏，有合理的也有不合理的，若生活即教育，那么，岂不就有拿坏生活作教育的教育？这样的教育还是教育吗？在陶行知所写的文字里，确实也有这样的话。应该承认，在事实层面上，不能否认有这样的"教育"，比如，从某种角度看，盗贼的"教育法"正是"教学做合一"。然而，教育更有伦理层面的含义，即教育这一概念本身带有价值追求：教育是要用有价值的东西来影响受教育者。陶行知在谈到生活即教育可能的流弊时，说道："虽然它的流弊也有拿坏生活作教育的，但就教育立场说，其效力仍是极大的。"① 什么是教育的立场呢？就是提倡好的、合理的生活，要用好的、合理的生活去引导和改造不好的、不合理的生活。因此，"生活即教育"的第三个含义便是在教育目标的层面上提出来的，即要用生活去引导生活，为生活向前向上的需要而教育。

由生活决定教育引出的另一个疑问是：生活既是教育，那么，便有生活即有教育，我们又何必去办教育呢？处处是生活，便处处是教育，我们又何必去普及生活教育呢？陶行知对这两个问题的回答是："我们承认自古以来便有生活即有教育。但同在一社会，有的人是过着前进的生活，有的人过着落后的生活。我们要用前进的生活来引导落后的生活，要大家一起来过前进的生活，受前进的教育。前进的意识要通过生活才算是教人真正的向前去。"② "有些人是超时代，有些人是时代落伍。有些人到了现代还是过着几百年前的生活，便是受着几百年前的教育，教育时代落伍的人一起赶上时代的前线来，是普及教育运动的目标。……时代是继续不断的前进，我们必得参加在现代生活里面，与时代俱进，才能做一个长久的现代人。"③

因为"生活即教育"这个命题是包含了如上的目标的，所以陶行知认为生

---

① 陶行知. 陶行知全集：第 2 卷. 成都：四川教育出版社，1991：504.
② 陶行知. 陶行知文集. 南京：江苏人民出版社，1981：529－530.
③ 陶行知. 陶行知文集. 南京：江苏人民出版社，1981：425.

活教育的一个重要特质是"前进性"。随着当时国内政治经济形势的不断变化，陶行知关于生活教育的目标或方针也不断地"与时代俱进"，例如：战斗的、科学的、民主的、大众的、创造的，等等。

（二）以前进的生活为目标的教育

用生活引导生活，就是要用前进的生活去引导落后的生活，生活教育是以前进的生活为目标的教育。所谓"前进的"，乃是一个宽泛的口号，或者说是一个总方针，陶行知在不同时期的不同的教育实践中，提出过多种不同的具体的教育目标。从教育目标的内涵分析，通常包含两个方面，其一是侧重于受教育者个体的教育目标，其二是侧重于社会的教育目标。以下便是分别从这两个方面对陶行知不同教育实践中涉及的教育目标进行的梳理。

第一，侧重于受教育者个体的教育目标。

从受教育者个体来讲，教育目标要回答的问题是：教育要培养什么样的人？陶行知的回答可以看作有两个阶段：第一个阶段是其早期提出的"生活力"概念，不过这尚较笼统；第二个阶段是对生活力概念的具体化或丰富化。所谓具体化，是指随着陶行知对"生活"的具体解释而不断提出了若干具体的生活教育之目标；所谓丰富化，是指这些具体的目标在陶行知不同时期的教育实践中有着不同的表述。

以培植生活力为教育的目标，是陶行知在构想中国新型乡村师范学校时提出的："这个学校对于学生所要培植的也是生活力。他的目的是要造就有生活力的学生，使得个个人的生活力更加润泽丰富强健，更能抵御病痛，胜过困难，解决问题，担当责任，学校必须给学生一种生活力使他们可以单独或共同去征服自然，改造社会。"[①]

造就有生活力的学生，使他们具有改造社会、改造生活的本领，这就是陶行知的基本信条："我们深信生活是教育的中心"，因而，"我们深信乡村学校应当做改造乡村生活的中心"，所以，"我们深信教育应当培植生活力，使学生向上长"[②]。

具体而言，要培植什么样的生活力呢？陶行知在按照此信念所办的试验乡村师范学校即晓庄学校中，明确地提出了五种生活，相应有生活教育之五大目标："康健的生活即是康健的教育；劳动的生活即是劳动的教育；科学的生活即是科学的教育；艺术的生活即是艺术的教育；改造社会的生活即是改造社会

[①] 陶行知. 陶行知文集. 南京：江苏人民出版社，1981：138.
[②] 陶行知. 陶行知文集. 南京：江苏人民出版社，1981：143、144.

的教育。"①

以上目标是陶行知"晓庄时期"提出并实践的教育目标,围绕这五大目标,陶行知又细化为70种要培养的生活力,以帮助学生的生活继长增高、向前向上。

继晓庄实验之后,应形势的需要,陶行知倡导一种新型的生活教育实体,即"工学团"。它包含三种生活:做工、学习和社会生活。按照陶行知的解释,"工学团时期"的教育目标是:"普及工以养生、学以明生、团以保生之生活教育。工是做工,学是科学,团是集团,这三种生活缺少一样便是残废的教育。"②

抗战时期,陶行知为求抗战建国之人才,在难童中选拔优秀儿童创办了育才学校。育才学校强调集体生活的核心作用,并把集体生活分为四种生活,这可以看作陶行知"育才时期"的教育目标:"它认定劳动生活即是劳动教育,用劳动生活来教育,给劳动生活以教育;它认定健康生活即是健康教育,用劳动健康来教育,给健康生活以教育;它认定政治生活即是政治教育,用政治生活来教育,给政治生活以教育;它认定文化生活即是文化教育,用文化生活来教育,给文化生活以教育。"③

可见,育才的教育目标和生活教育的思想是一致的。同时我们也应该注意到,育才学校是比较严格意义上的学校教育,因此,陶行知较之其他办学实践更多地考虑到的是如何根据儿童的身心发展特点提出教育的目标,例如知情意合一、迷悟爱三方针等。

第二,侧重于社会的教育目标。

陶行知生活教育的目标,简单地讲就是要改造生活。对于个人而言,教育就是经验的改造;对于社会而言,教育就是大众生活的改造。按照通常的逻辑,教育的直接目标是个体,间接目标是社会,但是在陶行知的心目中,大众生活的改造优先于个人生活的改造,他曾郑重地说:"教育没有独立的生命,它是以民族的生命为生命。唯有以民族的生命为生命的教育,才算是我们的教育。"④

陶行知对侧重于社会的教育目标的认识,是和他所处的时代息息相关的,比较明显的是,在20—30年代,他更侧重于民生的改善,即社会生活的经济

---

① 陶行知. 陶行知文集. 南京:江苏人民出版社,1981:256.
② 陶行知. 陶行知文集. 南京:江苏人民出版社,1981:449.
③ 陶行知. 陶行知文集. 南京:江苏人民出版社,1981:671.
④ 陶行知. 陶行知文集. 南京:江苏人民出版社,1981:536.

层面，在30—40年代，则较侧重于民族及大众的解放，即社会生活的政治层面。

在办乡村教育时期，陶行知的理想是把乡村学校办成"改造乡村生活的中心"。在谈到中国乡村教育之生路是什么时，他认为"就是建设适合乡村实际生活的活教育"①。活教育即生活教育，从社会生活的角度看，就是大众教育："生活教育是大众的教育，大众自己办的教育，大众为生活解放而办的教育。"②"我们这里主张生活即教育，就是要用教育力量，来达民之情，遂民之欲。"③

达民情，遂民欲，就是陶行知主张的侧重在社会方面的教育目标。

在国难教育、战时教育和民主建国教育时期，陶行知对生活教育有了新的认识："争取中华民族劳苦大众解放之教育，必然是生活的、大众的、前进的、战斗的、历史的。"④ 随之，关于生活教育的目标亦从大众生活的改善提升至大众之解放，关于这一目标的核心表述就是陶行知在社会大学运动中提出的"新大学之道"："社会大学之道，首先要明白人民的大德。……社会大学之道，要亲近老百姓。……社会大学之道，是要为人民造幸福。"⑤

从改造生活到大众生活的改善，从大众生活的改善到为止于人民之幸福，这就是陶行知所追求的为生活向前向上的需要而进行的教育。结合前述的以培植生活力为核心而展开的各种具体的生活领域的教育目标，我们可以大致地理解陶行知所言的"好教育"是什么，所谓"好生活就是好教育"的价值诉求。

第三节　正确理解"生活即教育"的含义

"生活即教育"的命题提出之后，曾经一度招来过各种各样的批评和责难。即使在今天，对该命题也仍然存在着不同的看法。当然，对一个命题或者一种理论存在不同意见，这是正常的，不足为怪。问题在于，有些人的批评是建立在误解甚至曲解别人的命题含义的基础上的。那么，对于"生活即教育"

---

① 陶行知. 陶行知文集. 南京：江苏人民出版社, 1981：155.
② 陶行知. 陶行知文集. 南京：江苏人民出版社, 1981：529.
③ 陶行知. 陶行知文集. 南京：江苏人民出版社, 1981：246.
④ 陶行知. 陶行知文集. 南京：江苏人民出版社, 1981：523.
⑤ 陶行知. 陶行知文集. 南京：江苏人民出版社, 1981：805.

这一命题，到底应该怎样理解呢？

一、"生活即教育"并非取消教育

如果说世界上仅有两样东西，生活和教育，当我们说生活即教育时，也就是在说根本上不存在着专门的教育，或者是说生活与教育不分。这一问题的讨论在陶行知时代就曾有过，并有进一步讨论的价值，在上面关于"含义"的一、二两个层面已经部分地得到了解释，我们还可以把"生活即教育"放在教育发展的历史大叙事中加以辩护，以说明"生活即教育"并非要取消教育。

从教育形态的角度看，人类教育演变过程大致为："从非形式化教育到形式化教育（教育形式化的过程），从形式化教育的出现到教育实体的形成（教育实体化的过程），从古代教育实体的发生到近代学校的兴起（教育制度化的发端）。从学校的诞生到学校系统的形成（教育制度化的发展），从学校系统的形成至今，教育制度化达到了成熟的程度，它开始成为反思的对象：随着制度化教育弊端的暴露和非制度化教育的崛起，人们像是返璞归真，开始对非形式化、非实体化和非制度化教育刮目相看。"[①]

在上述序列中，陶行知所言的"生活即教育"当属对以学校系统为核心的制度化教育（正规教育）的反思之位置，而不是生活与教育不分的原始的非形式化教育，虽然陶行知也曾言要"开倒车，而且一直开到最古时代去，"[②] 我们认为，那仅是强调生活是教育所原有，生活所自营，生活所必需的。现当代对脱离生活的制度化教育进行反思、批判的理论家有很多，有些人的批判更为激进，例如伊利奇主张取消学校教育。陶行知独特的贡献在于他不止于反思和批判，而且进行了众多的教育试验，在实践上探索生活与教育的内在关联。显然，正规学校教育的传统是深深扎根在传递文化遗产之中的，陶行知对传统教育之文化中心及其演变的读书中心的批判，强调的是当前文化、日常生活的重要性，是对日益严重的教育脱离生活的传统教育之批判。

对专门化的学校教育的系统反思以及如何构建新的与生活整合的教育样式，当代具有代表性的主张是：

"教育体系必须全部重新加以考虑，……如果我们要学习的所有东西都必须不断地重新发明和日益更新，那么教学就变成了教育，而且就越来越变成了学习。如果学习包括一个人的整个一生（既指它的时间长度，也指它的各个方面），而且也包括全部的社会（既包括它的教育资源，也包括它的社会的和经

[①] 陈桂生. 学校教育原理. 长沙：湖南教育出版社，2000：53.
[②] 陶行知. 陶行知文集. 南京：江苏人民出版社，1981：246.

济的资源），那么我们除了对'教育体系'进行必要的检修以外，还要继续前进，达到一个学习化社会的境界。"①

学习化社会与陶行知"生活即教育"的要旨是相一致的，即都反对仅仅把正规学校教育当作唯一的教育资源，强调社会生活作为教育资源的价值。当然，这并不意味着把陶行知无限制地拔高是合理的，在陶行知的时代，至少在其著作中还没有当代教育理论中使用的那些概念。引申以上言说，目的在于对"生活即教育"并非要取消教育这一判断作出合理的辩护。

二、"生活即教育"并非杜威命题的简单翻版

申言"生活即教育"乃是杜威"教育即生活"命题的翻版，曾经产生于特定的意识形态。在那种意识形态看来，杜威的思想是反动的资产阶级的实用主义哲学，若"生活即教育"被认定为杜威"教育即生活"之翻版，则陶行知的思想就当在"否定"之列。这种因人废言的做法显然是根本错误的。今天，杜威的学术声誉日隆，持翻版说者可能却因此有了肯定陶行知思想的依据，显然这种以人立言的做法也是不足取的。

认为杜威与陶行知的思想存在重大差异，这个判断只有在二者隶属同一思想阵营内才是有效的；反之，认为杜威与陶行知的思想基本一致，这一判断也只有相对于二者共同反对的思想阵营才是有效的。就哲学理念而言，二者都反对欧陆先验、意志论哲学，赞同实践重于理论，经验重于概念，过程重于形式，强调试验是知识之源，真理就是问题的解决，认为生活或经验就是最高范畴，无论从价值上、还是从本体上，都没有超越生活的先验概念。在此共识的限度内，二者对生活的解释存在较大的差异。杜威是个人主义的实用主义，在个体与社会的关系上，是用个体解释社会，即个体广泛积极的行动可以构成一个民主且良序的社会，生活原则上导源于个人的经验世界，民主之民实为个人、个体之民。陶行知所讲的生活，除了具有个体经验的意义之外，还十分突出社会、民族、民众、大众的生活意义，强调（尤其是后期理论）集体生活优先于个体生活，因此，社会生活具有优先的价值：大众生活的解放，遂民欲，达民情，止于人民之幸福等等。应该说，这种"集体主义"的倾向正是能够被本土文化所认肯的思想。

就教育理念而言，二者皆反对脱离生活的传统学校教育，反对以讲授、训练和读书为中心的直接教育方法，强调诸如体验、试验、行动等间接教育方

---

① 联合国教科文组织国际教育发展委员会. 学会生存：教育世界的今天和明天. 北京：教育科学出版社，1996：16.

法。在陶行知的时代里，比较典型地在探索生活与教育的整合之问题的，主要有杜威的"教育即生活"理论以及陶行知的理论，二者间存在较大的差异。"教育即生活"探索的侧度是如何改造脱离社会生活同时又脱离儿童生活的正规学校教育，使学校教育和生活联系起来，根本地是要改造学校教育。"生活即教育"探索的侧度是如何使得日常社会生活具有教育意义，尤其是发展非正规教育，以满足不断增长的民众对教育的需求，根本地是要改造民众生活。二者都是针对世界范围内教育和生活相互脱节这一严峻问题的探索，这也是当代教育改革的核心问题之一。"生活即教育"不是"教育即生活"的翻版，但彼此在教育改革问题上是可以沟通的，如果我们不是一定要比出个谁高谁低的话——在杜威和陶行知之间，在学校教育和生活教育之间，或许我们可以使用"教育生活一体论"这一术语：

"教育生活一体论努力争取的是要粉碎两者（正规教育和非正规教育）之间的障碍，同时又不致损伤它们各自的特性。这样，学校不应把自己封闭在四面高墙之中，而应该急于利用各种社会机会吸收一切具有教育价值的内容。至于走出高墙的方式则可以从远足旅行直到使学校附属于农场或工厂。而在学校范围内，可以使课程具有对我们有直接意义的那些生活的形式。"①

三、应在历史语境中理解"生活即教育"

在社会科学研究中，具体在教育研究中，一个普遍性的命题通常能够带来惊世骇俗的力量，但是，对这样的命题作绝对式的理解，通常带来的是误解。社会科学发展到今天，并没有出现几个被人们认为是普遍正确的命题，因此，我们只有在历史语境中才能正确地理解这些命题，这也是探讨社会问题、教育问题的魅力之一。

关于"生活即教育"，有助于我们正确地理解历史语境至少包括这样一些方面。

第一，陶行知所撰写的相关文字。一个命题只有放在具体的语境中才能得到恰当的解读，这个语境，包括陶行知所面对的时代及社会特征，以及陶行知本人所理解的时代及社会特征。本章第二节对"生活即教育"内涵的解释即是基于其文本做出的理解，文本是固定的，理解是开放的，本章的理解绝不能替代我们每个人自己对陶行知历史文本的解读。

第二，陶行知所处的相关历史背景。包括时代及社会的发展特征以及所要解决的问题两个方面，前者往往是人们不一定能完全意识到的，后者则是编

---

① 布鲁柏克. 教育问题史. 合肥：安徽教育出版社，1991：344.

者所要努力把握的。与"生活即教育"命题息息相关的历史背景有中国乡村教育问题、普及教育问题、扫盲教育问题、社会教育问题等等。只有充分意识到这些问题，才能够正确地理解何以"生活即教育"是解决中国教育问题的良策。

第三，陶行知所理解的相关理论背景。"生活即教育"当然是极富创造力的且适合解决中国教育问题的思想，但是正确地理解之不能离开当时世界主流的教育理论，尤其不能离开杜威的思想及其"教育即生活"的主张，只有放在这样一个理论背景中才能恰当地解释"生活即教育"的内涵。因此，正确地理解"生活即教育"必须是在其历史语境中才能获得，但这些绝不意味着我们今天在讨论生活与教育的关系时，可以不去接受、理解新的概念、新的理论和新的历史语境。

总之，生活与教育的关系，是教育理论与实践不能回避的基本问题，这个问题在社会生活发生巨大变迁时尤其突出，表现为教育和生活严重脱节。陶行知的"生活即教育"便是对这一问题的探索性回答，它的形成主要源自两个方面。第一，对中国传统教育的反思，集中表现为对以读书为中心的传统教育之意识形态的激烈批判，批判文化与生活的分离、学校与社会的分离、教育与政治经济的分离。第二，对杜威教育思想的改造，主要是在杜威经验论哲学的基础上更加突出其试验、行动的成分，杜威是要引生活之水改造学校教育，陶行知是要把教育放在生活的海洋中，不仅要改造学校教育，更要改造大众生活，因而仅有"教育即生活"的主张是不够的，"生活即教育"是彻底的新教育之主张。对"生活即教育"的正确理解，一方面是要明确它在人类教育形态的发展历程中的定位，尤其是要避免把生活和教育直接等同的理解，我们认为，这不应是陶行知的真实主张。另一方面，"生活即教育"与"教育即生活"是两个既有区分又有联系的命题，前者不是后者的翻版。必须是在历史的语境中才能正确地理解"生活即教育"。

学习与思考：

1. "生活即教育"是否意味着"生活就是教育"？如果"是"，请提出你的理由；如果"否"，请指出二者的区别。

2. 在阅读杜威和陶行知相关言论的基础上，试对"教育即生活"与"生活即教育"作一比较。

3. 试指出当代中国教育中教育与生活相分离的主要表现，并提出教育与生活结合的具体主张。

第五章
生活教育的自然延伸：社会即学校

 阅读提示

- "生活即教育"是"社会即学校"的理论前提，对后者的考察与理解必须以对前者的理解为基础。
- 对当时学校教育的批判为"社会即学校"提供了现实注解与支撑。
- 对"社会即学校"中的学校及其与社会的关系应该有一个历史的、辩证的视野，对学校的价值与存在形态也应该全面、正确地认知。
- 对"社会即学校"的理论基础的分析与理解应该放在陶行知本人当时所拥有的教育观念体系中进行，避免以今代昔。

"到处是生活，即到处是教育；整个的社会是生活的场所，亦即教育的场所。"以此为出发点，"生活即教育"的自然延伸便是"社会即学校"。"社会即学校"是生活教育理论的重要命题之一。那么这一命题是如何产生与发展的？其基本含义是什么？又该如何正确地理解它的含义？弄清这些问题，对于进一步理解和把握生活教育理论的整个理论体系，推进基础教育改革，都是非常重要的。

第一节 "社会即学校"思想的形成与发展

"社会即学校"思想的形成应该从学校与社会关系的历史考察来进行。这主要是通过两个层面来把握:一是对学校脱离社会的传统教育的批判,二是对杜威"学校即社会"命题的改造。抓住了这两点,才能正确理解"社会即学校"的含义,才能有助于全面理解生活教育理论。

一、学校与社会关系的历史考察

自古而今,学校作为社会的一种独特机构,表面上似乎一成不变,实际其性质已屡有变更,经历了从古代的"议政兼养士机构"与"取士机构"到近代的"教育机构",再到现代的"社会机构"的演变过程;而且就变革的原因考量,社会转型首当其冲。

中国最早学校之萌芽是"成均",最早学校雏形是"庠",时间一般认为是在"三代";其时,"学校"主要是参政、议政之所,"养士"(实则"养老")寓于参政、议政之中。自夏始,学校真正出现,走出了专门机构之路,也走出了与社会疏离之路;到西汉,无论官学还是春秋伊始的私学,都较直接重养士功用。西汉"独尊儒术"而兴设太学后,学校的"取士"功能与"察举制"并行,后延续至与"九品中正制"并行。行"科举制"后,学校只间或成为取士机构,大多成为科举附庸。时至近代,尤其是"废科举,兴学校"后,学校成了名副其实的"教育机构",即在家庭、邻里以外,社会供给儿童发展一个特殊的环境——学校。学校是专为教育而存在的:行为的变化、技能和知识的获得,都在学校里有计划地进行。简言之,学校是一个控制的环境,它有别于其他社会环境影响,也有别于其他"社会教育机构"。可以说,近代学校是作为一种教育制度的载体存在的。它一经成立,就按照自身的逻辑,趋向于"制度化";它由一系列的规范构成一整套制度,保证它对教育者、教育对象和所传播的文化加以选择和控制,使教育过程有计划、有组织地展开。这使得它仿佛是一座座孤立的"城堡",形成特殊的"学校文化",甚至自绝于社会,成为社会的对立面。有感于此,到了现代,随着"社会本位"取向的形成,对"学校"的认识(学校观)发生了变化:认为学校是"教育机构"的视野过于狭窄,它可能是"为教育而教育"、"就教育论教育"的观念。如何扩大"学校"

的眼界呢？一言以蔽之：把学校看成在社会中、由社会所设置、为社会而设置的"社会机构"——社会通过学校机构，把自己所成就的一切交给它的未来的成员去安排。社会所实现的关于它自身的一切美好的想法，就这样希望通过各种新的可能途径开辟给自己的未来。于是，学校又回到了社会当中。

在追求成为"教育机构"的变革过程中，学校教育中的形式主义表现日益严重，致使学校生活、课程内容和教学模式极不适应当时社会的转型。无论在欧洲国家的学校中，还是在美国的学校中，都普遍存在着这种情况。以美国为例，当时的学校教育与过去根本没有什么变化。美国威斯康星州一位报刊编辑在对学校进行考察后曾这样指出："这正是六十年前我们少年时代的情况，但今天99%的学校还依然如故。"确实，在人们看来，传统学校采用老一套方法进行老一套训练，而成为一个令人沮丧的地方。对于儿童来说，学校从来就没有什么乐趣。面对形式主义在学校教育中盛行的情况，欧美国家的许多教育革新家从19世纪90年代起开始了一场规模很大的教育改革运动。为了建立适应社会转型的新学校，他们毫无畏惧地批判传统的教育理论和方法，并抱着极大的热情进行各自的教育实验活动，开始了向"社会机构"的变革历程。因地域不同，这场教育改革运动在欧洲称为"新教育"运动，在美国称为"进步教育"运动；大约从1910年起，欧洲新教育家和美国进步教育家开始合作和交往，并发展成为一次具有共同背景和目标的世界范围的教育改革运动，旨在社会转型下的学校变革：重视学校与社会需求的呼应，重视学校与社会的相互开放，重视社会人、个性人的培养等。

二、"社会即学校"思想的形成与发展

陶行知将学校与社会之间关系的发展归结为三种形态：第一种是"学校自学校，社会自社会"，即学校与社会的分离状态。这是在消除了原始社会中教育与社会生活的本初混沌之后，学校以形式化教育的形态逐渐从社会生活中分离出来，但它是以统治者的私有物、奢侈品等独占的姿态出现的。它是人类第一次挣脱生产力的束缚的一种命运自由的表现，但也是一种教劳分离下的畸形机构。它脱离社会生活、脱离劳动人民、脱离生产，以"读死书"为基本特征，以传授知识为主要使命，以培养"治国平天下"的统治人才为目的，以"治人之术"为主要内容，以"八股"类为主要形式，实行的是"升官教育"、"小众教育"、"书呆子教育"，学校变成了远离社会的统治机关、社会关系的复制机构。在这种学校，学生只要"一心只读圣贤书"即可。因此陶行知把"学校自学校，社会自社会"视作传统思想与生活教育的冲突点之一。第二种是"学校代替社会，社会代替学校"，即学校与社会之间关系的整合阶段。在西方

社会进入了资本主义社会以后,生产力的巨大发展形成了对人才的巨大需求,而过去那种与社会需求两不相干的封闭的学校,也即越来越脱离生活的高度制度化的学校,则根本无法提供社会所需要的人才。也就是说,对旧式的学校进行改造,使它面向社会开放以适应社会对人才的需求,已经由社会提出来了。但在学校怎样与社会相结合、怎样走向社会生活的问题上,人们的见解并不一致。杜威提出的是"学校即社会"的主张,就是要把从前与社会生活无关的孤立的学校改良成为与社会生活息息相关的学校,即把学校变成小社会,让学生在模拟的社会生活中学会社会本领。这难免使学校教育日渐封闭化。面对着这种日益封闭化的学校教育,一些激进派人士甚至提出了"取消学校教育"、用社会代替学校的主张。但他们忽略了学校教育在适应社会要求方面的独特价值和功能,即它能够通过改造人心以服务于改造社会,又能提供系统的可"用"之书,使人的学习有了捷径。第三种是"学校与社会打成一片",这实际上就是陶行知提出的"社会即学校"的主张。陶行知认为,生活教育就是要以丰富的社会生活内容教人化人,就是要在实际生活、真实社会与教育、学校"打成一片"中将个人改造与社会改造通过教育联结起来。因为社会生活、社会人生本来与教育就不应该是隔离的。

早在1918—1923年的生活教育理论的萌芽初期,陶行知即提出了"学校是小的社会,社会是大的学校"的主张,这里他既注意到了学校不同于社会,又强调了学校与社会的内在关联。他虽然主张学校应有校园,以便使学生有"在劳力上劳心"的场所,但更强调校园也应以实际生活作学校的中心。1926年他又在《我之学校观》中提出,"学校生活只是社会生活一部分。学校不是道士观、和尚庙,必须与社会生活息息相通。""要有化社会的能力,先要情愿社会化。学校生活是社会生活的起点。"他主张学校要向整个社会生活开放,给学生以活的教育。

因此,他从"整个的生活要有整个的教育"的要求出发,提出"每个活动都要有目标,有计划,有方法,有工具,有指导,有考核。智识与品行分不开,思想与行为分不开,课内与课外分不开,做人做事与读书分不开,即教育与训育分不开"的具体主张,从根本上完成了对杜威"学校即社会"的改造。社会即学校的命题不仅最终确立,而且在长期的教育试验中得到了长足的发展,达到了亲民爱物的境界。

第二节 "社会即学校"的基本含义

既然"社会即学校"这一命题是为了改革旧教育的时弊而提出的,是对杜威"学校即社会"命题的改造,是生活教育理论的重要组成部分。那么,为了真正理解生活教育理论,我们就必须搞清楚"社会即学校"到底包含着什么样的意蕴。

一、把社会办成大学校

陶行知是反对为教育而办教育的,认为那样在组织方面便是为学校而办学校,学校与社会中间就像是造了一道高墙。改良者主张半开门,把社会上的东西拣选几样,缩小一下搬进学校里去,以为这样就实现了"学校社会化","学校即社会"也因此而成了一句时髦的格言。但在陶行知看来,这并不是什么学校的社会化,只不过是把一只"小鸟笼"扩大成为一只"大鸟笼"[①]。无论如何装扮,它总归只是一只鸟笼子而不是鸟世界。陶行知主张拆去高墙,把学校放进社会中去,同时也就是使整个社会都成为学校,这才是真正的学校社会化。这样的学校是以青天为顶,大地为底,二十八宿为围墙,人人都是先生又人人都是学生和同学的学校。

在陶行知看来,在"学校即社会"的主张下,学校里可利用的教育资源太少,不如反过来主张"社会即学校",使无数的社会资源都变成教育资源,教育的材料,教育的方法,教育的工具,教育的环境,也可以大大地增加,学生、先生也可以多起来。"社会即学校"是与"生活即教育"密切相关的,是"生活即教育"同一意义的不同说明,也是它的逻辑延伸与保证。因为生活教育的"生活"是社会生活,所以"整个社会的活动,就是我们教育的范围,不消谈什么联络而他的血脉是自然流通的"[②]。故此,生活教育中的社会是含着学校在内的大社会,而非局限于在学校里面模拟的小社会。

"教育以生活为中心",就是说教育要从社会生活出发,适应人民生活的需要,适应社会生活的需要。虽然社会生活有好有坏,但只有参与了社会生活,才能分辨出好的生活和坏的生活。生活教育就是教人过好的生活,受好的教

---

① 陶行知. 陶行知文集. 南京:江苏人民出版社,1981:245.
② 陶行知. 陶行知文集. 南京:江苏人民出版社,1981:244.

育，认识坏的生活，改造坏的教育。社会生活的好与坏实际上就是社会好与坏的一种折射。陶行知认为："坏的社会，我们也要认识，也要有所准备，才能生出抵抗力，否则一入社会，便现出手慌足乱的情状来。"可见，在"整个社会是生活的场所，亦即教育之场所"的状况下，校外的经验才可能去领教，校内有价值的活动，外人才可能受益；好的社会才可引领人前进，坏的社会才可让学生生出抵抗力；这样，就可以一改不现实地期望学校用命令去让社会执行或不理会社会关门办学的局面，为学校与社会在共同的生活中一起面对问题，解决问题；这样，就不能指望受未来教育来应对现实社会，而是过现在的生活，就受现在的教育，过现代的生活，就受现代的教育，就不会再赶"明日之学校"的时髦；这样，社会的中心问题就成了学校的中心问题，政治、经济便自然地与教育打成一片，政客利用富人与教育及富人利用政治及教育的局面才有可能被"教民拿民权以遂民生而保民族"的状况所取代，教育也才可以遂民之欲、达民之情，总体上才能达到"政教富合一"的和谐状态①。

二、把学校办成与社会密切联系的学校

首先，这种学校是向生活开放的学校，是必须给学生一种生活力以使他们可以单独或共同去征服自然、改造社会的学校。这种学校以教育与生活、教育与社会的互动关系为根本特征，是把学校放在太阳光底下滋长、是给人看、给人参观批评从而才能在太阳光里不断生长的新学校。它不仅要有新的目的，而且要有新的教育方法。从教育目的而言，就是培养学生的生活力，使学生具有利用自然、改造社会的能力，使他们能够成为"自主"、"自立"、"自动"的共和国民。就教育方法而言，即教育要对着目的设法，依据经验，事怎样做就怎样教；共同生活，共同做事，以共和精神互助；积极设施，以提供正当的游戏运动，培养兴味；注重启发，在学校里并非一面教人，一面受教，就算了事，要使学生的精神意志和能力，渐渐的发育成长；鼓励自治，使学生于学问方面或道德方面都能自治自修等。

其次，这种学校是把完整的社会生活开放给学生，把整个生活的世界提供给学生的学校。"生活即教育"要求生活必须是广阔的社会生活，社会是生活教育的最大舞台，生活教育中的学校实际上就是整个社会，把原来的"小众教育化为大众教育"，"马路、弄堂、乡村、工厂、店铺、监牢、战场，凡是生活的场所，都是我们教育自己的场所"②。换言之，要使社会的每块地方，每一

---

① 陶行知. 陶行知文集. 南京：江苏人民出版社，1981：258.
② 陶行知. 陶行知文集：修订本. 南京：江苏教育出版社，2001：664.

个角落，每个生产生活单位，统统都肩负起教育的职能。在社会这个大学校里，人人都可以做先生，人人都可以是同学，人人也可以做学生。如果学校离开社会，即便不会了解社会的需要，也会使办学显得盲目，最终就不能应济社会的需求，导致不适应社会的发展，只能走向没落；也不会运用社会的力量，成为无能的学校，而认定社会就是一个伟大无比的学校，就会自然而然的去运用社会的力量，以培养出能为社会所认可的人才。

其三，这样的学校是实施活教育的活学校，而不是没有生活做中心、只知道教书、读书的死学校。陶行知认为，一天之内，从早到晚莫非生活，即莫非教育之所在。一人之身，从心到手莫非生活，即莫非教育之所在。一校之内，从厨房到厕所莫非生活，即莫非教育之所在。因此，这样的学校要充分运用活的环境，不用死的书本。也就是要运用环境里的活势力，去发展学生的活本领——征服自然、改造社会的活本领。否则学生的"读死书"必然导致"读书死"。在"读死书"的过程中，学生是只管读书，不管父母死活而父母死；只管读书，不顾民族死活而民族死。这样，纵然小己读书成名，升官发财，但袖手坐看大己枯萎，则表明他们的整个生活已经残废麻醉了，已经失却了人生、社会的正确意义。

最后，这样的学校是与社会生活息息相通的真学校。真学校呼唤真精神，而真精神应主要表现在改造社会上。既然学校生活是社会生活的起点，那么改造社会就要从改造学校做起，凡应当改造的，一丝一毫都不肯轻松放过，才能表现真精神。不能改造学校而侈谈社会改造，未免自欺欺人。陶行知认为，高尚的生活精神不用钱买，不靠钱振作，也不能以没有钱推诿；没有钱是一回事，没有精神又是一回事；真学校不应是有钱而无精神而是无钱而有精神的学校，而且精神是不靠钱买的，精神是在人身上的，不管有没有钱，只问人肯不肯把精神放出来。有了真精神的学校就有了永远的生命力。以此为出发点，他认为真学校必须做到三点：一，不与社会隔绝；二，在内部要使每个学生、每个教员体认到这个学校是自己的学校，并肯与学校同甘苦；三，在外部要能给学生一种生活力，使他们可以单独或共同去征服自然，改造社会。

三、把学校建成改造社会的中心

一旦承认了"社会即学校"，就必须承认社会对人的教育作用。因为人们是在社会中生活的，在社会生活中受教育的，所以社会生活或者说社会环境如何，必然会影响到社会的人。既然陶行知将社会当做学校，他当然承认社会的育人作用。但这只是问题的一个方面。如果仅有这个方面的话，人们在社会中受教育就始终是被动的，即社会生活是怎样的，人们就必须受什么教育。问题还有另一个方面，也是更为重要的方面，即学校对社会的改造、对社会生活的改造。既然过什么生活就是受什么教育，当然是希望人们都过健康的生活、前进的生活。但这样的生活不是自然就有的，而是需要创造的。这就显示出教育的社会功能，即教育对社会的改造功能，或曰教育引领社会的功能。这也正是陶行知强调"社会即学校"的关键所在。

在推行乡村教育时陶行知即提出"乡村学校应当做改造乡村生活的中心"的主张；在南京试验乡村师范学校，"改造社会环境教学做"被作为一门重要的课程，要求全校师生均须参加所有改造社会的活动。

创办工学团同样体现了陶行知将学校建成改造社会的中心的主张。工学团是陶行知所进行的另一种新的实验，体现着社会即学校，生活即教育；教学相师，会者教人，不会者跟人学；先生在做上教，学生在做上学。坚持在劳力上劳心，行是知之始，最终就是与大众共甘苦同休戚，以取得整个中华民族之出路。陶行知在《古庙敲钟录》中说，现在我们所办的虽是一个小学堂，但又同时是一个小工场、小社会。学堂的主要意义是长进；工场的主要意义是生产；社会的主要意义是平等互助，自卫卫人。工学团与通常所谓的工读学校是不同的。工读学校是半工半读，工与读不相联串，而工学团则是：把工场、学堂、社会打成一片。这里的工场也同工厂大不相同，凡露天的生产劳动，诸如种植、开矿、修路、筑桥等都包括在工场的范围内。陶行知先生当年通过工学团，组织学生即知即传，做小先生，普及教育，发展农村教育，影响当地的社会发展，成绩斐然，影响很大。不仅当时国内二十几个省市都有人推行小先生制，甚至国外，也有仿效推行的。山海工学团又是当时上海抗日救亡运动的重要基地之一，还是国难教育的实验基地。所以工学团在当时代表了教育改革的一种趋向，是对学校教育的根本变革，是使学校成为社会改造中心的一种有益的尝试。此外，育才学校、重庆社会大学等，无不是在实现他学校变成社会改造中心并通过学校来达到改造社会之目的的体现。

四、把学校建成文化的纽带和文化推广中心

陶行知反对将学校变成"书呆子制造厂"，渴望活的教育在中国的实现；他反对当教育的洋车夫，立志要在中国的实际生活上面找问题，在此问题上，一面实行工作，一面极力谋改进和解决；他认定必须这样，中国的新教育才能产生。因此，他在《改革乡村教育案》中提出了大学乡村教育系"应指定乡村数处，以为研究乡村教育问题之中心"及"乡村小学应以乡村实际生活为中

心"的主张①。在学校内部，他主张学校全部的实际生活就是学校全部的课程，学校的全部课程就是学校的全部的实际生活；而这里的实际生活的重要特征就体现在与社会实际状况的联系上，如在晓庄试验乡村师范学校，下午工作有农事、到民间去等，晚上有平民夜校等，将学校当做联系社会的纽带。生活教育与传统教育不同，它不以文化为中心，是以生活为中心。它主张一切文化只是生活的工具，而不能喧宾夺主做教育的中心。但陶行知认为生活教育又不是不要文化，相反，生活教育一刻也离不开文化。于是陶行知提出了创造"文化细胞"、"文化网"的主张。他说："我们必须创造一种下层文化的组织，适合大多数人的生活，便利大多数人继续不断的长进"；"创造一种文化细胞。每一家，每一店铺，每一工厂，每一机关，每一集团组成一个文化细胞"②；"我们必须把一个个的'文化细胞'联合起来，结成一个文化网"③。这里的设想在后来寻找适合人民大众生活实际的教育摸索中主要还是以学校为文化的纽带及推广中心来展开的，无论是晓庄学校，还是工学团、育才学校、社会大学，它们都成了当时当地的文化的推动力量，并以文化的创造力量与表现力量进一步推动了运用生活的力量来改造生活的生活教育本身的发展。

第三节 正确理解"社会即学校"的含义

如同"生活即教育"的命题一样，"社会即学校"的命题一经提出后，也招来了很多的质疑。我们认为，这种批评既源于对"社会即学校"的误解，但更深刻的根源，却可能是对传统学校及教育制度的一种难以割舍的情绪。那么对"社会即学校"究竟应该怎样理解呢？

一、"社会即学校"并非取消学校

陶行知提出"社会即学校"如同"生活即教育"一样，是从批判传统教育学校与社会的脱离以及推行大众教育的目的出发的。在他看来，"老八股"、"洋八股"式的传统学校像鸟笼一样把学生圈在一个狭小的范围里而与社会生

---

① 陶行知. 陶行知全集：第2卷. 成都：四川教育出版社，1991：413—414.
② 陶行知. 陶行知全集：第3卷. 成都：四川教育出版社，1991：320—321.
③ 陶行知. 陶行知全集：第3卷. 成都：四川教育出版社，1991：323.

活隔绝，而且和劳苦大众的生活无关，只是服务于士大夫子弟的特殊学校。他要拆掉学校和社会中间的高墙，把鸟儿从鸟笼里解放出来，把学校的一切伸张到大自然里，深入到社会生活中去，和劳苦大众的生活相联系，使教育不再成为政客升官的梯子。陶行知还曾指出："不运用社会的力量，便是无能的教育；不了解社会的需求，便是盲目的教育。"显而易见，陶行知倡导"社会即学校"并不是把社会和学校等同，而是要冲破传统学校的桎梏，打破当时少数统治者对学校的垄断，使得学校能够通过对人的改造来达到对社会的改造；更不是要取消学校，宣扬"学校消亡论"，只是要建立一种和社会生活相联系的、适应社会需要的、人民大众所享有的新型学校来取代"老八股"、"洋八股"教育及与社会生活根本脱离的传统的"死学校"。他亲自创办的南京试验乡村师范学校、山海工学团、育才学校等就是最好的说明。因此"社会即学校"的真正含义就是根据社会需要办学校。从教育内容说，人民需要什么生活就办什么教育；从教育形式来说，适宜什么形式的学校就办什么形式的学校。"社会即学校"不是学校取消论，而是学校改造论，改造旧学校以适应社会发展的需要，是让"社会含有学校的意义，学校含有社会的意味"。

要打破封闭式的学校教育，使学校教育和社会生活实践相结合起来，学校就要参与现实社会生活的变革，其中也包括对学校生活环境本身的创造和对学校社会环境的改造或创造。就学校本身的改造而言，最重要的是对学校观与实施方式的改造：陶行知主张拆去学校的围墙，当然并非"真的围墙，是各人心中的心墙。各人把他的感情、态度从以前传统教育那边改过来"；要"以社会做学校，拜万物为宗师"，让学校"除去墙壁，拆掉藩篱，把学校和社会、自然联合在一起"。陶行知认为书本只是工具，不应成为学校教育的全部；读书的目的在于用书，不能妨碍教育去满足生活实践的需要，最好的方式莫过于将书本教育与实践结合起来，莫过于走到生活实践中去，在生活中接受教育。就对学校社会环境的改造而言，包括"改造社会"、"改造自然"、"改造国民（个人）"，但"改造社会而不从办学入手"，便不能"改造人心"，就"不是彻骨的改造社会"。因此，学校本身就必须要有新气息，要拥有新学生、新教员、新课程等，这就是学校自身的改造。

二、"社会即学校"并非"学校即社会"的翻版

关于学校与社会关系的问题，杜威提出了"学校即社会"的观点。它有两个方面：从学校组织形式看，他认为学校应该成为小型社会，一个雏形的社会，以反映大社会生活的各种各类的活动。学校就是社会生活的一种形式，把社会生活简化起来，缩小到一个雏形的状态，呈现儿童现在的社会生活。从学

校教育的社会功能来看，杜威认为，学校教育的社会功能，首先是改良调节功能。他指出，学校教育是社会进步和社会改革的基本方法。学校教育是达到分享社会意识的过程中的一种调节作用，而以这种社会意识为基础的个人活动的适应是社会改造的唯一可靠的方法；其次是延续功能，即学校教育是社会生活延续的工具。通过教育，可以把老一辈的行为、思想和感情的习惯传给新一代；再次是协调功能，即协调个人和社会的关系，使个人成为"社会的一员"，以维护"一个民主的和进步的社会"，确保社会变动而不致带来混乱的思想习惯；最后是培养功能，即培养个人与别人共同生活和合作共事的能力。杜威从当时美国资本主义社会现状出发，分析了学校与社会的关系，充分体现了其改良主义的社会思想。

陶行知把杜威的命题翻了半个筋斗，提出"社会即学校"。他指的学校有两个含义，一是指专门学校，二是指人民大众的生活场所。陶行知对"社会即学校"的定义是为了从当时中国国情出发，寻找普及大众教育、提高国民素质的切实可行的道路。陶行知认为，学校的组织形式应该是：（1）联系社会生活的学校。这种学校是没有围墙的学校，在其中人人都是先生都是学生都是同学，是包括家庭教育、社会教育在内的大教育体系。（2）改造社会的中心。陶行知所提出的"四个一百万"的口号，其中的"创设一百万所学校去改造一百万个乡村"就是其意。陶行知又从拯救中华民族出发阐述了学校教育的功能。他认为：学校教育是一种武器，是民族、人民解放的武器，是动员民众最可靠、最有效的武器，他强调用教育点着中华民族生命的火焰，放出中华民族生命之光明；学校教育要提高民族素质，使人天天改造，天天进步，天天往好的路上去；学校教育要使中国实现民主和富强，"教人创造富有的社会，不创造富有的个人"。为了发挥教育的社会功能，他一生辛苦，亲自创办了安徽公学、南京试验乡村师范学校、山海工学团、育才学校、社会大学、岩洞学校等，探索学校教育和社会联系的规律和途径，构建了人民大众所欢迎的教育体系，也充分体现了他爱国、进步、科学、民主的思想。

陶行知进而认为学校的目的就是要服务于社会。他批评那种今天在校学习，毕业才到社会去实践的"教育准备生活"论，认为在校生也应成为改造现实社会生活的力量，参与社会生活改造的实践。他提出学校必须给学生一种生活力，使他们可以单独或共同去征服自然，改造社会。为此，他提出学校教育要把"根安在环境里"，强调以实际生活为中心，建设适合当地需要的学校，并在学校教育中"应用自然界和社会界的助力和阻力"去培养学生的"生活力"。

三、"社会即学校"的当代启示

尽管今天的学校与旧日的学校有了根本的区别,但并不意味着旧日学校的弊端就全然不存在了。事实上,我们的学校依然还存在着与社会隔离,只注重书本知识和考试而不注重实践,只注重升学率而忽略学生生活力的培养等缺陷。也就是说,我们今日的学校和教育仍然有许多须要改造的地方。陶行知"社会即学校"的思想对我们仍然有着重要的借鉴意义。

(一)必须重视教育的实践性

陶行知认为学校必须与社会、生活相联系,必须坚持教学做合一。他反对教死书,读死书,也反对高谈阔论式的所谓课堂生气。他主张"今日之学校是行以求知的地方,有行动的勇气,才有真知之收获,才有创造之可能"。他指出坐而言不能起而行没有什么益处,类似的问题到了生活教育者的手里就必须予以解决;对学校教育而言,问题也是在生活里发现、在生活里研究、在生活里解决的。但是众所周知,多年来,应试教育之风几乎弥漫在我们的所有教育之中——从基础教育到职业教育、函授教育甚至到高等教育,都可见到应试教育的阴影;陶行知当年在《杀人的会考与创造的考成》中所批评的现象在我们的学校教育中仍然是盛行不衰。为了考试,为了文凭,为了升学率,与考试无关的课可以不上了,书可以不读了,社会的重大问题可以不关心了,国家的前途和命运可以不闻不问了,什么社会责任感、使命感都可以没有了!这样的教育,对于中华民族的振兴,对于祖国的未来发展,究竟会产生什么作用?此外,我们一方面在大力提倡教育要服务社会,要培养社会所需要的人才,要关注社会的人才需求,另一方面,却忽略了教学的实践环节,比如在教学计划的制定上,在实习见习的时间安排上,在学生接触社会接触生活的方式方法上等,都存在着与社会、与生活、与实践相脱节的现象。这是非常不利于学生实践精神的培养的。鉴于此,我们认为当前的学校教育应该尽快结束以考试为重心、以书本为重心、以培养学生的应试能力为重心的状况,切实注重和加强教育的实践性。我们认为,这一问题已经到了非解决不可的时候了。

(二)必须强调教育的创造性

陶行知早在 1919 年就提出了搞教育要有"创造精神"的倡议,他自己也一直身体力行。而所谓教育的创造精神,一是办学方面的创造性,二是培养人才方面的创造性,三是培养创造性的人才。为了体现这种教育的创造性,陶行知当年就是通过他的生活教育理论和实践来实现的——在"生活即教育"中实现教育与生活的联结,在"社会即学校"中把学校融入到社会中,在真实的社会生活中通过生活与生活的摩擦把整个的社会作为教育的场所来进行教育,在

"教学做合一"中把"做"作为"教"和"学"的连接点。培养创造性人才是创造教育的目的,也是教育的创造精神的最终体现,因为教育的创造性最终就是培养出具有创造精神的人。当前,素质教育、创造教育的呼声越来越高,人们已越来越认识到培养高素质的创造型人才对于中华民族的重要意义。但是可以肯定的是,没有学生对社会、对生活的充分接触和了解,没有他们对重大自然问题、社会问题的充分关注,没有学校对社会的开放,教育的创造精神就无从体现,培养创造性人才的愿望就会落空!因为学校不是道士观、和尚庙,在道士观、和尚庙中是培养不出创造性人才的,读死书、死读书的教育也根本不是什么创造教育,当然也难以培养出创造性人才。因此,如何密切学校与社会的关系,如何引导学生关注社会关注生活,如何使我们的学生具有社会责任感和历史使命感,如何使我们的学生将他们现在的学习与祖国的前途和命运紧密地联系起来,应该而且必须成为我们的教育充分关注的重要问题。

学习与思考:

1. 陶行知究竟是怎么看待学校的?他是主张取消学校的吗?

2. 在"生活教育理论"体系中,你是怎么理解"社会即学校"在其中的地位与作用的?

3. 你是怎么看社会与学校的关系的,你认为对这种关系的把握须要考虑哪些其他因素?

第六章
生活教育的根本方法：教学做合一

 阅读提示

- "教学做合一"是生活教育理论的重要组成部分，也是生活教育的方法论。
- "教学做合一"的提出经历了从批判传统的"教授法"到提倡"教学法"、由主张"教学合一"到坚持"教学做合一"的逐步演进。
- 陶行知的"教学做合一"与他在哲学上坚持的"知行合一"有着内在的联系，其基本精神就是教育要同社会实践密切结合。
- 教学做是一件事，不是三件事，其中心是"做"。
- 学习"教学做合一"的目的是遵循"教学做合一"的要求，以推进当前的教育教学改革。

"教学做合一"是生活教育理论体系的重要组成部分，是生活教育理论的方法论，是对生活和教育关系的进一步说明，也是"生活即教育"、"社会即学校"诸原则的实施，它不仅解决了在生活中如何施教的问题，也为提高教育的质量和成效指明了方向，对于当代的教育改革和发展具有重要的价值。

第一节 "教学做合一"思想的形成

"教学做合一"是针对旧教育中的"教授法"和批判地吸取杜威的"做中学"的教学法而提出的符合中国国情的教育理论。"教学做合一"的提出经历了从反对"教授法"到提倡"教学法"、由主张"教学合一"到坚持"教学做合一"的逐步演进。

一、反对"教授法",提倡"教学法"

在中国的传统教育中,一个显著特征就是不顾学生实际,片面地强调灌输。近代的学校教育虽然比过去的教育有了很大改观,但是注入式、填鸭式的教学方法,仍然大行其道。陶行知在提出"教学做合一"的过程中,迈出的第一步就是反对"教授法",提倡"教学法"。

(一)反对"教授法"

早在金陵大学求学时,陶行知即在《金陵光》杂志上撰文,对学校教学中的"教授法"进行针砭。1917年从事教育工作后,他对教学领域"重教太过"、"教学分离"的痼疾更是深有体会,深恶痛绝。他在《教学合一》一文中对那些只会教书,只会拿一本书要儿童来读它记它,把活泼的孩子当成书架子、字纸篓的先生提出批评,称他们是书架子、字纸篓的制造家,而学校则是书架子、字纸篓的制造厂。

他曾经写过《糊涂的先生》一诗:

> 你这糊涂的先生,
> 你的学堂成了害人坑!
> 你的墨水笔下有冤魂!
> 你说瓦特庸,
> 你说牛顿笨,
> 你说像个鸡蛋坏了的爱迪生。
> 若信你的话,
> 哪儿来火枪?
> 哪儿来电灯?
> 哪儿来的微积分?

这首诗以一种质问的语气,谴责了旧学校里的冬烘先生对学生创造力的扼杀和对未来人才的摧残。正是那些只知道"教死书、死教书"的"糊涂先生"，用教鞭，用冷眼，用讥笑，不知赶跑了多少有才华的学生，制造了多少"冤魂"。这种教育既然扼杀了受教育者的创造力，其结果就只能是教出一些毫无才华、碌碌无为、只知道"读死书、死读书"的书呆子。用陶行知的话说，旧的传统教育就是"为办教育而办教育"，教育与生活分离，只能培养出四体不勤、五谷不分的士大夫。传统的旧教育就是这样毒害着一代又一代的人们，上演着一幕又一幕的历史悲剧。

陶行知幼年曾就读于私塾，对封建主义教育的弊端有亲身体验。后来他又留学国外，接受近现代文化教育，对传统教育的弊病看得更清楚了。他批判过去的书呆子教育拼命把死知识往人脑袋里塞，结果使人变成了大头鬼，两只手却被束缚得长成十指尖尖如葱，这些人吃饭不种田，穿衣不织布，住房不造房，还喜欢摆老爷架子，吃着没有知识的人的饭，还嫌不卫生，受人栽培还骂人愚笨。

他用"读死书"概括了旧教育脱离实际，只限于书本，而书本上不是陈旧落后、古板枯燥、干瘪无味的货色，就是浸透着封建买办思想的毒素；他用"死读书"概括了旧学校误导学生脱离实际、埋头书本，不顾国家的前途、民族的命运，一头钻在书本里去找"黄金屋"、"颜如玉"，不讲行动的本领、办事的能力，只是像书蛀虫一样吃书本；他用"读书死"概括了旧教育把学生都逼上了死路，在旧教育制度下，无数血气方刚的青年沉沦了，无数生气勃勃的学生的身心被摧残了。"读书死"还不仅指学生个人的夭折，更主要的是指旧教育作为统治的工具加剧了国家民族的危机。"读死书、死读书、读书死"，言简意赅，一语中的，集中揭露了旧教育的内容、方法和它的无穷祸害，勾画出了旧教育制度下学生被迫走绝路和他们的悲惨结局。这在当时的旧中国，确实振聋发聩，催人猛醒。

用书本来记录知识以供后代学习，这是人类的一个创举，所以，读书是必要的。把知识经过选择，编成教科书供教学之用，这又是一个创举。把教科书教好学好，是师生应有的职责。问题是书本知识有真有假，所以孟子说，"尽信书不如无书"。当年陶行知反对"读死书、死读书、读书死"的时候，还曾经引起轩然大波。《教育杂志》甚至出了"读书问题"专号以张声势。陶行知对各方诘难作了全面的答辩，大意是说，他只是劝告青年不要读死书，而是要善于用书。他要求青年"有系统地自我学习"，要求教师天天学习，活到老，学到老。这些足以说明他确实没有丢掉系统学习书本知识的意思。他强调"做"，对于传统教育过分偏重读书的现象是有改进作用的。他要求书本知识和实践相结合，要求教学过程中贯彻"手脑并用"原则，教会学生应用书本知识的能力，并在"做"中求创造等思想，具有深刻的理论意义。

（二）提倡"教学法"

陶行知在回国后的第二年，就在南京高等师范学校的一次校务会上，提出了改革教育方法，用"教学法"代替"教授法"的主张。他认为"教学"、"教学"，就是要教学生去"学"，主张学生应该有学习的主动性。如果教师认为自己的职责只是教学生，只是把注意的中心从书本转移到学生身上来，凡是学生需要的，教师都拿给他们，这样学生还是处在被动的地位，不会自主地学。就在那次校务会上，陶行知与校方辩论了两个小时。当校方拒绝了他提出的用"教学法"代替"教授法"的主张后，他便离开了南京高等师范学校。直到他的主张被接受后，他才又回到了该校。

陶行知深刻地批判了旧教育模式下先生只管教，学生只管受教，好像是学的事体都被教的事体打消掉了的现象。他认为教学两者实在是不能分离的，实在是应当合一的。

在教学方法上，陶行知主张教的法子必须根据学的法子，指出从前的先生，只管照自己的意思去教学生；凡是学生的才能兴味，一概不顾，专门勉强拿学生来凑他的教法，配他的教材。他要求教师的教学要从学生实际出发，要针对学生的知识程度和接受水平，要提高学生学习的兴趣，认为这样的教学，教师费力少而成功多，学生也乐于学习。

陶行知对教学过程中的教与学的关系的论述，既肯定了教师在教学过程中的主导作用，又肯定了学生的主体作用，更明确了教师与学生之间相互促进、教学相长的师生关系，从而正确反映了教与学相统一的规律。在逐步的探索中，他又进一步提出了教师应该在"做"方面的教的主张，使他的教学理论日臻完善。把他的这些思想贯彻到教学思想领域，就必然得出教学方法要从以知识传授为中心的"教授法"变革为以"做"为中心的"教学法"这一结论。所以上述思想的形成标志着陶行知在教育理论上已经完成了由传统教育的"教授法"向新教育的"教学法"的转变。

二、从"教学合一"到"教学做合一"

在成功地迈出了反对"教授法"，提倡"教学法"这一步之后，陶行知又更进一步地提出了"教学合一"，并最终将其发展为"教学做合一"。

（一）"教学合一"的提出

1919年陶行知应《时报教育新思潮》的征稿，撰写了《教学合一》一文，对中国当时普遍存在的"重教"、"轻学"提出批评，对新式学校的徒有虚名表示愤慨。他说，新式学校论起名字来居然是"学"校，讲起实在来却又像是

"教"校。这都是因为重教太过，所以不知不觉地将教和学分离了。在他看来，教学两者实在是不能分离的，实在是应该合一的。其理由有三："第一，先生的责任不在教，而在教学，而在教学生学。""第二，教的法子必须要根据于学的法子。"这两个理由是说教师的教和学生的学要联络。"第三，先生不但要拿他教的法子和学生学的法子联络，并须和他自己的学问联络起来。"这就是要教师"一面教，一面学"，"一方面指导学生，一方面研究学问"。他要求教师不单要讲清楚教材中的要义和难点，而且要指导学生掌握学习方法，从而把点石成金的指头、知识宝库的钥匙教给学生。

"教学合一"相对于"教学分离"无疑是一大进步，但它还只是从"教"和"学"的结合上探讨问题，还没有涉及实践，还没有完全摆脱传统教育的束缚。

（二）"教学做合一"的形成

陶行知把"教授法"改为"教学法"，这是"教学合一"的起源，虽然有了很大的进步，但它仍旧具有局限性——脱离了"做"的"教学法"往往只能把一些空洞的观念、死板的技能传授给学生，不能充分发挥学生在学习方面的主观能动性。陶行知针对这种局限性，提出教育要以社会为学校，使教育活动不再在旧的学校圈子里打转而走向了实践的新时代，使教育不再回避现实而大胆地面对现实，使教育不再空自卖弄玄虚而是具有坚实的基础和活生生的内容。可以说，这就是陶行知最初的"教学做合一"思想。它不单使教育本身的效能大大提高，对于社会的影响与推动也产生了更大的力量。

1922年，陶行知在《活的教育》的演讲中，将教育分成三种：死的教育、不死不活的教育和活的教育。他说："死的教育，我们就索性把它埋下去，没有指望了！不死不活的教育，我们希望它渐渐地趋于活。活的教育，我们希望它更活！"[①] 在这篇演讲中，他还提出了"education of life"，"education by life"，"education for life"的主张，强调教育与生活的连接。这时，教学做的联系已经很明显了，只是"教学做合一"的提法还未出现。

1925年11月，陶行知应邀到南开大学作《教学合一》的演讲，阐述了他的新观点。当时南开大学校长张伯苓对陶行知说，"先生的责任在教学生学"这句话应该补充一句"先生更要教学生行"。他还建议陶行知将"教学合一"改为"学做合一"。陶行知于是豁然贯通，直称为"教学做合一"。所以我们可以说"教学做合一"的理论早在1922年就已酝酿成熟，而作为明确的概念则是在1925年提出来的。1926年他在《中国师范教育建设论》中，对"教学做

---

① 陶行知. 陶行知全集：第1卷. 成都：四川教育出版社，1991：403.

合一"原理作了更系统的叙述；1927年又将它作为南京试验乡村师范学校的校训，并以该校为基地进行试验，逐步使"教学做合一"的理论在实践中得以丰富和完善。

第二节 "教学做合一"的含义

生活教育既然是以生活为中心、在生活中进行的教育，那么怎样在生活中进行教育呢？陶行知认为，最基本的原则、途径和方法就是"教学做合一"。"教学做合一"既是生活教育理论的方法论，也是其教学论。为了深入理解"教学做合一"理论，我们必须首先了解"教学做合一"的含义。

一、"教的方法根据学的方法，学的方法根据做的方法"

陶行知于1931年在《教学做合一下之教科书》中指出："教的方法根据学的方法；学的方法根据做的方法。事怎样做便怎样学，怎样学便怎样教。教与学都以做为中心。"① 这与他在哲学上坚持的"知行合一"观有着内在的联系。陶行知把知和行看成可以相互转化的，既可以由知转化为行，也可以由行转化为知。在中国的旧教育里，教师和学生被看作二元的，学校和社会被看作二元的，教育和生活被看成二元的，陶行知把这些二元的对立打破了。他把学生、教师看作一元的，这是他对中国教育改造的一个大贡献。他创造了许多种鲜活的教学做合一案例。比如他认为，常用的货币也可以当课本，因为许多文盲不认识钞票，常常因此而吃亏，所以他说这应该是课本中的第一课。又如，他主张教卫生的知识，人体就是一个活的课本，教师和学生共同讨论，研究卫生过程中，把口讲的变成手写的，就是自己编写的课本。

"做"是学的中心，也是教的中心。它改变了旧的传统教学脱离生活、脱离社会、脱离实际的弊端，把单纯传授知识、死教书、死读书的教学转变到培养学生的生活力和创造力的轨道上来，转变到培养创造型、开拓型人才上来，要求学用一致，在实践中加深理解。它要求教师把指导学生学习的工作做好，不只要让学生学会，能应用知识，且能会学，终身受益。这就要求教师实行启发式教学，注重培养学生分析问题、解决问题的能力和创造能力。

---

① 陶行知. 陶行知全集：第2卷. 成都：四川教育出版社，1991：650.

二、"教学做合一"是生活法亦即教育法

陶行知说："教学做合一是生活法，也就是教育法。"① 如前所述，在生活中，生活与生活的摩擦便立刻起到教育的作用。摩擦者与被摩擦者都起了变化，便都受了教育。据此，生活与生活摩擦，产生了生活的变化，这便是生活法；生活与生活的摩擦，产生了教育的变化，这便是教育法。因此，他主张把教育与生活紧密联系在一起。在办学实践中，他指出，我们的实际生活就是我们全部的课程，我们的课程，就是我们实际的生活。"教学做合一"是生活教育理论的方法论，也是生活与教育关系的进一步说明。"教学做合一是生活现象之说明，即是教育现象之说明。"②

陶行知在晓庄时期曾倡导：全部的课程就是全部的生活，没有课外的生活也没有生活外的课。他在晓庄的办学实践中很好地践行了这一教育主张，也收到了很好的教育效果。晓庄学校的全部功课就是学生全部的生活，即是全部的教学做。这些教学做分为四个部分，即中心学校教学做，分任校务教学做，征服自然环境教学做，改造社会环境教学做。

"中心学校教学做"，就是指为小学教育而办师范教育，师范教育的研究亦当针对着小学教育而研究。小学为主，师范为客。称小学为中心小学，不用附属小学字样。当师范生到中心小学去实习教小学生国语的时候他是在"做"；在做这件事的同时他又要研究国语如何教，这就是"学"；师范生的指导员就在旁边教他，这就是"教"。所以在这项活动中，"教学做"是合一的。

"分任校务教学做"，是指晓庄学校的校务全部由学生分担。在校的每个学生都有相应的任务。所有学校的教务、文牍、会计、庶务、烹饪、洒扫整理、招待、图书管理等都由学生去学去做，指导员只起指导的作用。

"征服自然环境教学做"，是指晓庄的学生全部都要参与到改造学校周围环境的实践中去。改造环境是人类工作的大部分，也就是生活的大部分。晓庄学校规定凡想投考此校的人，都得考试"农事或土木工操作"。陶行知又把晓庄学校近200亩的耕地分给每个学生去耕种，年底时学生向学校交2元的田租。学生在地里种什么，完全由学生自己做主。学校还规定，从院长起直至学生，谁自己造不成茅屋，谁就永远住在帐篷里。在教育与生产劳动长期脱离的情况下，在封建教育思想还禁锢着人们头脑的时代，他便开始主张教育与生产劳动相结合，这充分体现了陶行知教育思想的超前性。

---

① 陶行知.陶行知全集：第2卷.成都：四川教育出版社，1991：650.
② 陶行知.陶行知全集：第2卷.成都：四川教育出版社，1991：650.

"改造社会环境教学做",是指晓庄的学生全部要参与到改造学校周围社会环境的实践中去。陶行知认为,晓庄培养的学生是要在乡村为儿童和民众服务的,所以他们除了要具有教育的能力,还要具备改造社会事务的能力。他们成立了联村救火会、联村修路会、联村消防合作社等。

三、"教学做合一"以"做"为中心

陶行知说:"教与学都以做为中心。在做上教的是先生,在做上学的是学生。"在这个定义下,先生与学生失去了通常意义下的严格区别,在做上相教相学倒成了人生的普遍现象。做既成了教学之中心,便具有特别说明之必要。那么什么是做呢?"做是在劳力上劳心",其特征是行动、思想、新价值之产生;"做是发明,是创造,是实验,是建设,是生产,是破坏,是奋斗,是探寻出路。"① 其实早在 1927 年,陶行知就以"在劳力上劳心"为题目来解释"做"。他说:"真正之做只是在劳力上劳心,用心以制力。"② 1929 年他在《答朱端琰之问》中还说:"'做'字在晓庄有个特别定义。这定义便是在劳力上劳心。单纯的劳力,只是蛮干,不能算做;单纯的劳心,只是空想,也不能算做;真正的做只是在劳力上劳心。"③ 这就阐明了"做"的含义。怎么理解"做"是"在劳力上劳心"呢?"在劳力上劳心"不是简单的动手干,而是包括复杂的思想活动;不是就事论事,而是放在系统关系中思考问题。这种"做"是在思想指导下的行动,包含着丰富的唯物主义认识论原理。真正的做是在劳力上劳心,是手到心到,"做"实质上是一种社会实践,"做"的过程也是一个创造的过程,"做"要遵循由具体到抽象、由感性到理性、由片断到系统的认识规律,并发展到"行知行"。

他主张,想要教得好,学得好,就须做得好,教与学都以做为中心。他进一步强调师生共同在做上学,在做上教,在做上质疑问难,进而师生运用科学方法在做上追求做之所以然。陶行知甚至把是否重视"做"当成衡量教育是否真实的标准。他明确指出:先生拿做来教,乃是真教;学生拿做来学,乃是实学。而"不能引导人做之教育,是假教育;不能引导人做之学校是假学校;不能引导人做之书本,是假书本。在假教育、假学校、假书本里自骗骗人的人,是假人——先生是假先生,学生是假学生"④。

有趣的是,蔡元培先生到晓庄教学时,也很推崇陶行知的"教学做合一"。

---

① 陶行知. 陶行知全集:第 2 卷. 成都:四川教育出版社,1991:651.
② 陶行知. 陶行知文集:修订本. 南京:江苏教育出版社,2001:288.
③ 陶行知. 陶行知全集:第 2 卷. 成都:四川教育出版社,1991:19.
④ 陶行知. 陶行知文集:修订本. 南京:江苏教育出版社,2001:406—407.

他在演讲中，以猫捉老鼠为例，阐明陶行知的"教学做合一"的原理。他说，老猫捉老鼠的动作，是小猫学习的样板，老猫怎样做，小猫就在怎样学，并且模仿着去做。可见，在教和学的过程中，做是重要的一环。

　　在对于"教"、"学"、"做"的本质分别进行了深入考察的基础上，陶行知鲜明地指出："教学做合一是生活现象之说明，即是教育现象之说明。在生活里，对事说是做，对己之长进说是学，对人之影响说是教，教学做只是一种生活之三方面，而不是三个各不相谋的过程。"① 教学做是一件事，不是三件事。在教学实践中，陶行知始终提醒人们，"教学做合一"不能误解成"教""学""做"三者并列，而忘记了以"做"为中心，"做"上"教"，"做"上"学"。他举例说："种田这件事是要在田里做的，便须在田里学，在田里教。……关于种稻的讲解，不是为了讲解而讲解，乃是为了种稻而讲解；关于种稻而看书，不是为看书而看书，乃是为种稻而看书；想把种稻教得好，要讲什么话就讲什么话，要看什么书就看什么书。我们不能说种稻是做，看书是学，讲解是教。为种稻而讲解，讲解也是做；为种稻而看书，看书也是做。这是种稻的教学做合一。一切生活的教学做都要如此，方为一贯。否则教自教，学自学，连做也不是真做了。所以做是学的中心，也就是教的中心。"②

　　这实际上是说：教学做合一使教学双方在"做"上即实践中统一起来了。在这里，主体与客体，教者与学者，教、学与做得到了高度的统一。这就可以在实践中不断检验教得是否正确，学得是否正确，可以加速从感性认识上升为理性认识的过程。为什么许多问题在课堂里抽象地讲不容易讲清楚，一到实验室或实践中就一目了然？为什么许多工作一经从理论上加以说明和论证就豁然开朗，大大增加了人们的自觉性？这都反映出以"做"为中心的"教学做合一"可以使教育活动事半功倍。

　　陶行知指出一切教学都应集中在"做"，做中学，做中教，做中求进步，但他并没有否定教和学的作用，也不是简单地以"做"来代替教和学。他明确指出，我们要反对两种不正确的倾向：一种是将教与学的界限完全混淆，否定了教师的主导作用；另一种是只管教，不问学生兴趣，不注重学生提出的问题，完全忽视了学生的主体作用。所以，教学活动中的"做"也不完全排除讲授、谈话、练习等方法；他只是针对"学非所用，用非所学"、重教轻学、重知轻行等传统教育的弊端，提出要把这些方法统一到实践上来，要求教与学都要与实践相结合，要与实际生活相联系，在实践中求真知。

---

① 陶行知．陶行知全集：第2卷．成都：四川教育出版社，1991：650．
② 陶行知．陶行知全集：第1卷．成都：四川教育出版社，1991：126．

第三节 "教学做合一"与当前的学校教育

"教学做合一"不仅考察了教学法，更考察了"生活法"，将教育的方法置于人类整体实践活动的方法中加以考察，它既受到了杜威的"做中学"方法的启发，又超越了杜威的"做中学"，揭示了"教"、"学"和"做"三者的本质联系。

一、"教学做合一"与"做中学"的关系

杜威为反对传统教育，在提出"教育即生活"、"学校即社会"命题的同时，又提出了"做中学"的命题。这对于批判脱离生活实际的传统教育具有积极的现实意义。陶行知"教学做合一"理论的直接源头便是杜威的"做中学"。

(一)"教学做合一"与"做中学"的联系

第一，两者都把矛头指向旧的传统教育。杜威的"做中学"全面地批评了传统的教育，指出传统教育只注重从外面对儿童进行灌输，所用教材和教法与儿童本身的需要没有联系。儿童的学习过程只是生吞活剥书本上的和成人经验中的东西。教学始终置儿童于被动地位，压制儿童个性，不考虑儿童心理特征的发展。杜威针对传统教学仅仅以学习前人知识为中心、以课堂系统讲授为中心、以教师主导作用为中心，提出了以活动教学代替课堂讲授，以儿童亲身经历代替书本知识，以学生的主动活动代替教师主导的现代教育新的"三中心"，进而突现了他"儿童中心主义"的教育原则。"做中学"把以儿童直接经验为中心的活动作业既当教材，也当教学方法，着重解决儿童怎样主动学习的问题。"做中学"以活动教学冲击了传统教育那种只教死知识的书本教学。

"教学做合一"的矛头也是直指旧的传统教育的。陶行知指出，中国传统教育是脱离生活、脱离劳动的死的教育，这种教育所造成的社会是"做死工，死做工，做工死"的社会。教学做三者不仅自身死气沉沉，而且彼此不相闻问。"教学做合一"不仅要将所有的"死"字变成"活"字，而且将三者的壁垒打通，"教劳心者劳力，教劳力者劳心"。这就把教育与生活紧密联系在一起，与劳动生产紧密联系在一起了。

第二，两者都以实践为基础，都在教育实验中逐步形成。杜威1896年创办了"芝加哥实验学校"，在儿童中进行科学实验研究，让儿童在学校的学习生活中，养成互相合作的生活习惯与良好心理。学校采用活动课程和以活动为中心的教学方法，使学生不再是静坐聆听而成为积极活动的求知者。该学校虽

仅存在8年,但却构成了"做中学"及其活动教育理论的实验基础。陶行知在极端困难的情况下,于1927年春在南京自筹资金创办了南京试验乡村师范学校,并将"教学做合一"当作该校的校训。他脱下长袍马褂,穿上布衣草鞋,住茅屋,睡地铺,扛锄头,闻牛粪,与学生打成一片,共同试验,在长期实践中摸索出了"教学做合一"的含义、特质和具体方法等一整套理论,建立和逐步完善了"生活教育"理论体系。

第三,"教学做合一"从杜威的"做中学"中受到了启发。在教学方法上,陶行知早期赞成杜威提出的五步思维法。1922年,他还说克伯屈根据杜威的思想分析法提出的"设计教学法"为"活的教育方法"。但到1931年后,他在教育实践中逐步发现了五步思维法的局限,对之进行了发展,提出了"行动生困难,困难生疑问,疑问生假设,假设生试验,试验生断语,断语又生了行动,如此演进于无穷"①的"六步思维法"。不难看出,这一思想确实从杜威的思想中受到了启发。同时,"教学做合一"还吸收了杜威"做中学"的一些合理因素,如注重实际,注重实验,反对单纯的知识灌输,注重培养学生的能力等,这些在晓庄学校、山海工学团和育才学校的教育实践中都得到了体现。

(二)"教学做合一"与"做中学"的区别

第一,培养目标不同。杜威的教育理论是为了适应美国垄断资产阶级的需要而提出的,其目标是要培养适应这种社会生活的人。因此,"做"的范围只是局限在学校以内,把学校作为社会的雏形和缩影,使学生通过在学校里做事而学习适应社会所需要的东西。陶行知强调的"做"是要让学生参与广泛的社会实践活动,深入人民大众的实际生活,通过"做"学得改造世界、改造社会、建设国家、振兴民族的才能,其最终目的是改造社会。

第二,内容的广泛性和深刻程度不同。杜威的"做中学"所涵盖的范围比较狭窄,仅局限在课堂里面;杜威是将社会上的东西如小银行、小商店等搬到学校里来,在学校里训练学生完成对社会的学习任务。陶行知的"教学做合一"是以大自然、大社会、大生活做教材,范围更广阔,内容更丰富,主张通过广泛的社会实践,培养改造社会、建设国家的人才。

第三,对教育规律的认识和把握程度不同。完整的教育活动必然包含"教"、"学"、"做"这三个不可缺少的方面,科学的教育理论应基于对这三者辩证关系的合乎规律的把握。杜威的"做中学"侧重于"做"和"学"这两个方面,忽略了"教"以及"教"、"学"、"做"三者之间的辩证关系;而"教学做合一"则主张要"在做上教、在做上学",深刻阐述并科学揭示了"教"、"学"、"做"三者的辩证关系。同时,陶行知还主张"教"不是教师的专利,能者为师,会做的教人,不会做的跟人学。主张师生关系应是民主的,教和学

---

① 陶行知.陶行知文集:修订本.南京:江苏教育出版社,2001:428.

是相互的，老师也可以当学生，学生也可以当老师。他要求师生互学、教学相长、大家共同进步。

第四，对"做"的内涵理解不同。杜威所说的"做"是局限在学校范围以内的，他认为，学校所能做和需要做的一切，就是培养学生的能力，而不是其他。陶行知所说的"做"是"在劳力上劳心"，是创造，是新价值之产生，是社会实践，反映着人类认识的共同规律。

第五，世界观和方法论不同。杜威的"做中学"在世界观上是唯心主义的，他把世界的一切都看成包括在他的主观经验之中，否认不依赖于经验而独立存在的客观世界；他把活动看做经验的唯一实体，认为活动对于经验和思维都起决定作用；他认为经验可以从做事中得来，强调经验的获得和印证。这是从他的唯心主义经验论中引出的教学方法论。而陶行知的"教学做合一"在世界观和方法论上都是辩证唯物主义的，他主张的"行知行"本质上与辩证唯物主义认识论是一致的；"教学做合一"本质上就是主张认识来源于生活实践并为生活实践服务的。

总之，陶行知师承杜威，不承认杜威的"做中学"对其"教学做合一"的影响是不客观的，但"教学做合一"也绝不是"做中学"的翻版，而是对它的一种超越，二者之间既有区别又有联系。应当看到，"教学做合一"的精神实质强调的是在"行"、"生活"、"活动"中去认识世界，增长才干。"教学做合一"在今天仍然是推进教育教学改革的基本原则。

二、实施"教学做合一"，推进教育教学改革

"教学做合一"是对中国传统教育的重大变革，也是对中国教育的一大贡献。它对当前的教育教学改革具有重要的指导意义。

首先，在学校教育中要切实树立和强化"教学做合一"观念。从教育行政官员到校长、教师、学生和家长都要树立并强化"教学做合一"的观念。要善于从各自的角度反思教学做分离所带来的教育弊端，意识到运用"教学做合一"的方法进行教学活动的重要意义和价值，在教科研活动中自觉研究如何实现"教学做合一"，如何在它的指导下提高教与学的效益。这就要求教育者要善于运用"教学做合一"的原则来指导教法的设计、学法的指导、做法的创新。同样一项教学内容，在不同的教学原则支配下可以设计成不同的教法，在多种可能性中，遵循"教学做合一"的原则设计教学，以做为中心，使教和学都在做中完成，其教学效果无疑是最理想的；教师不仅负有教的任务，更负有对学生进行学法指导的任务；教师还要在教学设计中精心设计"做"这个环节，使"做"这个环节成为教和学的灵魂。作为学校和教师，应该营造良好的校园文化氛围，做好学生的表率；作为家庭和家长，也同样应该营造良好的家庭氛围，为孩子树立榜样；作为社会，更应该营造儿童健康成长的社会氛围，

使儿童在学校、家庭和社会都能够过上健康的生活，受到健康的教育。

其次，要注重探索实施"教学做合一"的具体方法。在宏观上，要以"教学做合一"为指导来谋划学校的整体教育改革。从教育观念到教学模式、教育内容、教学实践、教学评估等各个方面都要贯彻"教学做合一"的要求，并整体谋划如何实施"教学做合一"。近年来，不少高职、中职院校都进行了以"教学做合一"为取向的教学方法改革，注重实际训练，校厂合作创建实验培训基地，培养应用型、技能高、实际操作能力强的高级技工；许多师范院校也在校内开展"教学做合一"的教育教学改革实践，并引导学生到中小学去参加各种形式的教学实践，真正实现了师范院校的教师在"做"中教、师范生在"做"中学，也已经取得了良好的效果。在微观上，也应结合中小学各科教学探索如何实现"教学做合一"。在实践中，已有不少学校和教师摸索出了如何在各科教学中渗透"教学做合一"的方法，提升了教学成效。事实上，有很多常规性的教学活动其实就是遵循了"教学做合一"原则的，如理工科的实验，音乐课中的练琴、练声，美术课中的写生、采风，地理、历史课的实地考察等。现在需要做的是更全面、更广泛、更系统地探索把"教学做合一"原则贯彻到各科教学中去的具有可操作性的做法。

现代教育在其发展过程中已经创建了实施"教学做合一"要求的"实践教学法"和"探究教学法"等方法。随着网络时代的到来，以学生自主学习、"做"为中心的教学方法，正日益成为一种重要的教学方法和教学组织形式。"教学做合一"将不仅仅是一种教育理念，而且正在变成可操作的教学实践。回顾近年来教学改革的热点，我们可以看出：研究性学习就是看到了分科教学和脱离实践的弊端，从而提倡学生在"教学做合一"中进行综合性的学习；建构主义教学观就是倡导让学生自主地建构知识，在亲身体验中去建构自己的知识体系而不是接受别人告知的现成结论；第八次基础教育课程改革的理念之一就是注重教学的生活化，使教材、教学和学习都更加贴近学生的实际生活，强调让学生在动手做中去学习；综合实践活动课更是秉承"教学做合一"精神而创立出来的一门新课程。我们相信"教学做合一"的方法能帮助我们克服当代教育的许多弊端，我们期待更多的学校和师生领悟并践行"教学做合一"的方法，使我们的教育更加生机勃勃，充满活力！

学习与思考：

1. 陶行知的"教学做合一"思想是如何形成的？
2. "教学做合一"的内涵是什么？应当如何把握"教学做"之间的辩证关系？
3. 我们应如何在教育实践中贯彻"教学做合一"原则？你对此有哪些建议？

第七章
生活教育课程观：生活课程化与课程生活化

 阅读提示

- 生活教育课程观，是在生活教育理论的指导下，在对传统课程理论的批判中，应当时中国社会之实际需要而产生的。
- 生活教育课程观具体包括两大方面的内容，即生活课程化和课程生活化。生活课程化是陶行知的课程编制思想，课程生活化是陶行知的课程实施思想。
- 陶行知的课程观本质上是一个大课程观；生活教育课程观本质上是素质教育的思想；生活教育课程本质上是综合课程。
- 生活教育课程观对当前我国基础教育课程改革来说具有非常重要的启迪意义，要推进基础教育课程改革必须要重建评价标准，必须要将理论者的改革转化为实践者的改革。

陶行知生活教育课程观，是在生活教育理论的指导下，在对传统课程理论的批判中，应当时中国社会之实际需要而产生的。陶行知构建的课程体系极具创造性，独树一帜，对旧中国教育改革和发展，尤其是教育普及产生了极其重要的推动作用。陶行知生活教育的课程观博大精深。贯彻"教学做合一"的原则，信"社会即学校"，奉"生活即教育"，实际上已经打通了学科与学科之

间，课程与生活之间"森严的壁垒"。课程是生活、生产的浓缩反映，用生活很好地整合学生所学的各门课程，这一陶行知课程观的核心在今天仍闪烁着真理的光辉。

第一节 生活教育课程观的基本内容

生活教育是一种先进的教育理念，它的实施必然要借助于一套相应的课程体系。因此，课程体系既构成了生活教育不可分割的重要组成部分，同时又构成生活教育理论现实化的必由之路。离开了相应的课程体系，生活教育理论就始终无法发挥其应有的效力。生活教育究竟需要什么样的课程呢？如何编制和实施这样的课程呢？陶行知对此作了很多探讨和实践。

一、生活课程化

如何选择合适和编制合理的课程呢？陶行知从整体方法论出发，认为既然生活教育乃"生活所原有"，那么，用生活来作为教育的课程再贴切不过了。可是，教育源于生活又高于生活，对此陶行知也有着清晰的认识。由生活到课程的过程究竟是一个什么样的过程呢？

(一) 课程的意义及其编制依据

课程作为在一定教育目的的指导与规范下而选择的教育教学内容的总和及其进程的安排，对实现特定的教育目的具有举足轻重的意义。"盖课程为学校教育之中心，假使课程得有圆满解决，则其他问题即可迎刃而解。"陶行知认为在学校教育中，小学教育是"教育之根本"，而现实中的小学教育，由于在错误的教育观念、教育目的的导引下，效果"不能满足时人之希望"，而造成这一困境的最根本的原因在于小学校之课程存在着诸多的缺陷。归纳起来，小学课程的主要缺陷表现在：

1. 小学课程"大半是因循的，抄袭的"；
2. 由此带来内容的陈旧，不能反映时代的变化与社会之需要；
3. 课程是僵死的，缺乏开放性；
4. 小学课程在编制时"从未有科学的编制法"[①]。

---

① 陶行知. 陶行知佚文集. 成都：四川教育出版社，1989：10.

课程的缺陷，再加上教育教学方法过于"传统"，例如，采用"填鸭式"教学方法，重知识的灌输，将课程的内容同学生的生活实际割裂开来，即使学生学习得非常好，至多也只是学习了一些空疏无用的知识，仍不能明了课程之于生活的重要意义。

那么，究竟应该怎样来编制课程才算是合理的呢？

其一，课程编制的依据是社会的需要。课程是社会需要与个人能力调剂的工具，"编制课程的人，必须明了动的社会的种种需要"，仔细地研究并精确地概括出这种需要，以此厘定课程编制的目标。

其二，课程编制须根据儿童的心理特点。课程的编制要依据"儿童个人心理之时期，能力之高下，分别编成最能活动的课程"。

这样编制的课程，才能很好地发挥它在"社会需要"和"个人能力"之间的链节作用，才能使"社会需要不致偏废，儿童能力不致虚耗。"

陶行知关于课程编制的基本思想是科学的，并在多年的实践中保存下来，得到了丰富和发展，其价值也正在不断为人们所发掘。值得一提的是，陶行知认为，课程的编制，应当是因学生的能力而异，而非整齐划一，而且这样的课程应该是"活"的课程。

（二）以生活作为课程的基本内容，本质上是将生活课程化

生活是人类为了生存和发展而现实地展开的各种活动，这些活动与个人的生活实际密切相关，并且，生活当中包含着所有的教育因素。通过挖掘和利用生活当中积极的教育因素，不仅使人在生活当中潜移默化地受到影响，还能更有效地影响人类的未来生活。这样，以生活作为教育的课程，在本质上是将生活课程化了。

尽管同样是生活，但不同的阶级过的生活却迥然不同，属不同阶级的人所受的教育也大不一样。过什么样的生活便是受什么样的教育，达官贵人的子弟"过的是少爷的生活，虽天天读劳动的书籍，不算是受着劳动的教育"[①]。陶行知作为一位民主人士和先进的知识分子，十分关注广大民众的教育。在当时的社会条件下，普通民众根本没有权利和机会接受教育，教育成了少数人的专利品。陶行知还戏谑地称中国的教育"被镇江的醋浸透了"。这一外部的客观现实迫使陶行知不得不采用正式课程和非正式课程相结合的方式，从生活的角度构建课程体系，将生活课程化。

（三）生活课程化，须对生活作出合目的之选择

作为课程的生活，有没有什么质的规定性呢？换句话说，作为课程的生活

---

① 陶行知. 陶行知文集. 南京：江苏人民出版社，1981：424.

与人们的日常生活有什么不同呢？如果没有，则显然消解了课程本身，因为既然有了生活，又何须再提课程呢？如果有，它们的区别又表现在哪些地方呢？作为课程的生活不同于完完全全的生活本身，而必须有合目的的选择。这种选择的结果，是要求人们在"有计划的生活"中受到"有计划的教育"，在不断发展、进步的"现代的生活"中受到"现代的教育"。这种合目的性的生活内容的选择，是基于生活教育目的论而开展的。

生活是活生生的、现实的、感性的，即使在同一社会当中，有的人是过着前进的生活，有的人过着落后的生活，而生活教育的目的则在于"用前进的生活来引导落后的生活，使大家一起来过前进的生活，受前进的教育"[1]。

生活教育究竟要引导人们过什么样的生活呢？陶行知认为，应当引导人们去过康健的生活，劳动的生活，科学的生活，艺术的生活和改造社会的生活。据此，陶行知在《教学做合一下之教科书》中，对健康课程，劳动课程，科学课程，艺术课程和社会实践课程的具体内容作了详细的规划，列出了生活教育要培养的70种生活力，以及要用的70种教科书。其中，1～10项属健康生活，11～20项属劳动生活，21～50项属科学生活，51～60项属于艺术生活，61～70项属社会生活[2]。以劳动课程为例，在劳动课程中，陶行知根据当时社会生活的一般状况，提出要培养学生10种生活力，即种菜、种麦、种树、养蚕、养鸡、养鱼、养鸟、纺纱、织布和扫地。生活力的逻辑起点是生活实际，而经过规划的要培养的生活力是课程的内容，仅劳动课程所涉生活面就相当广泛。纵观要培养的70种生活力，都是与当时我国民众的生活息息相关，没有一丝空疏无用的色彩。

这五个方面的课程，通过专家依性质学力将它们一一编制起来，并融进一些建立在具体经验上的融会贯通的理论，编成各门课程的教材体系，从而帮助着实现丰富的现代生活。

陶行知通过对实际生活的抽象与概括，得出生活教育所要培养的学生的诸种生活力，进而编制成五类生活教育课程，完成了基本生活内容的合目的性选择，解决了生活教育课程的内容问题。而这些课程将依照怎样的逻辑加以组织呢？

（四）生活课程化必须遵循合理的逻辑顺序

生活是鲜活的，也是立体的，以生活为中心，会产生出各种各样的需要，而教育的内容必须依照现实生活中人的需要编排方算合理。这样，生活成了生

---

[1] 陶行知. 陶行知文集：修订版. 南京：江苏教育出版社，2001：664.
[2] 陶行知. 陶行知全集：第2卷. 成都：四川教育出版社，1991：660.

活教育课程的逻辑起点，也成为探讨组织课程之逻辑的切入点。

首先，在生活教育课程中，五大类课程是并行开设的，不论学生哪一方面的生活都会牵涉到"用数"、"日用科学活动"、"社会研究"、"艺术活动"、"工艺、农事"等，都会涉及五大类课程的各个方面。而在五大类课程中，康健又是第一位重要的，因为，康健是基础，是生活的出发点，亦就是学校教育的出发点。"学问、道德应当有一个活泼稳固的基础。这基础就是康健"。这颇类似于今天的教育理论中所阐述的体育是其他各育的基础。在康健的基础上发展劳动课程，劳动课程又须引入科学和艺术课程，而所有的课程都应当为改造社会服务。五类课程由于都是从学生的生活出发的，因而彼此亦构成相互作用、相互影响的有机整体。

其次，要使课程达到实际的功效，还要处理好课程与生活之间的逻辑关系。语言、文字、图画、数学、逻辑，从广义上来说，是表达思想的工具，传统教育由于偏狭和没有处理好课程与生活之间的关系，虽很看重这种工具，却不可避免地犯下"一味在读与算本身上来学习读与算"的错误，为了读而读，为了写而写，不能明了学习之于生活的意义。如何才能使它们合乎生活的逻辑呢？陶行知认为，应该从丰富的集体生活中来吸取和培养它自己的血液，用语言文字、图画来表达集体生活，用集体生活中统计的事项来做"写计算的材料"，用集体生活之事实，以发展儿童客观的逻辑，代替儿童之虚幻的逻辑。而一旦处理好这个逻辑关系，课程的学习就不会被联结于各个不甚关联的单元活动上，不致充满牵强附会和个人造作。生活这个中心就将不同类型的课程整合到一起，彼此相互作用而形成有机的联系，儿童能掌握这种文化的生产工具，并进而能自动地吸收广泛的知识。

处理好课程与生活之间的逻辑联系，生活教育课程就不再是机械的、僵死的、不变的，而是活的课程。因为时局在不断地发展，生活是历史的，在不断地变化，不同时期的生活有着不同的内容，故而，课程内容的变化及计划的调整就是不可避免的。例如，育才学校为了在抗战中锻炼儿童，同时也因为抗战的需要，随时随地组织"战时工作队"，实质上是将改造社会的课程突出出来，这对习惯于过"固定的生活、工作、学习"的儿童来说的确是一种挑战，但这种挑战是儿童的生活所必需的，同时，也是对儿童的"一种应有的训练"。

从以上的论述中，我们不难得出，在陶行知的思想中，生活，在本质上已被课程化了。他不仅以引导人们过"更好的"、"进步的现代化生活"为指归，构建了五个类别的课程，而且对五个类别的课程与生活之间的逻辑关系作了较为科学的阐述。

二、课程生活化

从生活的需要出发，以生活作为教育素材，编制成生活教育课程，从理论上讲，是对当时学校课程的一次革命，也是对传统课程理论的一种批判。这样一种价值取向无疑是契合中国实际的，有着显明的进步意义。然而，这种进步意义还只是理论上的，一切的理论意义必须要在科学的实践中方能得到检验，得到体现。如何才能体现与实践它的理论价值呢？陶行知创造性地提出了生活本身便是实施生活教育课程的一条根本的途径。

（一）生活教育课程的实施应当在生活中进行

基于课程源于生活又必须服务于生活的认识，陶行知提出将课程生活化，作为实施生活教育课程的一种手段。课程生活化，在本质上是将学生的课程渗透进学生的生活当中，在生活的"教学做"中来吸收课程的内容。既然课程糅进生活之中，课程与生活相统一，还需要不需要教师的教学呢？当然需要。学校以生活为中心，是师生共同生活的处所，教师与学生共同生活着，互相感化，互相激励，师生共同生活到什么程度，学校生气也就会发扬到什么地步。可以看出，教师的任务丝毫没有减轻。教师要承担"传道、受业、解惑"之重任，"学生质疑问难，先生片刻不能懈怠"。除此而外，教师还要同学生一起来编制"生活历"。

生活历，是陶行知的一大发明创造。在生活教育理论中，它是一种生活日程，"是实施教育的切要工具"，同时也是课程实施之切要工具，是课程生活化的重要途径。因为生活历有定期生活之系统，故亦即有了"定期教学之系统"，生活历因此也可以称为"教育历"。陶行知认为，将课程糅进学生的生活当中，课程的实施过程就是生活的展开过程，因此，可以根据一定时期的教学计划，并结合特殊的季节、时令和节日来编制生活历。"办学贵在不违人时"，"教当其时，则事半功倍；失其时，则事倍功半，或竟全失其效"①。足见科学合理地规划学生的生活，并将课程有机地渗透其中，意义重大。生活历，实际上也就成了"为了生活而教育，通过生活而教育，在生活中进行教育"的重要途径之一。没有生活历，学生就会顾此失彼，茫无所从；有生活历，则"一切课程、教材、教法、工具、皆可纳之中"，从而"与生活发生有机体之关系"。例如，陶行知认为，《泰山观日出》诗宜于黎明时诵之，"夕阳无限好，只是近黄昏"宜黄昏前诵之。关于农作物生产规律最好应按照相应的季节，在实际生活中来教学做等。生活历使陶行知的生活教育课程观由理念变为现实。

---

① 陶行知. 陶行知全集：第2卷. 成都：四川教育出版社，1991：408.

编进生活历中的课程，因为生活是开放的、动态的，因而也是开放的、动态的、富有生活气息的，可以随时因社会之发展、生活之变化的需要而作灵活的调整。

（二）生活教育课程的实施应当在社会中进行

学校生活只是社会生活的一部分，它必须是开放的，与社会生活息息相连。因为，生活是置于一定社会场所之中的，生活的场所亦即社会环境。既受社会变化之影响，生活教育课程自然要反映这种变化。如果学校要培养学生过现代生活的能力，学校就先要社会化。这一前提奠定了陶行知课程社会化基本思想。

陶行知首先是一位人民教育家，他站在自觉的立场上，深刻地认识到，"教育作为一种社会制度和过程，经常受到在其进行的环境中的政治、社会、经济以及自然环境力量的影响"。而作为教育核心的课程必须是生活的、社会的、开放的体系，以随时反映社会的需求。

"五四"时期，各种西方思潮源源不断地输入中国。在东西方文化剧烈交锋中，陶行知深感中国之落后，其主要根源在于"愚"与"贫"，中国的出路是由农业社会过渡到工业社会，及至整个中国、整个民族现代化。这一切的关键在于用科学武装人民。而传统的中国教育课程不重视自然科学的内容，这是他所认识到的与西方教育的大不相同之处。因此，在陶行知的整个教育思想当中，科学教育有着相当突出的地位，而这又必然反映在他的课程体系中。他的科学教育课程是极富特色的，一切的科学教育课程均应以生活之需要为准则，并"通过生活"和"为了生活"。科学课程宜在日常生活中，在实际的做事过程中进行教和学。陶行知在与庄泽宣通信谈接收晓庄的计划时指出，"科学要从小抓起"，要在民族的嫩芽——儿童——身上下工夫培植。而培植嫩芽则是全社会的事情，因此，他提出办"专门研究儿童自然科学"的大规模（1000人）的暑期学校，对象为大学毕业生、各师范科学教师、市县督学、各小学教师，他们不仅要研究自然科学，回去还要办学，以期"到了明年，各处都有这样几个专门研究儿童自然科学的暑期学校出现"。

暑期学校的生活课程共分 10 门：儿童的生物、儿童的物理、儿童的化学、儿童的天文、儿童的地球、儿童的几何、儿童的农艺、儿童的工艺、儿童的生理卫生、儿童的指导[①]。通过开设科学课程，努力普及科学知识，宣传科学观念，使全社会的人都接受科学教育。

他对科学课程重视不仅反映在他的不少篇著作和讲演稿中，还直观地反映在以他为主编的《生活教育》中。该杂志辟出了"科学生活"这一专栏，先后

---

① 陶行知．陶行知全集：第 8 卷．成都：四川教育出版社，1991：305．

共登载与人类生活有关的科学知识、技术类文章182篇，内容涉及物理、化学、生物、医药、天文等，语言通俗，浅显易懂，妙趣横生，这些不仅可供学校师生作为科学生活教学做的参考，而且也对当时的"科学普及"、"科学下嫁"运动起到积极的促进作用。

课程社会化须要编制合适的教学做材料。课程的社会化，一方面反映社会的变化，从而使课程与社会实际生活之需求切合，以确保课程之功效发挥，另一方面，课程之组织与实施也宜通过社会化的途径进行。

课程社会化，可采用类似于"小先生制"的形式，即知即传。例如前面提到的学员回本地后再办类似的学校，从而使课程的内容传递呈辐射状，以使更多的人能学习和研究同样的课程，达到课程内容之普及。此外，宜编制各种类型的浅显易懂的教育材料。在科学课程方面，编成了《儿童科学丛书》，以使"科学从小抓起"。在平民识字课程方面，陶行知根据陈鹤琴先生编的《字汇》中所选择的1000多个常用字，编订了《平民千字课》，以培养公民的"自主精神"、"互助精神"、"涵养精神"和"改造精神"。由于编制得易懂而有趣味，再加上借助于幻灯和挂图等辅助手段，该书使人"读了第一课就想读第二课"，从而在平民中间广为流传，收到了相当好的效果。

在陶行知先生的课程观体系中，"活"是首要的、关键的，因为"活"，所以要能反映社会形势之变化及迫切之需求。陶行知先后从事平民教育、乡村教育（普及教育）、科学教育、国难教育、抗战教育、民主教育的宣传发动、组织工作，在各个不同时期因社会形势之发展变化，引起了生活的变化，课程的内容也须要作相应的调整。通过增强课程的开放性，从而实现课程的社会化，并进而真正发挥生活教育之强大功能。

（三）生活教育课程全部在"生活教学做"中进行

课程编进生活，还只是课程生活化第一层含义，因为，这仅仅是形式化的。课程生活化更深一层的含义乃在于，学生对于课程的学习是通过教师指导下的生活教学做进行的。

"教学做合一"在陶行知的课程观乃至生活教育理论中占有极其重要的地位，也是陶行知倡导的最为根本、最具特色的教学法。时人常误解，认为教是一件事，学是一件事，做是一件事。这种错误的认识根源直接导致了传统教育的许多弊端，如劳心与劳力的分离甚至对立，教育异化为"少爷、小姐、书呆子"的"装饰品"等，而贫苦的学生所需要的教育又无法得到。其实，教学做是一件事而不是三件事，我们要在做上教，在做上学。譬如，种田和游泳都应当在田里、水里做，在田里、水里学，在田里、水里教。而且"做"不是盲目行动，而是在"劳力上劳心"，因为做才会有真正的认识，在认识的基础上去做，才会有创造。

在陶行知的课程观中，科学教育得到了相当重视。科学教育所涉范围亦相当广泛，目的有两点，一是培养"探究之兴趣"，一是应生活之需要。鉴于当时科学与民众生活的剥离，陶行知发起了"科学下嫁"运动，以普及科学知识，将科学教育的内容有机地安排在学校的生活课程当中，从"做"开始，引导学生从"做"中学，教师则在学生"做"的过程中给予启发引导。这与他的先行后知的哲学思想是分不开的。这里的"做"不是为了"做"而做，而是生活的核心，生活的本质，是与生活的质的规定性相统一的。例如，陶行知在育才学校亲自带领七个小朋友研究植物的生长，这些学生最小的8岁，最大的11岁，他们合作办起了壁报，陶行知亲自题写了"植物小世界"的报名，还提出了几条科学课程教学的原则：（1）从植物到书本；（2）从实践到原理；（3）从具体到抽象；（4）从个体到系统；（5）从近到远；（6）从用手到用脑；（7）从肉眼到显微镜；（8）从好玩到学习；（9）从不花钱到不得不花钱；（10）从不采集到不得不采集[1]。一切从生活实际出发，由实践上升到理性，然后再实践，不断推进。通过在生活中不断实践和学习，课程的内容与生活的内容有了直接的、现实的统一性，因而，课程便由"死"变"活"，化抽象为生动有趣。在生活过程中的学，才是真正的建立在主体需要的基础上的学，是主动的学，是生动的发展，也只有这样的学，才能真正达到生活教育的目的。

颇有趣味的是，陶行知当年在创办南京试验乡村师范招生时，曾以实际耕地作为考试内容，提出"不会种菜，不算学生"，"不会做饭，不能毕业"。他认识到生活当中包含了很多科学内容，而科学最终应当为生活服务。在陶行知课程观中，生活教育课程全部是在生活的教学做中进行的，"一切生活的教学做都要如此"。

总之，在日常生活当中，小学课程须要从生活出发，安排学生待人接物，洒扫应对，烹饪缝补等方面的内容，与此相承，陶行知提出，师范学校也应以此为导向，开设"招待教学做"、"打扫教学做"、"烹饪教学做"等课程，以加强师范学校课程的针对性。他十分强调"师范和附属小学宜格外密接"，以此为师范生的生活教学做提供必要条件。他甚至旗帜鲜明地强调："我们的实际生活，就是我们全部的课程，我们的课程，就是我们的实际生活。"[2]

在陶行知的课程理论中，课程的实施是被"生活化"了，生活化的课程，

---

[1] 吕长春. 陶行知科学教育思想与教育现代化//江苏省陶研会编. 中国现代化呼唤现代陶行知. 1997：129.

[2] 陶行知. 陶行知文集. 南京：江苏人民出版社，1981：356.

不仅内容上与社会之需求和个人之实际息息相关,从而,能够有效地激发起学生学习的浓厚兴趣,而且在实施途径上,独辟蹊径,强调发挥所设课程的实际效用,这对于传统的课程思想而言,无疑是迈出了巨大的一步。

第二节　生活教育课程观的实质

20世纪是世界教育大改革和取得大发展的世纪。在这个世纪,随着自然科学与社会科学的新进展,人自身的完全发展受到了高度的重视。"完全发展"要求教育必须改革其课程,在分科的基础上实行新的综合。克鲁普斯卡娅提出的"用综合的劳动技术课程取代分科系统的教育",陶行知的生活教育课程等,都是对人的综合素质发展要求的回应。

陶行知的生活教育课程观与他的生活教育理论是一脉相承的。生活教育从根本上说,是一种在对传统的旧教育的理论批判的基础上,结合当时我国之实际国情而建立起来的全新的、富含现代特征的教育理念;而生活教育课程之建构既是在这一理念之指导下进行,也以实现和推动民族教育之发展与现代化为指归。

一、生活教育课程观本质上是大课程观

现代课程理论认为,课程至少包含有两个要求,一是合目的而选择的科目,二是合逻辑而确定的进程。科目合生活之需求,进程融入生活,生活之内容亦即课程之内容,这实际上已摆脱了传统课程思想之束缚。现代教育理论对传统教育理论之批判多集中于传统教育的"教师中心,课程中心,课堂中心",并且课程又多为陈旧、僵死之课程,与主体的现实生活之需求相去甚远。陶行知课程观的现代特色亦于对传统教育课程之批驳中得到体现。

课程与人们的生活之间究竟有没有区别或界线?理解这个问题是理解陶行知大课程观的关键。陶行知指出,我们的实际生活就是我们的课程,而我们的课程也就是我们的实际生活。曾有人批评生活教育将生活同教育混同,将生活的内容同课程的内容混同,抹煞了两者之间的区别。但这里的课程,我们认为实际上都是有着导引人前进的价值取向的。陶行知曾提出:"总要从社会全体着想,有否其他有用的东西未列在课程里?或是有用不着的东西还列在课程里呢?照这样去取舍才行。"[①] 这就是说,陶行知的课程是有所"取舍"的,它

---

① 陶行知. 陶行知文集:修订版. 南京:江苏教育出版社,2001:52.

遵循着这样的逻辑：社会生活实际的需要→课程的内容→回归到社会生活的实际，前一个过程即生活的课程化，后一个过程即课程的生活化。生活课程化和课程生活化是彼此联系、往复循环的，而不是简单的还原。这样两个紧密相联的过程提高了课程的针对性、实效性，有利于消除传统教育中课程与生活实际相脱离的状态，课程功效的发挥得到了有力保障。反观今天的学校教育的课程选择，所依据之原则与陶行知先生所提出的编制课程之原则几乎相同，所不同的是：现今课程之实施与生活联系不紧，学生常常不能明了所修课程之实际意义，缺乏学习有关课程的心向；课程大多仅为课堂上的学习；修习课程之目的多为应付学校的考成或制度之规定；修课之绩效，多以分数的形式反映，通过了考成，亦即意味着课程的结束。

陶行知的生活教育课程是源于生活而又服务于生活的，修习课程的目标是否已达到，不是由分数来确定的，而是以在实际生活中的应用为根本标准。不仅课程是生活的，而且考核之标准亦是生活的；不仅课程的实施与生活融为一体，即便课程的考核也与生活融为一体。

二、生活教育课程本质上是综合课程

生活是全方位的，生活的核心是做事。而做事对人来说，有着多方面的要求，它既要求人们在知识方面有一定的积累，又要求人们能实际从事劳动，还要有健康的观念、科学的观念、审美的情趣和改造社会的精神。而这些方面，在传统课程中是割裂开来的，以致劳心的人不劳力，劳力的人不劳心，从而导致脑力劳动和体力劳动的二元对立。要改变传统教育中的这种对立状态，课程是关键，必须要从课程入手进行改革，而课程的改革又必须以建立综合课程为出发点。陶行知提出的以生活为中心来建构生活教育的课程体系，不但从理论上是切实可行的，而且在陶行知的办学实践中得到了检验。因为生活本身是综合的、整体的、系统的，只有在生活中，人才能有效地整合各个方面的需要。在生活当中，人的需要的多重性，使得构建综合化课程体系成为客观要求，它不仅可以使每门学科本身成为体系，而且有利于学科之间的横向贯通，使知识成为网状结构，而不是线性结构。

知识之间的横向贯通不仅可以使学习更为容易，而且可以使知识保存得更为长久，对实际的效用更为显著。这对于今天的学校教育课程体系之建构来说是很有启迪意义的。随着科学的日益发展，人类文明的日益演进，各门学科的知识体系愈趋丰富，学科日益朝着纵深方向发展。专业越来越"专"，博士越来越不博。这样的局势势必会造成人们分析问题、思考问题的片面性，与马克思主义关于人的全面发展教育目的是相违背的。从我国目前的课程改革的走向上来看，课程的综合化已成为趋势，文科和理科之间的相互渗透不断加强，强调科学精神与人文精神的共同养成。我国高等教育专业设置的口径也不断调整，以为各专业学生提供较为广博的知识。就小学教育而言，除了设置部分单一课程的自然课（从严格意义上讲，自然课程形式上单一的，内容上却是综合的，涉及物理、化学、电子、生物、天文等方面），还设置了"社会"这一门综合课程。

三、生活教育课程观蕴含了丰富的素质教育思想

陶行知先生的生活教育理论是在特定的社会背景和历史条件下产生的，具有相当的科学性和合理性。在生活教育理论的指导之下构筑起来的生活教育课程体系，一方面有助于提高生活中人的素质，另一方面又有助于提高人的生活素质。从课程组织与实施来看，陶行知非常重视作为主体在价值选择中的作用，尊重人尤其是儿童在生活和实践中的创造作用。可以毫不夸张地说，在中国教育史上，第一个在理论上大力宣传并确立儿童的主体性作用，真正地将之生动、活泼地体现在自己的课程实践中的教育家就是陶行知。他重视人作为主体的价值选择，主张以儿童的实际生活需要来编制课程，所有的教学做活动都应当建筑在对儿童的心理规律的理解和把握之上，并以此为根据，对传统教育的课程体系进行检讨和改造。他与儿童一起编制的"生活历"是从儿童的实际生活的需要出发的，而不是以成人眼中的"儿童生活"出发。传统教育的儿童观是错误的，其根本错误在于教育中的儿童是抽象的儿童，是脱离了生活实际的儿童，是成人眼中的儿童。这样的儿童如同教科书一样，与其说是人，毋宁说是"物"。物是被动的，它自身不会发出各种各样的需要，因而课程已同儿童生活的需要相分离。而一旦我们加入到儿童的生活中，"便发现小孩子有力量，不但有力量，而且有创造力"。从陶行知创办的晓庄学校、工学团、育才学校以及推行"小先生制"的教育实践中，我们随处都可以见到身心得到了生动活泼发展的富有主体精神与创造活力的儿童。这种主动精神与创造精神既是生活教育必须承认的前提，同时也应当是生活教育的结果。通过一系列与儿童生活实际密切相关的课程的展开，解放儿童的"头脑、双手、嘴、空间和时间"，儿童在生活中间了解并努力过"更好的"、"现代的"生活，在生活中学习和钻研课程从而学习生活知识，成为自己的主人，这对我们今天的学校教育而言是非常富有启发意义的。在今天的学校课程教学中确立学生的主体地位，仍须从解放学生的头脑、双手、嘴、空间、时间上入手。

从课程考核与评价上来说，陶行知竭力以学生的素质提高为唯一标准，猛烈抨击当时的教育会考制度。科举考试制度在中国实行了1300多年，直到

1905年才被废除。虽然作为一种制度被废除了，但其思想遗毒，着实使当时之教育深受其害。1932年，国民政府颁发了会考令，学校的课程便受到了猛烈冲击，"会考所要的必须教；会考所不要的不必教，甚而至于必不教"[①]。由于考试的指挥棒的影响，唱歌、图画、体操、家事、农艺、工艺、实验都不教，所教的只是应试科目，这与前些年我国中小学之应试教育何其相似。考试成了学生的唯一任务，这在当时造成了相当的社会和政治危害，"把家里的老牛赶跑了，把所要收复的东北赶跑了，把有意义的人生赶跑了"，"把中华民族的前途赶跑了"[②]。这段话的含义是相当发人深省的。作为对应试教育的批判与应答，陶行知主张课程应当从学生素质的发展的角度着眼，从学生的生活实际着手。不但教育的内容、教育的手段是学生生活，就连考试的手段也是通过学生的生活。他提出要进行创造性的考试，这种考试本质上是以学生的素质提高为唯一依据，例如，人民的身体强健了多少，对于改造社会和物质环境达到了什么程度，团体抵抗强暴的力量增加了多少等[③]。而这一点与他的主体思想、创造思想是紧密相连的。学校不应当牺牲学生们宝贵的生活以迁就机械的毁灭生活力的会考制度，而应当一切以学生素质的提高与发展为转移。一言以蔽之，陶行知主张生活教育课程应当能培养出"风声雨声读书声，声声入耳；家事国事天下事，事事关心"的素质型学生。

当然，陶行知生活教育课程观毕竟又是那个时代的产物，打上了那个时代的深深的印迹。过于偏重以生活作为课程取舍的标准，将课程完全渗透在生活中进行，对于科学技术日益发达，学科高度分化，学业程度艰深的今天的教育而言，未必完全合适。因此，在对待陶行知课程观这个问题上，我们应当与时俱进，走继承与创新结合之路。

第三节 生活教育课程观与基础教育课程改革

生活教育课程体系是一个集综合性、开放性、创造性、实用性于一体而又富有现代特色的课程体系，它对陶行知实践生活教育理论，提高平民的科学文

---

① 陶行知. 陶行知全集：第3卷. 成都：四川教育出版社，1991：159.
② 陶行知. 陶行知全集：第3卷. 成都：四川教育出版社，1991：160.
③ 陶行知. 陶行知全集：第3卷. 成都：四川教育出版社，1991：161.

化素质起到了不可磨灭的历史功绩。陶行知的生活教育课程观又有着强烈的现实关怀,所主张的课程革新准确切中了当时的课程积弊。这些课程中的问题乃至体制中的问题在当今的基础教育中还不同程度、不同形式地存在着。当然,这完全不否认中国基础教育改革在党和政府的领导下所取得的巨大成就。重新解读陶行知的生活教育课程观,并不意味着就一定能够解决现实的基础教育课程改革中所遇到的问题,但至少可以给我们一些启示。这里我们就课程评价的标准、课程实施的主体两个方面作简要的分析。

一、基础教育课程改革必须进行评价制度改革

在中国教育发展史上,考试是作为选拔人才的最基本、最主要的手段,而非作为课程评价手段存在。自隋朝确立科举考试制度以后,在绝大部分时间里,无论是官学教育,还是私学教育,都成了科举考试的附庸,以至于形成了中国封建社会的重科举而轻学校,重取士而轻教育的基本格局。这里突显的是考试的选拔功能。考试的选拔功能是考试的外部功能,它服从于一个教育自身以外的目的。这与课程评价功能不同,课程评价功能是指向教育内部的,它以既定的课程标准为依据,通过一定的途径和方式来考察和评价课程实施的实际效果,同时兼可诊断课程实施中的问题所在。

基于这样的传统,长期以来,人们重视的只是考试的选拔功能,弱化了考试的评价和诊断功能,以致在对考试功能的认识上存在错置或倒置的现象。由于对考试功能的错置和倒置,进一步影响到了课程的实施。陶行知称1932年的会考为"杀人的会考"。他说,在"杀人的会考"的导引下,学生不再是学习课程的内容,而是学习会考,教师不再是教书,而是教人会考,于是,学校理所当然地变成了"会考筹备处"。在这种会考制度下,学科之间的地位分化自然是不言而喻的,课外的活动也被取消了,不仅如此,学生"拼命的赶啊!熄灯是从十时延到十一时了。你要想看压台戏当然是必须等到十一时以后"——很多学生在毛厕里开夜车。这样的一种考试制度,是一种"消灭民族生存力的教育行政"措施。陶行知深刻地洞察到会考的破坏力,强烈呼吁"停止那毁灭生活力之文字的会考","发动那培养生活力之创造的考成"[①]。

从陶行知关于创造的考成中,我们可以看出,考试更多地是作为课程评价的手段而存在的,并且其标准不是课本的知识本身,而是直接的现实的生活力,换言之,考试并不停留于文字的会考,而应当关乎生活力的提高,关乎生活的改善与前进,关乎民族的和大众的利益。陶行知先生不仅是这样认识的,

---

① 陶行知. 陶行知全集:第3卷. 成都:四川教育出版社,1991:159—160.

而且也是这样实践的。在晓庄学校，在重庆育才学校的办学实践中，处处充满着创造的考成，其创新之处非常人所能够想象。有人可能会觉得陶先生的创造的考成忽视了书本知识的掌握，其实这是误解，这种误解的根源产生于对生活课程的误解。陶行知一直强调生活即教育，强调活的教育，强调以生活为中心，因此他并不停留于书本或文字层面的考核，而是侧重于这些知识的实际的生活价值，这些知识对于生活实践所起的实际作用。从这个意义上讲，陶行知先生恰恰准确地把握住了课程评价的根本。这一思想对于推进我国基础教育课程改革是非常富有启迪意义的。

新的基础教育课程改革提出了很多全新的理念和举措，其理论层面的积极意义是毋庸置疑的。问题恰恰并不出现在理论层面，而是出现在课程的具体运作环节之中。我们在广大中小学课堂当中可以明显地感受到课程改革所带来的令人欣喜的变化。但我们也注意到，由于缺乏对课程评价方式的实质性调整，新课程的实施遇到了很大的阻力。虽然在基础教育课程改革纲要中明确提出"不得排名"和公布学生的名次，但在很多地方的实际运作中，教育行政部门采用"会考"制度，并且将会考的结果作为考核教师教学质量和学校教学水平的唯一依据。更有甚者，一些教育行政部门的主管领导在各级会议上明确提出"要大张旗鼓地进行排名"，依据考试结果对教师和校长实行"末尾淘汰制"。让人匪夷所思的是陶先生所批评的教学围绕考试转，考什么教什么，怎么考怎么教，学生负担越来越重的现象竟然在 21 世纪我国中小学教育中鲜活地存在着！在一个竞争更趋激烈的社会中，家长似乎对于这样的考试制度更多地持有默许、赞赏、迎合的态度！

一位优秀教师的困惑[①]

沈阳市一位优秀的小学班主任，只因按照规定减轻学生们的课业负担，放手培养学生的创新能力，却使班级的综合成绩下降到年级组的倒数第二名，全年级共有 6 名数学成绩没有达到 90 分的学生，该班占了 5 名，成为"差班"之一。

在寒假前的家长会上，这位老师哭着向家长们鞠躬道歉，并在教室的黑板上痛下决心留下已一年未留的作业：每天至少阅读 1 篇课文，并标出生字生词；每天做 50 道口算题；每天读 2 篇课外文章；每天至少背一首古诗词……

对于沈阳市皇姑区的这所小学来说，这位老师应该算做"名人"了：去年她组织开展的"我给鸡蛋当妈妈"活动课，被共青团辽宁省委评为"优秀创新奖"；"区劳模"的光荣称号也曾戴在她头上；她的数学课还多次在市区获奖。

---

① 傅道春. 新课程中课程行为的变化. 北京：首都师范大学出版社，2002：82.

可看到家长焦虑的目光,这位老师疑惑了:增负,违背素质教育;减负,成绩下降明显。到底该迈哪条腿?

这样,考试的课程评价和诊断功能依据处于选拔功能的压抑之下,凭依先进课程理念指导下的课程改革非但难以取得预期的效果,相反,还极有可能纷扰了教师的教育观念,使教师的教学更多地陷入困惑之中。

二、基础教育课程改革必须变理论家的改革为实践者的改革

在构成课程的所有因素中,教师和学生是能动的因素,课程改革最终能否取得应有的成效,在很大程度上取决于教师和学生的能动因素发挥到了什么样的程度。

陶行知的课程改革实践的基本理论依据是生活教育理论,生活课程是服务于生活教育的课程,其核心是通过生活教育课程的构建和实施,达到生活教育的目的。生活教育的目标体系、生活课程的内容选择既有理论的指导,更有大量的实践作为支撑。在陶行知的课程理论与实践中,教师和学生是共同作为课程的编制者、开发者和实施者而存在的。陶行知竭力批判传统的以知识为中心的课程(即制度化的课程,借助于国家权力而推广和实施的课程),这种课程不能明了生活的意义,是一种僵死的、缺乏生活力的课程,它在目标上将受教育者塑造成四体不勤、五谷不分、只会读书、不会做事的少爷、小姐、书呆子和政客,学习这样的课程不仅无助于社会的改造,而且虚耗了学生的精力。因此,陶行知提出"过什么生活用什么书"、"做什么事用什么书"的原则,"遇到一本书我们必须问:你能帮助我把这件事做得好些吗?你能帮助我过一过更丰富的生活吗?""读、讲、听、看都有一贯的目的,这目的便是他们对于'用'的贡献"[①]。陶行知评价30年来的教科书的进步只是在"枝节"上的,"根本上是一点儿变化也没有",而这进步的地方表现在:从前字是一个一个地认,现在是一句一句地认;从前是用文言文,现在是小学用白话文,中学参用白话文与文言文;从前所写的文字是依着忠君、尊礼、尚公、尚武、尚实的宗旨,现在所写的文字是依照三民主义的宗旨[②]。这些教科书的根本问题在于虽然编选了自然科学的知识,但只是自然科学的识字书,就是读到胡子白了也不能使学生得到"丝毫驾驭自然的力量";虽然编选了三民主义的文章宣传党义,但只是党义识字书,"教你识民权的字,不教你拿民权;教你读民主的书,不教你干民主的事",学生"决不会成为三民主义有力量的信徒,至多,他们可

---

① 陶行知. 陶行知文集. 南京:江苏教育出版社,1981:294.
② 陶行知. 陶行知文集. 南京:江苏教育出版社,1981:295.

以成为三民主义的书呆子"①。教科书是课程的载体,从教科书中我们可以看出课程充其量只是满足了识字的要求,而远远达不到"用"的目的,"是没有维他命的书"。陶行知戏谑地称假使再来一个秦始皇焚毁教科书,其结果也只是"大书呆子没有书读,小书呆子没有书读,书呆头儿出个条子,'本校找不到教科书,暂时停课'"②。

既然制度化的传统课程从根本上有违生活教育之宗旨,那么,生活教育之课程便当不能沿袭传统课程而只作方法上的变革。生活教育的课程必须自生活中创造,创造的主体只能是教师和学生。基于师生共同创造的课程就是"教学做合一"的课程,基于师生共同创造的教科书就是"教学做合一"之下的教科书。陶行知主张"以生活为中心的教学作指导"取代"以文字为中心的教科书"。以生活为中心,首先概括出现代社会的生活该有的力量,从而构成生活的系统,然后再由系统出发,组成用书的系统。我们可以从陶行知在晓庄学校和育才学校的办学实践中体悟到这一点。在晓庄学校,学校有自己开垦的土地,学校的校舍、大部分教学设施都是师生共同建造的,学生的学习也围绕着实际生活的需要而展开,在种庄稼的过程中学习植物学,在养殖当中学习动物学等,对于自然科学课程的学习无不与学生的生活有关,无不与做事有关。在育才,学校缺少生物学教师,陶行知认为在生物学教师没到学校之时,应当"充分运用自然环境来教育我们自己和小朋友",于是找来小朋友闲谈,问学生南瓜是怎样长出来的,绿叶对于南瓜的长大有什么关系,两种南瓜花(雌雄)有什么作用等,然后和学生一起讨论观察,他称自己的这种行为只能是和小朋友"共学"而谈不上是教导。陶行知还记述了这样一件事:

"一天我说要看看双子叶植物的发芽,请王治平去弄南瓜来培养。王治平问西瓜子是不是好替代?我说可以,他说西瓜子发芽是现成的。三周年纪念时吃西瓜摔的西瓜子正在发芽哩。他说着就走出去拔了一根来——最好的双子叶标本!

"昨天我想到,既有双子叶标本,最好还得有单子叶标本来比较。谷子发芽要等好多天,如何可以快些办到。江贵和走来,我问他,我们要看谷子发芽,你有办法吗?他说:有,买点谷种来,摆在水里。我一个钟头之内就要看谷子发芽,你能想出办法来,就算你本事好。他想了一想,向门外一看,说:田里有,割稻时掉下的谷子都发芽了。我说,好,请你拿个碗去把大的小的拔十几根来。五分钟内,他拿了回来,我看了很高兴,因为这就是不花钱的不费时不用等待的单子叶植物发芽标本。这一碗里的谷芽是缺少顶小的一种,仇玉

---

① 陶行知. 陶行知文集. 南京:江苏教育出版社,1981:295.
② 陶行知. 陶行知文集. 南京:江苏教育出版社,1981:298.

良自告奋勇再去采来补足,经郭富昌整理陈列构成谷子发芽的活动影片。"①

晓庄和育才的课程大多就是这样边教边做,边做边学,边学边教。教师和学生不是既定课程的执行者和实施者,不是固守死的书本和教材,而是共同发掘课程资源,因生活之需要随时创生、建构课程的,因此,从根本上说是课程的设计者、课程的开发者。这样的课程在目标上、内容上、组织上、评价上都与学生的当下生活和未来生活是密切相关的,是开放的,是生成的,是创造的,是有活力的。它的可贵之处在于:理想形态的课程和实际运作的课程是密切结合在一起的。

理想课程与运作课程的分离是制度化课程中存在的一个非常重要的矛盾。这个矛盾的关键在于课程的编制、设计者与课程的执行、施教者是分离的。不要说学生不能明了课程之于生活的意义,即便是作为课程执行者的教师也未必明了或认同这样的意义。陶行知的生活课程归根到底是一种自下而上的课程,是在教育实践中深谙传统的制度化课程的弊端而进行的改革,教师就是积极的改革者。而旧有的制度化课程却不一样,它的课程改革从根本上说是一种自上而下的改革,这场改革是一部分理论家的改革。改革的动力只是源于理论家自身对课程弊端的认识,理论家根据自己的理念设计出理想的课程,通过权力运作使之成为正式课程。不能说理论家的改革没有事实的依据,但理论家的视野终究和作为教育实践工作者的视野并不一致,因此,理论家的课程改革从根本上说是缺乏群众基础的,缺乏群众基础的课程改革终究是难奏其效的。用先进的理念设计课程固然重要,然而如果离开了教师的认同和支持,这种先进性恐怕只能是理论的先进性、潜在的先进性、预期的先进性。

美国在1958年举行的规模浩大的结构主义课程改革,以布鲁纳为首,召集一大批世界一流的科学家、心理学家,重新设计中小学和大学的课程,试图将科学最前沿的知识和成果纳入课程,以图改变美国学生学力水平下降的现实。改革的重要举措之一是编制大量的科学课程的教科书。这场轰轰烈烈的改革最终在70年代为"恢复基础运动"所取代,这也标志着结构主义课程改革的失败,其失败的根本原因有两条:一是教材的难度大大超出了中小学学生的可接受程度,二是教师难以适应新的课程。

我们今天进行的基础教育课程改革是经过充分的理论论证的,在课程计划、课程标准的制定过程中,尽可能吸收了广大教师、家长甚至学生的意见,其所主要依据的建构主义心理学也比较科学地揭示了学生的认知学习规律。应该说,基础教育课程改革的突破口是准确的,是在现代教育理念的支撑下设计的一套结构严整的课程体系,它一改以前的课程只重视知识学习、知识记忆的

---

① 陶行知. 陶行知文集. 南京:江苏教育出版社,1981:726.

取向，以整体方法论为基础，重视作为生活中的人，重视人的生活，重视整体的人，重视人的整体性，强调教师和学生不仅是课程的执行者、实施者，还应当是课程的建设者、创新者。尤其在新的课程中增加了综合实践活动，注重学生在教师的指导下通过自己的探索获取知识，形成相应的情感、态度和价值观。必须看到，这种种的优势、先进性还只是理论上的，只是潜在的，只是预期的。从新课程实施的情况来看，我们可以看到课堂中、学校中的一些变化，相对于此前的课程来说，孩子的学习相对有了自主性和灵活性，孩子个体的独特的生活经验在课程学习中得到了更大程度的认可和肯定，课程的综合性也较以前增强了。但我们也不难发现，这些变化有很多只是形式上的，在课程实施的过程中存在着种种"假象"。譬如：在一些地方的综合实践活动仅仅是一些"应景"的课程，形式主义的色彩较浓厚；课堂中的合作缺乏真正的合作精神，将小组合作等同于小组讨论，因而，很多课堂中所表现出来的合作属于虚假的合作等等。这其中除了课程评价的方式的制约之外，一个比较重要的原因是教师依旧扮演着课程的执行者的角色。教师对于课程改革缺乏必要的准备，有不少教师发出这样的感慨：新课程不会教了！教师对于课程改革缺乏认同，课程改革只是改革者的改革，而没有转化为教师的改革。基础教育课程改革纲要规定：实行国家课程、地方课程和学校课程三级管理体系，在课程结构中主体部分是国家课程和地方课程，这一部分课程是"刚性"的，既成的，对于教师而言，只能扮演施教者的角色；而作为"一小部分"的"学校课程"则是"弹性"的，它需要教师和学生在课程实践中创造和生成，恰恰是教师和学生可能成为编创者的学校课程，在实践形态中却面临着两种命运：或者成为应景之作，或者为考试课程让路。

从陶行知的课程观当中，我们可以得出这样的启示：任何课程改革要想取得成功，必须要从改革者的改革转向教师的改革，离开了这一点，课程改革只能是"曲高和寡"。因此，国家课程管理和决策机构应当加大放权的力度、宣传的力度、培训的力度，给课程松绑，给教师松绑，给学生松绑，使教师和学生真正成为发展课程的主体。

> 学习与思考：
>
> 1. 陶行知的生活教育课程观与他的生活教育理论是什么样的关系？
> 2. 陶行知的生活教育课程观的具体内涵是什么？你认为应该如何评价陶行知的生活教育课程观？
> 3. 基于你自己对基础教育课程改革的理论与实践的了解，从对陶行知生活教育课程观的解读中，你获得了哪些启发呢？

第八章
生活教育的师资培养：发展师范教育

 阅读提示

- "师范教育可以兴邦，也可以促国之亡"。
- 陶行知师范教育培养目标的指导思想："有生活力的国民是靠着有生活力的教师培养的；有生活力的教师，又是靠着有生活力的师范学校训练的"。
- 陶行知提出了"广义的师范教育"思想，建立了一个全方位的师范教育培养体系。
- 陶行知师范教育思想对教师教育改革有着有益的启示。

生活教育理论的实施须要有生活力的教师，有生活力的教师要靠有生活力的师范学校来培养。陶行知立足于中国国情，吸取中外有益的经验，在多年的教育实践中逐步形成了一整套的师范教育理论，对于师范教育的地位和作用、培养目标、培养体系、培养方法以及师德修养等方面都作了比较全面的论述。它所涉及的许多问题，也正是今天的教师教育改革所要解决的问题。因此，学习和研究陶行知的师范教育思想，对于加深对生活教育理论的理解，建构有中国特色的社会主义教师教育体系，推进教师教育改革，具有重要的理论意义和实践意义。

第一节 陶行知师范教育思想的形成和发展

陶行知在改造中国教育、创立生活教育理论的实践中,特别关注师范教育这个重要环节。他在筹办南京试验乡村师范学校时曾表示:我从前曾经为师范教育努力,现在正是为师范教育努力,以后仍是为师范教育努力。他的生活教育理论就是在师范教育的试验中逐步形成和发展的。因此,在具体阐述陶行知师范教育思想的主要内容之前,首先从总体上了解陶行知师范教育思想的形成和发展过程就是非常必要的。

一、1917—1926:师范教育思想的初步形成

从美国回国后直到1923年8月,陶行知首先从事的就是师范教育工作。在此期间,他不仅承担着学校多门课程的教学工作,而且积极从事平民教育,认真考察中国教育的现状,积极探索中国教育改造的途径。面对着中国教育落后的现实,陶行知深切地体会到,要从根本上改变中国的教育,使之能够担负起对中国社会改造的使命,不仅要对全体公民实施普及教育,而且必须从国家的前途和命运的高度,来认识发展师范教育的重要性。他一再强调,国民的素质是"立国的要素",而"要造成适当的国民,须有适当的教员",教员的养成又要靠师范教育。他甚至认为,"师范学校负培养改造国民的大责任,国家前途的兴衰,都在他手掌之中"①。

陶行知认为当时教育不发达的重要原因之一就是教育行政人员、办学指导人员没有经过专门的培养,所以师范教育不能局限于只培养教师,凡是教育界所需要的各种人才都应该培养。他不仅重视教师的职前培养,而且非常重视在职教师的进修:对未受过师范训练的教师,他"要求办师范教育的人给他们补充学识的机会";对已经毕业的师范生,"师范学校有继续培养的责任";对所有在职教师,"当使有进步的机会"。他在调查中发现,"现在师范多设在城市","乡下学生入师范后,都不愿在乡下做事",因此他主张将师范学校设在小镇上,一方面接近乡村环境,一方面可以得到在乡村实施教学的机会。

陶行知批评当时的师范学校"大都是中学校的变形,不过稍加些教育学、

---

① 陶行知.陶行知全集:第1卷.成都:四川教育出版社,1991:374.

教授法罢了。毕业以后，就拿这些教材去教学生，恐怕还是门外汉"。所以陶行知认为小学要用怎样的教材，师范生就要怎样去学。"一方面要学'学'，一方面要学'教'。"同时，师范和附属小学要紧密联系，"附属小学不但是实习的地方，简直是试验教育原理的机关"，是"教育学的试验室"。这就是说，师范学校必须突出师范性的特点。

1923年8月以后，陶行知致力于推行平民教育。为了解决平民教育中所需要的师资和其他教育人员问题，他根据调查的各地做法和亲自试验所得的经验，提出了训练推行平民教育的干事，训练省、县视学，训练教师等培养师资的具体办法。在当时的历史条件下，陶行知培养平民教育人员的思想虽然没有能充分发挥作用，但他毕竟开辟了一条为扫盲教育培训教育人员的道路。

陶行知在自己的教育实践中发现，中国要从农业文明过渡到工业文明，重点在农村，难点在农民，要开发民智，发展生产，首要的问题是培养乡村师资。陶行知相信，只要有好的学校，好的教师，能真正担负起改造一个个乡村的责任，就可以带领村民"从野人生活出发，向极乐世界探寻"。因此，陶行知于1925年8月提出：应当"以乡村学校为改造乡村生活之中心，乡村教员为改造乡村生活之灵魂"。

1926年春，为了筹建试验乡村师范学校，陶行知调查了沪宁铁路附近乡村学校的状况。通过这次调查，他不但对旧教育存在的一些问题了解更加具体深入，同时也发现了一些接近乡村生活、办得比较好的乡村学校。1926年底，陶行知在调查研究、集思广益的基础上，发表了《中国师范教育建设论》、《我们的信条》、《中国乡村教育之根本改造》、《试验乡村学校答客问》等一系列文章，系统地阐明了即将开办的试验乡村师范学校的指导方针和具体实施办法，从中我们可以看出，陶行知的师范教育思想已经有了很大发展，更加具体和丰富了。

首先，他从国家前途和命运的高度来认识师范教育的重要性。他认为，"有生活力的国民是要靠着有生活力的教师培养的；有生活力的教师又是要靠着有生活力的师范学校训练的"。所以，师范教育关系着国家的命运，"中国今日教育最急切的问题，是旧师范教育之如何改造，新师范教育之如何建设"①。

其次，用生活教育的原理，阐明师范学校的任务和建设过程。在陶行知看来，生活是教育的中心，教学做要合一。因此师范学校的任务就是"运用环境所有所需的事物，归纳于他所要传布的那种学校里面，依据教学做合一原则，实地训练有特殊兴味才干的人，使他们可以按着学生能力需要，指导学生享受

---

① 陶行知.陶行知全集：第1卷.成都：四川教育出版社，1991：96.

环境之所有并应济环境之所需"①。而建设师范学校的过程则是"自然社会里的生活产生活的中心学校，活的中心学校产生活的师范学校，活的师范学校产生活的教师，活的教师产生有生活力的国民"②。

第三，他从改造乡村生活的角度出发，阐明乡村师范的功能及其培养目标。陶行知认为，要有好的学校，就先要有好的教师，要有好的教师，就必须靠师范学校用特殊的训练把他们培养出来。乡村师范要"依据乡村实际生活造就乡村学校教师、校长、辅导员"，使他们能够具有农夫的身手，科学的头脑，改造社会的精神，能够依据教学做合一的原则，领导学生去学习征服自然、改造社会的本领，能够用最少的金钱，办最好的学校，培植最有生活力的国民，而且能够常常想着农民的甘苦，把整个的心献给农民，"为农民服务"。

第四，依据教学做合一原则，提出师范学校的"全部课程就是全部生活"。如前所述，陶行知将师范学校的课程分为中心学校活动教学做、中心学校行政教学做、分任校务教学做、征服天然环境教学做、改造社会环境教学做等，并在每一种类型中都特别强调理论联系实际，强调"做"和行动的重要性。

第五，他提倡在教学做合一的基础上建立平等互助的师生关系。他明确指出，在师范学校里，各科教师都应称为指导员。他们指导学生教学做，与学生共教、共学、共做。陶行知认为，这种师生共生活、同甘苦的教育是最好的教育。不仅教师对学生负有指导的责任，而且高级程度学生对低级程度学生也要负指导的责任。

总之，陶行知早期的师范教育思想可以分为三个阶段：第一阶段，在提倡"新教育"时，以引进杜威的观点和方法为主；第二阶段，是推行平民教育时，陶行知的师范教育思想从以引进杜威的观点和方法为主，转到从中国国情出发，开辟了一条为扫盲教育培训教育人员的道路；第三阶段，从1925年开始，陶行知通过调查研究和筹建南京试验乡村师范学校，阐述了师范学校的任务、建设过程、课程和教育方法等问题，初步形成了自己的师范教育思想。

二、1927—1930：师范教育思想的形成和完善

1927年3月，南京试验乡村师范学校正式开学。陶行知在南京郊区以晓庄为中心的方圆四十里范围内，进行乡村教育的全面改革以及改造乡村生活的试验。陶行知完整的、独具特色的师范教育思想，就是在这个试验过程中逐步形成的。

---

① 陶行知. 陶行知全集：第1卷. 成都：四川教育出版社，1991：91.
② 陶行知. 陶行知全集：第1卷. 成都：四川教育出版社，1991：94.

陶行知认为，乡村师范既要"培养乡村人民、儿童所敬爱的导师"，去做改造乡村生活的灵魂，又要"把一县或一区的中心小学团结联络起来"，使之成为改造乡村生活的中心。因此，乡村师范的培养目标，既包含了一般乡村学校都应有的五项目标，即康健的体魄、农人的身手、科学的头脑、艺术的兴趣、改造社会的精神，还包含了作为师范学校所特有的几个目标，即师范生应有领导小学生学习改造乡村生活的本领，使小学生成为有生活力的国民，能够团结联络好的村民和小学生，共同改造乡村生活，能"把整个的心献给乡村人民和儿童"。

为了实现乡村师范学校改造乡村生活的任务，达到特定的培养目标，陶行知在南京试验乡村师范学校采取了许多措施。

第一，因为师范学校的全部课程就是全部的生活，学生必须在生活中获得知识和技能，获得对乡村生活和乡村社会的了解，因此实行教学做合一，通过生活来教育学生，就成为这所乡村师范学校最重要的教学方法。

第二，根据教学做合一原则，陶行知确定了培养师资的两种相辅而行的制度。一是师范生一进学校，就须轮流到中心小学去教儿童，有指导老师帮助，在真切的情境里自己当老师。他们不但自己学习，同时也学习自己教人；不是先学几年理论，最后半年再实习，而是边学边教，在做中学，在学中做。二是艺友制师范教育。所谓"艺友制"就是"用朋友之道教人学做艺术或手艺"，而"艺友制师范教育"就是"用朋友之道教人学做教师"[1]，即由中心学校在某一方面有擅长的教师任导师，招收愿意学习做教师的人做艺友，以朋友相待，指导他们在做教师的过程中学做教师。这两种制度的实施不仅在实际教学过程中培养了学生做教师的基本技能，而且拓宽了培养教师的渠道。

第三，师范学校要改造社会生活，必须组织师生到社会上去，和民众互教共学一起干。征服自然环境教学做、改造社会环境教学做不能只在学校大门里专在书本上下工夫。师范学校要实行"生活即教育"，把教育延伸到校外广阔的人生中去；要实行"社会即学校"，把社会造成一个大学校。师范学校改造社会生活，要从民众迫切的问题着手，和民众一同干，互教共学；不能发号施令，看民众干，自己旁观；也不能替民众干，令民众处于旁观地位。每个活动都要有目标，有计划，有方法，有工具，有指导，有考核，使每个活动都能够收到切实的效果。

第四，师范学校要加强计划性，通过编制"生活历"来规范学校的教育教学工作。陶行知认为，"是有计划的生活，就是有计划的教育；是没有计划的

---

[1] 陶行知．陶行知文集：修订本．南京：江苏教育出版社，2001：290．

生活，就是没有计划的教育"。因此他倡导学校应该根据培养目标所决定的多方面生活，编出"生活历"，然后再根据"生活历"来收集教材，规定方法，制造工具，使多方面的生活能有条不紊地进行。晓庄学校的师生各自还有自己的本月、本周、当天的三种生活计划表，事情做完要把成绩和不足填在"效果"栏里，由考核股评定成绩。

从1927年到1930年，陶行知通过在晓庄学校的教育实践，形成了生活教育理论，也形成了具有自己特色的师范教育思想，在师范教育史上独树一帜，具有很高的研究价值和实践价值。

三、1931—1946：师范教育思想的深入发展

1930年4月，南京试验乡村师范学校被封以后，陶行知被迫流亡日本，直到1931年春回到上海。1931年的九一八事变和1932年的"一·二八"淞沪抗战①，使陶行知"深深地感到普及教育的使命更加重要"，他提出："我们从此要改造教育，使教育普及于大众……于是我们就可以造成极伟大的民族力量，来解除一切国难。"从1931年到1936年，陶行知积极倡导普及教育，在此期间，他的师范教育思想主要是在解决普及教育所需的师资问题这一过程中获得进一步发展的。

1932年夏，陶行知开始计划试办乡村工学团时，曾沿用晓庄时期的艺友制，提出："乡村工学团，可从事指导员之培养。其培养方法，则采艺友制。……欢迎有志青年下乡，在办工学团上学办工学团。"② 随着山海工学团的发展，教师就显得十分缺乏。为解决师资不足的问题，陶行知便在"连环教学法"的基础上，提出了"小先生制"。"小先生制"的基本精神是："任何懂得一点简单真理的人，就够资格传授真理，并与他人共享真理"。按照同样精神，参加夜校或识字班的16岁以上的人，也要即知即传，当"传递先生"，上完学回家后自己也当教师。陶行知从小先生和传递先生的即知即传中，看到了儿童和大众互教共学的力量，认为这是以最快的时间，花最少的钱普及大众教育的好办法，是救国教育"与亡国教育赛跑"的好办法。

在艺友制、小先生和传递先生制的基础上，陶行知进一步提出设立"工师养成所"，培养普及教育的人才。工学团之指导员称为工师，不再称为教员。

---

① "一·二八"抗战是自甲午战争和九一八事变以后，中国军队首次对日本侵略军的沉重一击。以十九路军等为代表的爱国官兵与上海民众同仇敌忾，奋勇抵抗，迫使日军在30多天的攻势中屡战屡败，为全国抗战奏响的一曲悲壮的序曲。这是一场典型的以弱抗强、以寡敌众之战。

② 陶行知. 陶行知文集：(修订本). 南京：江苏教育出版社，2001：438—439.

他还提出了工师养成所的目的和分步指导的办法,即:培养新工师以创立新的工学团;化固有之教员为工师,将学校改为工学团;化固有之工人、农人为工师,将一般社会组成工学团;继续不断地培养在职之工师,使与社会、学术共同进步。工师养成所的学生学到一些知识后,再到其他地方,也用艺友制的方法培养本地的艺友,和他们一起组织青年工学团或儿童工学团,这一步叫个别指导。第二步是巡回指导,由工师养成所之指导员定期到各工学团帮助艺友解决问题。第三步是集合指导,每周一次,共同商讨问题,鼓励集体精神。

1935 年 3 月,陶行知提出了中国普及教育方案,在全国学校采用工学团制;每一所小学都成为小学生养成所(等于一所小师范),每一所民众学校都成为传递先生养成所;师范学校采用培养工师的办法,并开设《小先生指导法》课程;各专门大学、研究所分工培养普及现代生活教育所需之高等技术人才。

抗战爆发后,为了普及战时教育的师资问题,陶行知特别强调即知即传,认为运用即知即传的原则,教师和教育可以发挥更大的作用。他说:"一个小学教员不仅是三四十个学生的导师,倘使培养学生即知即传,是很容易的影响三四百人。他的地位的重要是好比一个作战的连长或营长。"[①] 1938 年 12 月,生活教育社正式成立。陶行知认为,生活教育社不仅是一个互教共学的教师进修团体,而且也"必须即知即传才能跳出自己的小篱笆"[②]。1939 年 7 月,陶行知创办了育才学校,培养有特殊才能的难童。育才学校也开展即知即传的活动,如 1945 年该校共有教职员 61 名,学生 320 名,却为附近 4500 名成人和儿童提供了受教育的机会。

陶行知也很关心战地学校新师资的培养和原有教师的进修。1940 年 2 月,他曾对刘季平在广西办战地师范的计划提供意见,认为战地师范培养人才应该分两个步骤:第一步,用集中训练的方法,号召后方优秀教师及初中、简师以上的优秀毕业生,加以短期培养,并用督导与函授方法引导原任战地优秀教师,以增加他们应变的学识与力量;第二步,俟新教师养成,再将战地优秀教师调来集训。

陶行知还注意以业余学校和夜大学的方式培养教育人才。1938 年 8 月,陶行知在香港创办了中华业余学校。这所学校设有教育科,根据教学做合一的原则,与全校女同学合作,办了中华妇女义学;同时教育科的学生也在办教育中学习办教育的本领。

---

① 陶行知. 陶行知全集:第 4 卷. 成都:四川教育出版社,1991:358.
② 陶行知. 陶行知全集:第 4 卷. 成都:四川教育出版社,1991:359.

抗战胜利后，陶行知积极倡导民主教育，认为师范学校要培养为人民服务的、民主的教师。为了培养新一代民主斗争的骨干力量，1946年1月，陶行知、李公朴等又在重庆创设了社会大学。这是一所夜大学，设有教育系，陶行知曾担任这个系的专业课。

从1937年到1946年，在实施战时教育和民主教育时，陶行知广泛宣传即知即传的原则，主张战时师范要兼顾新师资的培养和原有师资的提高，并以业余学校和夜大学的形式培养教育人才，这些都是广义师范教育思想的新发展。

第二节 陶行知师范教育思想的主要内容

前面我们从历时性的角度初步考察了陶行知师范教育思想的形成和发展。为了更系统地了解他的一整套师范教育理论，我们有必要再从师范教育的地位和作用、培养目标、培养体系以及培养方法等方面来作进一步的学习和探索。

一、师范教育的地位和作用

我们曾经一度将师范教育看作整个教育的"工作母机"，因为各类教育都离不开教师。而陶行知更将师范教育抬到了至高的地位。从前面的有关章节中我们看到，他甚至认为小学教师手中不仅操着小学生的命运，甚至操着民族和人类的命运。基于这种认识，他当然会格外重视培养教师的师范教育。

（一）师范教育可以兴邦，也可以促国之亡

陶行知对师范教育的高度重视，是基于他对整个教育的地位和作用的高度重视。他认为教育是"国家万年根本大计"，是"立国的根本"，是"最有效力之事业"[①]。他一直把教育与国家的富强、民族的兴盛紧密联系在一起。早在1914年，他就将教育看作富民救愚的良方，甚至认为教育实在是"建设共和最要之手续"。陶行知认为，"教育是一种武器，是民族、人类解放的武器"[②]，教育要为整个民族利益造就人才。

他强调指出："共和国立国的要素，在国民有共同的目的，共同的了解，谋共同的利益。……吾们当怎样利用他，养成互助、团结、同情等好习惯和共

---

① 陶行知.陶行知全集：第1卷.成都：四川教育出版社，1991：88、374、259.
② 陶行知.陶行知全集：第4卷.成都：四川教育出版社，1991：356.

同了解的机会，那就全靠教育。"① 为此，他毕生从事反洋化教育、反传统教育，努力在教育上除旧布新，提出生活教育思想，为中国人民的教育事业奋斗了一生。

"国之盛衰，视乎教育。"陶行知从教育必须和民族的命运、国家的前途紧密联系在一起这一根本指导思想出发，明确指出作为普及教育之本的师范教育办得好不好是直接关系到民族兴衰、国家存亡的大事，即所谓师范教育"可以兴邦，也可以促国之亡"②。陶行知在推行教育改革的过程中，始终强调教育必须担负起改造社会、振兴中华的历史使命，这对师范教育来说，当然更是至关重要的，正是他第一个把师范教育提到与民族命运、国家前途密切相关的高度，来阐明其地位和作用的重要性的。

陶行知在揭露旧师范教育的种种弊端时尖锐地指出，师范教育培养出来的"小学教师之好坏，简直可以影响到国家的存亡和世运之治乱"③。为此，他提出办师范教育"要合社会的应用"，这不单是在数量上解决"够用不够用"的问题，更要在性质上解决"合用不合用"的问题。陶行知从民族命运、国家前途出发，急切主张对旧师范教育必须进行根本改造。他大力呼吁："我们爱师范教育；我们更应爱全国的儿童和民族的前途。唯独为全国儿童和民族前途打算的师范教育才能受我们的爱戴。"④

（二）改造旧师范教育是彻底改造中国教育的前提

1927年以后，陶行知致力于乡村教育。通过实地调查，他认为中国向来所办的教育完全走错了路。他列举了旧教育在乡村所造成的种种恶果后严肃地指出："这种教育决不能普及，也不应该普及，前面是万丈悬崖，同志们务须把马勒住，另找生路。生路是什么？就是建设适合乡村实际生活的活教育！"⑤

靠谁来建设适合乡村实际生活的活教育呢？陶行知认为关键在于小学教师，因而十分重视造就小学教师的师范教育的作用。他指出：要想小学办得好，先要造就好教师；要造就好教师，先要造就好师范学校——造就教师的教师。但是当时的师范教育存在许多弊端，最主要的是不能培养有生活力的教师。他由此提出要从几方面进行改造：一愿师范学校从今以后不再制造书呆子；二愿师范生从今以后再不受书呆子的训练；三愿社会从今以后再不把活泼的儿女受书呆子同化；四愿凡是已经成了书呆子的今后要把自己放在生活的炉

---

① 陶行知. 陶行知全集：第1卷. 成都：四川教育出版社，1991：374.
② 陶行知. 陶行知全集：第8卷. 成都：四川教育出版社，1991：139.
③ 陶行知. 陶行知全集：第8卷. 成都：四川教育出版社，1991：191.
④ 陶行知. 陶行知全集：第8卷. 成都：四川教育出版社，1991：139.
⑤ 陶行知. 陶行知全集：第2卷. 成都：四川教育出版社，1991：336.

里重新锻炼出一个新生命来。陶行知极力主张对旧师范教育进行根本改造，认为："倘不根本改造，直接可以造成不死不活的教师，间接可以造成不死不活的国民。有生活力的国民是要靠着有生活力的教师培养的；有生活力的教师又是要靠着有生活力的师范学校训练的。中国今日教育最急切的问题，是旧师范教育之如何改造，新师范教育之如何建设。国家所托命之师范教育是决不容我们轻松放过的。"① 陶行知是将改造旧师范教育当作彻底改造中国教育的根本前提来看待的。

在改造旧师范，建设新师范的问题上，陶行知有许多精辟的见解，其中最根本的一条就是师范教育要受生活教育理论的指导。他认为师范教育应根据社会实际生活的需要，训练有生活力的教师，通过有生活力的教师培养有生活力的新一代，使他们去征服自然，改造社会。他创办的晓庄学校就是运用生活教育理论去指导师范教育改革的试点。他主张运用中心学校之精神及方法去培养师资。他指出："师范学校既以中心学校为中心，就得跟着中心学校跑"②，"培养小学教师要在小学里做，小学里学，小学里教"。可以看出，陶行知始终强调，要彻底清除旧教育的弊端，关键在师范教育，只有彻底改造旧师范教育，大力建设新师范教育，才能推动中国教育的彻底改造。这也正体现了陶行知对师范教育地位和作用的极端重视。

二、师范教育的培养目标

培养目标问题，从根本上说是培养什么人的问题，它体现了学校的办学方向和培养任务，体现了一定的教育理念，而理念则是反映在教育行为背后的指导思想。

（一）确立师范教育培养目标的指导思想

陶行知站在关心民族利益、国家前途的高度，从中国国情出发，运用生活教育理论，在批判旧师范教育流弊的基础上对师范教育培养目标问题，提出了自己的主张。

陶行知认为，教师的作用不仅在教书，还要承担改造社会、挽救民族危亡的重任。但是，当时的旧教育十分落后，就师范教育来说，问题不少：比如学制几经周折，动荡不定；培养目标不明确，办法也很笼统；受老八股和洋八股的影响较深等等。因此陶行知积极致力于改造旧师范教育，建设新师范教育，力图通过师范教育，培养师范生立志担负起改造旧社会的使命，以实现创造新

---

① 陶行知．陶行知全集：第1卷．成都：四川教育出版社，1991：96—97．
② 陶行知．陶行知全集：第1卷．成都：四川教育出版社，1991：95．

国家的理想。他要求学生不仅具有征服自然的知识和本领，而且要为改变旧中国的落后面貌作坚持不懈的斗争。

在师范教育培养目标问题上，陶行知还从我国85%以上的人口在农村的国情出发，特别强调培养乡村教师的重要意义。他大力呼吁，要改造中国的乡村，"教育必须下乡，知识必须给予农民"。教育下乡的渠道是学校，知识给予农民的传授者是乡村教师。陶行知认为："培养乡村师资是地方教育之先决问题，也就是改造乡村的先决问题"。为此，陶行知提出了一条"从乡村实际生活产生活的中心学校，从活的中心学校产生活的乡村师范，从活的乡村师范产生活的教师，从活的教师产生活的学生、活的国民"的路线，从而确定了"有生活力的国民是靠着有生活力的教师培养的；有生活力的教师，又是靠着有生活力的师范学校训练的"这一指导思想。由于当时的师范教育同整个教育一样，处于封闭落后的状态，他指出："中国师范教育前期办理失策，以致师范学校与附属学校隔阂，附属学校与实际生活隔阂。我们所以有这种隔阂，是因为我们的师范教育或是由主观的头脑里空想出来的，或是间接从外国运输进来的，不是从自己的亲切经验里长出来的。"① 因此，陶行知主张师范教育应根据社会生活的需要，训练有生活力的教师，通过有生活力的教师，培养有生活力的新一代，使他们去征服自然，改造社会。晓庄学校就是他运用生活教育理论指导办乡村师范教育的试点。

（二）确立各类师范教育培养目标

在生活教育理论的统摄下，陶行知从当时社会的现实需要出发，对师范教育的培养目标提出一系列有价值的见解，在生活教育运动的不同阶段，对教师先后提出了不同的具体要求。

在提倡新教育时期，针对旧教育存在的种种弊端，陶行知对新教员提出了以下几点要求：第一，"要有信仰心"，也就是要"认定教育是大有可为的事，而且不是一时的，是永久有益于世的。不但大学校高等学校如此，即使小学校也是大有可为的"。第二，"要有责任心"，这"责任心"就是"不但是自己家中的小孩和课堂中的小孩，我应当负责任；无论这里那里的小孩，要是国中有一个人不受教育，他就不能算为共和国民"。第三，"要有共和精神"，"就是不可摆出做官的态度，事事要和学生同甘苦，要和学生表同情，参与到学生里面去，指导他们。"第四，"要有开辟精神"，就是"不可专在有教育的地方办教育"、"一定要有单骑匹马勇往直前的气概"、"无论什么都不怕，只怕道理不传出去"。第五，"要有试验的精神"，办教育"或是单凭空想，或是依照古老的

---

① 陶行知. 陶行知全集：第1卷. 成都：四川教育出版社，1991：96.

法子，或是照外国的法子，统是危险的"，"不可不由自己试验得出真理，方不至于落人之后"①。

在试验乡村教育时期，陶行知提出从事乡村教育的同志，要把整个的心献给三万万四千万的农民，"要向着农民'烧心香'"，"要常常念着农民的痛苦，常常念着他们所想得的幸福"，"必须有一个'农民甘苦化的心'，才配为农民服务，才配担负改造乡村生活的新使命"，因此他希望教师能够做到：同学生共生活共甘苦，以身作则，学而不厌，诲人不倦，把环境的阻力化为助力，运用困难以发展思想及奋斗精神，做人民的朋友，对教育有"鞠躬尽瘁，死而后已"的决心②。

在国难教育时期，围绕抗日救亡这个关系中华民族生死存亡的伟大斗争，陶行知认为作为教师应该做到以下六点才能帮助解决国难而不至加重国难：一是"追求真理"，二是"讲真话"，三是"驳假话"，四是"跟学生学"，五是"教你的学生做先生"，六是"和学生大众站在一条战线上"。他觉得，一个教师如能做到这些，就是对民族解放、大众解放和人类解放作出了贡献③。

在民主教育时期，陶行知认为民主的教师必须具有虚心、宽容、与学生共甘苦、向民众学习、向小孩子学习、放下先生架子等品质。除此之外，民主的教师还必须能够运用民主作风教学生，对学生进行六大解放，把学习的基本自由还给学生。

陶行知在生活教育运动的各个阶段对教师提出的要求，尽管内容不尽相同，但都体现了教师的职务是"千教万教教人求真，千学万学学做真人"的基本精神。

在培养各级各类教师的问题上，除了有共同的目标和要求，还必须有各种具体的目标和要求。但当时中小学教师、师范学校教师以及职业学校教师在培养目标上几乎没有区别。针对这种情况，陶行知指出："教员的种类有因学校等级分的，有因市乡情形分的，也有因学校性质分的，我们要什么教员就培养什么教员。"他从实际出发，对各种类型教师的培养分别提出了较为明确的具体目标。

对乡村教师提出的培养总目标是："培养乡村人民儿童所敬爱的导师"，这一总目标又可具体为五个分目标，即"康健的体魄、农人的身手、科学的头脑、艺术的兴味和改造社会的精神"。陶行知认为，按照这样的目标培养出来

---

① 陶行知. 陶行知全集：第1卷. 成都：四川教育出版社，1991：316—318.
② 陶行知. 陶行知全集：第1卷. 成都：四川教育出版社，1991：88.
③ 陶行知. 陶行知全集：第3卷. 成都：四川教育出版社，1991：450—452.

的乡村教师,"足迹所到的地方,一年能使学校气象生动,二年能使社会信仰教育,三年能使科学农业著效,四年能使村自治告成,五年能使活的教育普及,十年能使荒山成林,废人生利。这种教师就是改造乡村生活的灵魂"①。

对幼稚师范的培养目标是:看护的身手,科学的头脑,儿童的伴侣,乡村妇女运动之导师。

对职业教师的培养目标是应具有三个条件:一要有生利的经验,二要有生利的学识,三要有生利的方法。

此外,陶行知还提出须要高瞻远瞩地培养第一流的教育家,这是师范教育高层次的培养目标。他批评了常见的三种教育家,即"政客的"、"书生的"和"经验的"教育家,认为"第一种不必说了,第二第三种也都不是最高尚的"。他号召教育工作者应"敢探未发明的新理"、"敢入未开化的边疆",做有胆有识的第一流的教育家,这样"必能为我们的民族创造一个伟大的新生命"②。

三、师范教育的培养体系

在陶行知那里,"师范教育"不只是为中小学培养师资队伍而提供教育,而是为整个教育培养教师以及教育行政人员。"师范教育"涵盖的内容是比较宽泛的。

(一) 广义师范教育

在上个世纪20年代初,陶行知根据当时中国教育发展的实际需要,分析了我国师范教育的现实办学状况及存在的问题,用大教育观点研究师范教育,提出了"广义师范教育"思想③。

什么是广义师范教育?陶行知的本意是:"师范教育制度是应当符合全部学制的需求的";"教育界要什么人才,就该培养什么人才";"教育界各种人才要什么,就该教他什么,要多少时候教得了,就该教他多少时候";"谁在那里教就教谁";"师范学校以中心学校为中心"。此外,还有与师范学校相辅而行的"艺友制教育",能者为师的小先生制,即知即传的"传递先生"等,均属于广义师范教育的范畴。广义师范教育对于师范教育的办学方向、教育功能、结构模式等方面都赋予了广泛的含义,是对旧师范教育整体改革的产物,是一种新的师范教育体系,其实质在于师范教育必须为大教育服务,为各级各类教育培养和训练各种各样的有生活力的教育人才服务。

---

① 陶行知.陶行知全集:第1卷.成都:四川教育出版社,1991:104.
② 陶行知.陶行知全集:第1卷.成都:四川教育出版社,1991:88.
③ 陶行知.陶行知全集:第1卷.成都:四川教育出版社,1991:448-450.

（二）广义师范教育的特点

广义师范教育的基本特点在于面向全部学制的需求，以生活教育为核心。具体其特点是：

第一，确立了面向大教育的师范教育办学方向。大教育也就是陶行知所讲的终身教育和全民教育。陶行知主张师范教育必须为大教育培养和训练各种各样的教育人才，必须面向全部学制的要求。全部学制就是整个教育体系，包括各级各类的学校教育和社会教育，纵向从幼儿教育到老年教育，横向有普通教育、职业教育与专业教育（其中又包括职前和职后的教育）。大教育的发展需要各种各样的教育人才，而各种各样的教育人才必须由师范学校予以严格的培养和训练。因此，广义师范教育的办学方向是面向大教育，主动适应整个教育体系对人才的需求。

第二，拓展了师范教育的功能。针对当时师范教育功能上存在的许多不足，陶行知认为广义的师范教育不仅要培养训练教员，而且要培养训练教育行政人员、各种指导员、各级学校校长和职员；不仅要培养未来师资，而且要训练在职教师；不仅要使教师具有一般的学识才能，而且要根据学科性质、学校层次和城乡情况的不同使教师具有特定的学识才能；不仅要培养训练学校教育工作者，而且要培养训练社会教育工作者；不仅要培养训练教育工作人才，而且要培养训练教育科研人才；不仅要有学历教育，而且要有岗位培训等等。

陶行知在论述广义师范教育的功能时，针对旧师范教育功能的片面性，特别强调对教育行政人员、指导员、校长和职员进行培训的重要性和迫切性。他指出：“大家都以为这种种职务可以不学而能，人人会干，无须特别的训练，更无须科学的研究，……中国学务不发达的原因固多，但是教育行政办学指导人员之不得相当培养也是个很重要的原因。”① 他认为教育行政是一种专门事业，教育行政人员应该是教育家，校长是一个学校的灵魂，要想评论一个学校，先要评论他的校长。"做一个学校校长，谈何容易！说得小些，他关系千百人的学业前途；说得大些，他关系国家与学术之兴衰。"② 因此，陶行知在首次提出广义师范教育这个概念时，就把培养训练这些教育人才列为首要的任务。

第三，建立了多元化的师范教育结构。陶行知设计了一个立体交叉、纵横沟通、灵活多样、正规化和机动性相结合的师范教育结构模式。不仅有以培养未来教育人才为主要任务的各级正规师范院校，如教育研究院、教育科大学、

---

① 陶行知. 陶行知全集：第1卷. 成都：四川教育出版社，1991：448.
② 陶行知. 陶行知全集：第1卷. 成都：四川教育出版社，1991：60.

高级师范、中级师范、初级师范、幼儿师范以及女子师范等；而且有以培训在职教育人员为主要任务的各种长期或短期的师范补习学校或培训班、养成所等；还有即知即传的"艺友制"、"小先生制"和"传递先生"等灵活多样的形式作为有益的补充。上述三个组成部分中，有独立设置的也有附属设置的，有修业期限规定的也有修业期限不定的，有先学后教、先教后学、边教边学、教学穿插，但都强调师范专业的"系统研究"、"充分的修养"和"继续的机会"，正规化不是追求形式，机动性不是降格以求。总体上看，陶行知建构的广义师范教育培养体系是从当时中国的基本国情出发的，既能够主动适应整个教育体系改革和发展的客观需求，又能够充分满足各种教育人才提高自身素质的迫切要求。

陶行知的广义师范教育，是面向大教育的师范教育，不仅在外延上扩大了师范教育的功能，而且在内涵上深化了生活教育理论，它展示了在当时历史条件下我国师范教育改革发展的方向和道路。

四、师范教育的培养方法

陶行知的师范教育实践是其生活教育理论的集中体现。他以生活教育理论为基础，对整个师范教育作了大胆的改革。尤其在培养方法上，他废除了传统教育中"读死书"的做法，主张师范教育必须适应社会生活和学生的实际需要，实行"教学做合一"。具体来说，主要体现在以下几个方面：

第一，"教学做合一"。"教学做合一"既是生活教育理论的方法论，也是陶行知师范教育教学论和方法论的基本原则。在《试验乡村师范学校答客问》中，陶行知明确指出："我们的一条鞭的方法就是教学做合一"[①]，就是在现实的生活中，把"教"与"学"都同"做"紧密联系起来。他特别指出，"做"作为教与学的中心，不是盲目行动，而是"在劳力上劳心"，手脑并用，使脑力劳动和体力劳动正确地结合起来；就是边实践边思考，进而能有所创造。

第二，进行多元的生活教育，以适应社会的需要。陶行知主张学校应组织健康的生活教育、劳动的生活教育、科学的生活教育、艺术的生活教育、改造社会的生活教育，以满足社会发展和育人的需要。陶行知还主张在现代生活中还要进行现代教育，使学生能够取得现代的知识，学会现代的技能，感觉现代的问题，以现代的方法发挥自己的力量。

第三、发挥学生的主体作用。陶行知认为，民主的教育方法，要启发学生自动。他提倡的自动主义是智育注重自学，体育注重自强，德育注重自治。

---

① 陶行知. 陶行知全集：第1卷. 成都：四川教育出版社，1991：105.

"智育注重自学"就是要自己去学,不是坐而受教,因此"新教员不重在教,重在引导学生怎样去学"。这就要注重启发。他赞成孔子的"不愤不启,不悱不发","教学生的路子,先要使他发生疑问;查出他疑难的地方,使他想种种方法,去解决这个问题;从这些方法之中,选出顶有成效的法子,去试试看对不对,如其不对,就换个法子;如其对了,再去研究一下。照这方法来解释同类的问题和一切的问题"①。他还提到要激起兴趣,学生有了兴趣,就肯用全部精神去做,所以"学"和"乐"是不可分离的。"体育注重自强",就是要学生们自觉积极地"建立健康堡垒",通过普遍的军事训练,使人人有卫国的武力。为提高学生对身体健康的认识,他号召大家都成为建立"科学的健康的堡垒"的主要成员、健将,共同来保证"健康第一"的胜利。"德育注重自治",就是让"学生结起团体来,大家学习自己管理自己的手续","养成他们自己管理自己的能力"②。

五、教师的道德修养

在陶行知的师范教育思想中,师德修养是一个非常重要的组成部分。陶行知不仅高度重视师德修养,为我们留下了许多精辟的论述,而且身体力行,把毕生精力都献给了人民的教育事业,堪称"万世师表"。具体来说,陶行知师德方面的思想主要表现为以下几点:

第一,"爱满天下"的爱生精神。"爱满天下"是陶行知奉行的格言,也是他光辉一生的真实写照。陶行知认为爱是一种巨大的力量,教育是从爱里生出来的,因此他强调教师要热爱教育事业,热爱学生,为学生甘为骆驼,甘为牛马,甘愿献出自己的一切。但教师对学生的爱,不是溺爱,也不是放纵,而是建立在了解基础上的爱。只有了解学生的兴趣、才能、个性,才能引导他们健康成长,否则,爱生只能沦为一句空话;热爱学生,还要公平地对待所有学生,即对学生没有偏爱;热爱学生,还应对学生严格要求,注意学生品格的培养。陶行知要求教师不仅上课时要对学生负责,休息时间也不能放松指导,目的是"使学生不致在休息时间做出恶事"。对于犯了错误的学生,陶行知主张应以爱护之情去教育感召,并使之明白改错的长远意义:"今日不能止同学之欺行,安望他日除国家之秕政,革社会之恶俗乎?挽狂澜而息颓风,是所望于诸君之力行"③。

---

① 陶行知. 陶行知全集:第1卷. 成都:四川教育出版社,1991:314.
② 陶行知. 陶行知全集:第1卷. 成都:四川教育出版社,1991:28、29.
③ 陶行知. 陶行知全集:第1卷. 成都:四川教育出版社,1991:187.

第二,"捧着一颗心来,不带半根草去"的献身精神。陶行知认为献身精神是教师无私地去从事教育活动的内在动力。教育是伟大的事业,却又是默默无闻、需要无私奉献的事业。他说:"教育者应当知道教育是无名无利且没有尊荣的事。教育者所得的机会,纯系服务的机会,贡献的机会,而无丝毫名利尊荣之可言。"① 因此,要在教育上努力,必须具有献身精神,把一切利己之念摒除,一切利己之事抛弃,"捧着一颗心来,不带半根草去",只有这样,才能全身心地投入到教育事业当中,为创造一个理想社会不懈努力。陶行知本人就为教育事业奉献了一切,是永远值得广大教师学习的楷模。

陶行知认为,教师要有献身精神,必须确立正确的苦乐观。教育虽是"苦差使",但"苦中有乐",实是"一种快乐之事业"。他曾谈到,一般人认为"小学校里学生小,房子小,薪水少,功课多,辛苦得很,哪有快乐?其实,看小学生天天长大,从没有知识,变为有知识,如同一颗种子的由萌芽而生枝叶,而看他开花,看他成熟,这里有极大的快乐"②。"先生之最大的快乐,是创造出值得自己崇拜的学生"③。可以说,学生的成长是对教师献身精神的最好回报,也是使献身精神不断升华的持久动力。

第三,"教人求真"的求实精神。求真求实是陶行知为人师表的一贯风范,也是他对全体教师提出的要求。他的一生都在孜孜不倦地追求真理,也是以这样的标准来为教育培养人才。陶行知要求教师要务实,有敢于追求真理的精神,并引导学生去追求真理;他要求教师敢说真话,敢驳假话;他要求教师联系生活,联系实际来获得真知;他要求教师以行动求真理,因为只思不行,只说不动是不可能获得真理的。他指出:"真理离开行动好比是交际花手上的金刚钻戒指,我们所要追求的是行动的真理,真理的行动……行动的真理必须在真理的行动中才能追求得到。"④

第四,"与学生同甘苦"、"跟小孩子学习"的民主精神。陶行知认为民主精神是教师必备的素质,教师发扬民主精神,能促进师生之间形成民主平等关系,共事合作,达到良好的教育效果。他指出:"自己在民主作风上精进不已,才能以身作则,宏收教化流行之效。"⑤ 在他看来,对学生的态度和与学生的关系最能反映出一个教师是否具有民主精神,为此,他提出五个具体要求:一是教师应以宽容的态度对待学生,"教育者要像爱迪生母亲那样宽容爱迪生",

---

① 陶行知. 陶行知全集:第1卷. 成都:四川教育出版社,1991:359.
② 陶行知. 陶行知全集:第1卷. 成都:四川教育出版社,1991:317.
③ 陶行知. 陶行知全集:第4卷. 成都:四川教育出版社,1991:4.
④ 陶行知. 陶行知全集:第3卷. 成都:四川教育出版社,1991:451.
⑤ 陶行知. 陶行知全集:第4卷. 成都:四川教育出版社,1991:633.

"要像利波老板那样宽容法拉第"①。二是教师应充分了解学生，关心学生，不了解学生的教师不配做教师。三是教师应与学生相亲相知，共同学习，共同生活。但这种相亲相知并不是虚伪的、无原则的调和妥协，而是在民主指导下的情感共振。四是教师要充分发挥学生自主、自立、自动、自觉的精神，使教育进入更高的境界。五是教师应向学生学习，与学生相师相长，因为向学生学习是教育好学生的前提，是引导学生上进的前提。可以看出，陶行知的"向学生学习"是以"教人者教己"，以学促教为指导思想的，这是一种民主的师生观，是一种辩证的、教学相长的教育观。

第五，"学而不厌"的好学精神。"活到老，学到老，教到老，做到老"，这是陶行知经常用来自勉勉人的格言之一。他说，"我们深信教师必须学而不厌，才能诲人不倦"。他认为教师不能以差不多为自足，"必须力求上进"。勤奋好学的教师本身就是学生的表率，能起到潜移默化的教育作用："好学是传染的，一人好学，可以染起许多人好学。就地位论，好学的教师最为重要。想有好学的学生，须有好学的先生。换句话说，要想学生好学，必须先生好学。惟有学而不厌的先生，才能教出学而不厌的学生。"② 陶行知非常痛恨贩卖旧知识的教师，他把那些"年年爬起来卖旧货"的教师斥为"教育界的败类"。

第六，"以身作则"的自律精神。陶行知非常强调为人师表的重要性，在他的讲话和著作中，经常会出现要求自己以身作则的词语，诸如"自达达人"、"自化化人"、"自警警人"等，体现出深刻的自律精神。陶行知认为，"教师的人格影响于学生和乡村人民很大"。对学生来说，教师的行为、气质、谈吐、举止、衣着、仪表等，都是学生的表率，都是影响和教育学生的工具和手段。教师稍不检点，就会对学生产生不良影响；反之，如果教师注意"从我做起"，往往会起到意想不到的效果。

第七，"敢探新理"、"敢入边疆"的创造精神和开辟精神。陶行知认为教师必须具有创造精神和开辟精神，他所说的"创造精神"是指"敢探未发明的新理"，"开辟精神"是指"敢入未开化的边疆"。他说："我们在教育界任事的人，如果想自立，想进步，就须胆量放大，将试验精神，向那未发明的新理贯射过去；不怕辛苦，不怕疲倦，不怕障碍，不怕失败，一心要把那教育的奥妙新理，一个个的发现出来。"他还称赞说："在教育界，有胆量创造的人，即是创造的教育家；有胆量开辟的人，即是开辟的教育家，都是第一流的人物。"③

---

① 陶行知.陶行知全集：第4卷.成都：四川教育出版社，1991：544.
② 陶行知.陶行知全集：第8卷.成都：四川教育出版社，1991：140.
③ 陶行知.陶行知全集：第1卷.成都：四川教育出版社，1991：26.

很明显，他在这里所说的就是希望教师有敢于探索创新，勇于开拓进取的品质和气概。

第三节 陶行知师范教育思想与当代教师教育改革

陶行知的师范教育思想作为生活教育理论的一个重要组成部分，立足于中国的基本国情，正确反映了师范教育的本质和规律，具有很强的生命力。陶行知在师范教育的地位作用、培养目标、结构模式、培养方法、师德修养等方面都留下了很多精辟的论述，对于今天我国正在进行的教师教育改革具有重要的指导和借鉴意义。

一、我国教师教育改革的现状

师范教育最早产生在欧洲。19世纪70—80年代，许多国家颁布法令设置师范学校，师范教育随之制度化、系统化。最初的师范教育水平很低。20世纪中叶，师范教育开始由封闭型走向开放型，即由师范院校封闭地培养师资转变为由所有高等学校开放地培养师资。1966年，联合国教科文组织关于教师地位的建议肯定了教师职业的专业性，改变了传统的师范教育的概念，形成了新的教师教育的概念，对教师教育产生了非常重要的影响。近几十年来，世界各国都很重视教师教育，都把教师教育视为提高教育质量的重要环节。

我国师范教育开始于1897年，当时的清政府大理寺少卿盛宣怀在上海创办了南洋公学，内设师范院为其他各院培养师资。1902年京师大学堂内设师范馆，专门培养中学师资，从此初步建立了师范教育体系。我国的师范教育一百多年来为教育事业的发展培养了数以千万计的教师，但随着形势的变化，整个社会对教育的方方面面都提出了更高的要求，传统师范教育学科水平低、办学条件差、课程设置陈旧、培养模式僵化、教育观念滞后、专业化程度不强等弊端逐步暴露。

自1996年召开第五次全国师范工作会议以来，我国的教师教育进入了改革发展的新时期，很多方面都取得了历史性成就——教师教育的办学层次明显提升，结构调整取得一定成效：1995~2002年，高师本科院校由76所增加到103所，师范专科学校和中师相应收缩，教师培养培训资源进一步整合，教师教育结构发生了很大变化；教师教育的规模不断扩大，质量不断提高：从

1997年到现在，各级专任教师的学历达标率逐年攀升，中小学教师队伍整体素质稳步提高。教师教育地位逐步提高，正在走向法制化轨道：第五次全国师范工作会议明确了师范教育在教育事业中处于优先发展的战略地位，《教师法》、《教师资格条例》、《中小学教师继续教育规定》的相继颁布实施，使我国的教师教育开始进入法制化、规范化的轨道。但在改革的过程中，应该看到，我国的教师教育整体上还相对落后，严重不适应教育改革和发展的要求，还面临着许多压力和挑战，存在着一些急需解决的问题。

二、陶行知师范教育思想对教师教育改革的借鉴

既然教育对一个民族的发展越来越重要，既然我们的教师教育方面还存在很多的困难和问题，那么，如何使我们的教师教育与社会发展的要求相契合，如何通过教师教育的改革和发展来促进我国教育事业的全面发展，就是人们必须认真思考的重大问题。在这个问题上，陶行知丰富的师范教育理论和实践，给我们提供了有益的借鉴和启示。

（一）明确培养目标，实施素质教育

培养合格的教师是教师教育的根本任务。因此，"合格教师"就是教师教育的培养目标。但尽管如此，我国的师范教育在培养目标方面仍然存在一些问题，主要表现在以下两方面：一是教学科研能力水平明显偏低。我国师范院校长期以来在学制和课程设置方面采取的是"学科专业、教育理论和教师职业技能混编模式"。这种培养模式在教育理念上是以传授知识为主导，教学过程重继承轻创新。教师不太关注科研，学生也不太关注和吸收最新的研究成果和理论动态。在培养过程中存在着学科教育水平低、课程单一、内容陈旧、脱离实际等问题。很多师范院校都存在着学科发展慢、研究水平低的客观情况。二是教师的专业化不足。一般来说，教师的专业化包含这样几点内容：教师职业要有较高的专门知识和技能；教师职业要有较高的职业道德；教师职业需要长时间的专门职业训练；教师职业需要不断地学习进修（专业发展）；教师职业的自主权；教师的专业组织[①]。与此对照，我国许多师范院校教师职业的专业化教育特色不明显，导致许多教师缺乏应有的先进的教育理念和思想、知识面过窄、只会"教"不会"育"，甚至有个别教师道德败坏，严重损害了教师应有的职业形象。

前面谈到的陶行知关于乡村教师培养的五大目标虽然来自于当时特定社会背景下的办学实践，但它一改几千年来中国教师的"老夫子"形象，在批判

---

① 参见：宋吉缮．中韩两国教师专业化比较研究．载顾明远．师范教育的传统与变迁．

"政客的"、"书生的"、"经验的"教师的养成目标基础上，建立起"自辟新境"、"自创新路"为特征的新教师形象。按他的要求，一个合格的师范生必须热爱和献身于人民的教育事业，具有渊博的知识、懂得教育规律、掌握丰富的专业知识和相应的技能，具有为人师表的高尚品质和健康的体魄。这五大目标，科学地反映了师范教育的特点。随着社会的进步和教育的发展，我们有必要参考陶行知的师范教育培养目标，重新设定教师教育的培养目标。

基础教育由"应试教育"向素质教育的转变，要求教师本身在能力、素质各方面首先应该有一个大的转变和提高，才能适应目前正在进行的这场教育改革。在确立教师教育的培养目标时应特别注意培养以下几方面的素质：第一，热爱教育事业。教师不应把教育仅仅看作一种职业，一种谋生的手段，而应把教育当成一种神圣的事业，并应终身为之而奋斗。陶行知当年关于师范生对于教育应有的几种观念，即教育乃最有效力之事业，教育乃一种快乐之事业，教育为给儿童需要之事业，教育为制造社会需要之事业，教育为师范生终身之事业，仍然应该成为教师教育的重要内容。第二，专业文化素质和教师素质相结合，使教师的培养既建立在较宽的学术视野的基础上，同时又具备为人师表的职业能力。教师应该不仅基础知识扎实，而且应具备一定的学科专长和科研能力；在传承文化的过程中，能帮助学生形成正确的世界观、人生观和价值观，引导学生积极思考、主动探究，形成个性化的教育教学风格。因此，教师教育必须创新人才培养模式，改革课程体系和教学内容，充分利用现代教育手段，从总体上不断提高教师教育的水平，同时应加快教师的专业化建设，使我们的教师不仅是学科的专家，而且是教育的专家；不仅有学问，而且有道德、有理想；不仅是高起点，而且是终身学习、不断自我更新。第三，良好的身心素质。第四，健康的审美观点和良好的艺术修养。第五，创新精神的培养。"创新是一个民族进步的灵魂，是国家兴旺发达的不竭动力"，"教育在培育民族创新精神和创造性人才方面，肩负着特殊的使命"[①]。而要使教育不辱使命，教师首先必须具有创新精神，才能培养出具有创新精神的学生。

（二）树立大教育的师范教育观，调整师范教育的结构模式

师范教育的发展，应紧跟时代发展的步伐，及时调整自己的办学理念和办学模式，这样才能更好地为社会服务。长期以来，教师教育被狭隘地理解为教师的"职前教育"，形成了一个孤立、封闭的教育体系：一是以培养新师资为主的各级师范学院；一是以训练在职教师为主的教育学院、进修学校等继续教

---

① 江泽民. 教育必须以提高国民素质为根本宗旨//十五大以来重要文献选编：中册. 北京：中央文献出版社，2000：880.

育机构。这是同社会发展缓慢和受教育者水平低下相适应的教师教育结构模式。随着我国从传统农业社会向现代工业社会、从封闭保守社会向全面开放社会的跨越式发展，人民群众科学文化水平显著提高，原有的这种结构模式已难以满足社会发展的需要，逐渐暴露出很多不完善的地方。一是重视新师资的培养而忽视在职教师的继续教育。二是重视教学人员的培养而忽视行政、管理人员的培训。陶行知早就指出过："吾国自办师范教育以来，无论高等师范、初等师范，……只是以造就教员为目的，对于教育行政人员、指导员、校长和职员的训练都没有相当的注意。"① 陶行知所讲的这种情况今天依然存在。三是重视学历教育而忽视素质培养。四是重视常规学科教师的培养而忽视专业技术师资的培养。五是重视学校教育人员的培训而忽视社会教育人员的培训。要纠正这些问题，我们有必要借鉴陶行知的广义师范教育思想。

按照陶行知大教育的师范教育观，教师教育就不仅要承担教师的职前教育，而且要承担教师的继续教育；不仅要培养基础教育的师资，而且要培养职业教育的师资；不仅要培养教师，而且要培养学校的行政管理人员；不仅培训学校教育工作者，而且培训社会教育工作者。师范院校就不仅是一个地区的师资培训中心，也应成为该地区的教育、科研和教育技术推广中心。师范院校应能因地制宜地承担更多的教育任务，与社会的职业教育、社区教育、教研科研等机构形成网络，成为这个教育大系统中的枢纽，全方位地发挥师范教育的功能。

目前教育的发展呈现出一些新的特点，对师范教育提出了更高的要求。一是中小学教师学历水平提高的趋势，预计到2010年，小学教师基本具备大专学历，初中教师基本具备本科学历，高中教师具有硕士学位者将占15%以上②。二是提出了对各级学校管理干部的培养要求，我们的师范教育在这一块明显准备不足。三是教师和教育管理干部的继续教育，在学历和经验都达到一定水平后，要求科研型的进修，为培养创新型的教育专家服务。以上这些要求的提出，反映了我国基础教育深入发展的需要，是师范教育改革和发展的必然趋势。而要搞好这些工作，必须树立一个科学的教师教育发展观。

首先，在教师的学历提升方面，应借鉴陶行知提出的"渐进主义"概念。他说："大概教员的程度应当取渐进主义。本地各种情形进步到什么地位，师范教育的程度亦应提高到什么地位。时候未到而不肯降低和时候到了而不知道提高是一样的错误。"这里所说的"教员的程度"就是现在的"学历层次"。教

---

① 陶行知. 陶行知全集：第1卷. 成都：四川教育出版社，1991：448.
② 管培俊. 为全面建设小康社会准备高素质教师. 人民教育，2003（17）.

师学历层次的提高和降低都要从当地实际情况出发，否则都是错误的。世界上很多国家师范教育发展的历史，都证明了陶行知的论断的正确性。美国及其他西方发达国家，早在上个世纪中叶就实现了小学教师本科化，韩国和我国的台湾地区在上个世纪 80 年代中期也实现了小学教师本科化。在这方面我国至少已落后了 20 年。为了提升国民素质，提高教育质量，必须从提高教师学历层次开始。根据我国目前经济发展的水平，小学教师大专化，中学教师本科化，这是教育发展的必然要求。师范院校应在条件允许的情况下，加快发展，不断提高学历层次，以适应我国教育现代化的进程。

其次，在培养教育行政管理人员方面，陶行知针对当时师范教育对各类教育行政管理人员训练的普遍忽视，专门提出了教育行政管理人员的专业化和知识化的问题。他认为教育行政管理人员必须要具备"三种学问"，即：(1) 普通学问：至少应学哲学、文学、近代文化史、科学精神与方法、社会问题、经济学以及音乐、美术等课程；(2) 工具学问：至少应学一门外语、管理科学和教育统计等课程；(3) 专门学问：至少应学教育哲学、教育概论、教学法、教育心理学、中等学校之组织与行政管理、初等学校之组织与行政管理、地方教育行政问题、学务调查报告以及学校建筑与卫生等课程。通过这些课程的学习，最终目的是要使中国"办学之人能用教育之法去管理教育，最后达到科学教育的目的"。应该说，陶行知在多年前提出的这一思想是具有远见卓识的。在很长时间内，全国各级教育行政和学校管理都十分缺乏教育系科专业的毕业生，给地方教育行政和学校管理都造成了不小的危害和损失。今天，我们应该重视对各级各类教育行政人员和学校管理人员的专门培训，使之既具有广博的文化知识，又具有现代化的管理才能，才能有力地推动我国教育事业的发展。

学习与思考：

1. 根据陶行知对民主教师的要求，你认为应对当代教师提出哪些民主方面的要求？为什么？

2. 根据我国教师教育改革的现状，你对你所接受的师范教育作何评价？为什么？

3. 根据陶行知的教师观，你是如何看待教育的？能否真实地谈谈你为什么要选择师范专业？

第九章
生活教育：乡村教育之根本改造

- 陶行知的乡村教育之路不是凭空产生的，必须把握宏阔的时代背景与思想基础。
- 确认陶行知乡村教育之路的科学性不仅应着眼于理论分析，而且应审视其与国情、乡情的契合状况及经历实践检验的状况。
- 陶行知乡村教育思想与实践的根本目的是通过乡村教育改造实现乡村社会改造。
- 陶行知乡村教育思想对当前的乡村教育有着重要的借鉴意义。

生活教育理论是生活教育运动的经验总结和理论表现，生活教育运动生活教育理论承载的物质基础。而生活教育运动是从平民教育开始的，平民教育的延伸和发展就是乡村教育。陶行知在追述生活教育理论的形成过程时说：生活教育理论是在平民教育运动中萌芽，在乡村教育运动中形成。因此，生活教育理论的源头活水可以说就是他的乡村教育，其最大生命力也体现在对适合当时国情、乡情的中国特色乡村教育之路的探索；今天，中国依然走在这条探索的路上。

第一节　中国乡村教育必须改造

乡村教育是陶行知教育实践的重要组成部分；乡村教育过程，也是生活教育理论不断完善的过程。陶行知继1926年所写的《中国乡村教育之根本改造》之后，翌年1月在上海基督教青年会上发表了同名演讲，进一步论述了乡村教育的改造问题。他曾经一再强调说，"中国的根本问题，便是中国乡村教育之根本改造"[①]。那么陶行知为什么格外重视乡村问题？中国的乡村教育为什么要根本改造？这大概要放在当时大的社会背景下来认识。

一、当时的国情与乡情

20世纪初，中国的衰落与耻辱已达极致，生活水平仅为美国的5%，人均寿命仅35岁；中国沦为半殖民地国家，积贫积弱，已完全没有能力抵御外敌入侵。虽然从1890年到1913年间中国的平均经济发展速度实现了500年来第一次增长，但基础羸弱、民生凋敝仍然是不争的事实。再加上清末不得已的新政不但未能实现封建强国梦，反而因动摇了原来的利益分配格局而促成了政府力量的极度削弱。辛亥革命遂顺乎民族解放的意愿成功推行了新的社会制度变革，但在追求现代性与民族性统一的征途上还依然仅集中于上层结构，未波及到下层社会。当时乡村传统的社会结构根深蒂固，没有受到重大冲击。乡村的自然经济和半自然经济以及广大农业人口的生活方式没有得到任何根本性的改变。追求中国现代化的无数志士仁人先是把变革的目标集中于中国传统的政治和法律制度，以后又致力于改革传统的思想和文化，但很少涉及如何改造以农业为本位的广大的中国乡村社会。他们不明白中国所需改革的不仅是上层的政治、法律、思想文化结构，更重要的是改革下层社会结构。占据中国人口绝大多数的数亿农民仍然生活在传统的农业社会，而少数中心城市的逐步工商化，则逐步形成了社会转型的二重分裂局面。而对于中国这样一个幅员辽阔、人口众多的农业大国，只有在中国广阔的乡村进行长期的、深刻的政治经济和社会方式的大变动，才能推动社会真正走向现代。因此乡村底层的重整，就成了决定中国变革最为艰巨而又重要的关键。

上世纪20年代以后，随着外国经济势力对中国的进一步渗透和中国民族

[①] 陶行知. 陶行知全集：第2卷. 成都：四川教育出版社，1991：335.

资本主义的发展,中国传统的社会结构和文化价值体系加速了分化的过程,社会各阶层的分裂和对抗也日趋激烈。众多农民由于受外力压迫,兼之受不良政治的影响、苛捐杂税的勒索、土豪劣绅的剥夺以及水旱灾荒的损失,已陷于破产之境。同一时期,中国传统社会结构的分化在思想文化领域内也表现得十分激烈。西方思想的冲击和帝制思想枷锁的彻底崩溃,打破了传统社会原先在政治体制、经济生活和精神价值领域及伦理规范之间的高度整合。"五四"以后,社会的文化价值日益趋于多元化。伴随着西方新思潮的竞相引入,报刊的日益普及,一种有别于传统价值观的新型文化观被众多的知识分子所接受,降低了知识分子和越来越多的社会成员对中国传统价值的尊崇,同时也激化了新价值与固有价值及传统结构的紧张冲突。国内政局的长期混乱,一方面为知识界创造新价值及新价值的传播提供了适当的环境,另一方面,价值的分殊和多元发展又刺激了群体自我意识的觉醒,促使新的社会力量的成长和壮大。从大革命时期广泛的政治动员中壮大起来的自由知识分子以及民族资产阶级,把愈来愈多的工农群体和其他社会群体带到了社会的政治中心,要求维护民族独立,实现社会公正,呼唤建立新的文化价值体系,重构政治共同体,以回应中国现代化的历史趋势。但在对待传统文化与外来文明的态度上仍然存有激烈的争论,在科学与民主的宣传已触及到了民族文化结构的心理层面的情况下,"沿袭陈法"或"仪型他国"的主张也甚嚣尘上。反映出资产阶级革命的不彻底性、思想文化的非大众化。

二、乡村教育改造者的不同追求

到了20年代中期,受政治民主化推动的平民教育运动将教育的重心由城市转移到乡村,由城市普通贫民转移到占中国人口十之八九的农民。这是中国教育在追求现代化的历史进程中寻找和依靠最深厚、强大的社会现实力量的逻辑指向的必然要求。农民问题进而成为社会现代转型、社会改造的中心问题,反映出科学与民主精神在教育领域的继续渗透、深化。当时,有很多教育家不约而同地投身乡村教育的试验中来。据统计,1925—1935年,各种乡村教育试验区就达193个,著名的有江苏昆山徐公桥、无锡惠北、四川巴县、河北定县、山东邹平等。

虽然20年代中期乡村教育运动的领导者无不怀有爱国济世的抱负,但是他们在理论依据、教育目标、所构建的教育体制等方面,却是大异其趣;他们虽然都重视中国农业大国的国情,但是对中国乡村的发展方向,却又有现代与传统之别。自国家主义派的余家菊倡议之后,乡村教育运动逐渐形成了以陶行知为代表的"乡村生活改造派",以梁漱溟为代表的"乡村建设派",以晏阳初为代表的"平民教育派"三大流派。20 年代末，人们不再迷信只有建立西式制度和派遣留学生去获取最先进的科学知识才能救国。

晏阳初持"文化化约论"和"教育万能论"的主张，认为无知孕育贫穷，深信文化改革具有作为民族振兴基本手段的重要意义，崇尚在乡村实施切实可行的、利于实现乡村自给自足的计划。他认为乡村衰败主要是由于农民无知和社会混乱而产生了四大"社会病"，即"愚、穷、弱、私"。他相信救治这些病就要在乡村发展教育，因为教育能扫盲"攻愚"，并能使农民团结起来，建立秩序井然的社区。

梁漱溟致力于儒家理想的文化重建，宣扬在传统尚存的乡村恢复古老的儒家思想。按他的观点，乡村问题既包括旧的社会关系的破坏，也包括统治阶级的日益腐败。因此，他所倡导的是恢复传统的乡绅政治，尤其强调了伦理道德的作用。

陶行知认为乡村问题是发展不平衡的结果。在这种发展过程中，城市不仅将乡村远远地被抛在身后，而且带走了乡村中的人力和物力。解决的方法在于通过基于乡村的教育运动的开展，并将解决人民实际生活问题作为首要任务，从而使人才回流。他怀着对劳动人民的深厚感情，以"与农民打成一片"的工作作风，摆脱了官僚主义的束缚和对"精英"领导作用的迷信，全心全意向农民学习，帮助他们发掘自己的潜力，解决可能遇到的实际生活问题。

另外还有一些坚持"伦理本位"论的教育家，他们希冀通过乡村教育恢复宗法礼俗，以实现"民族文化"的复兴。后期则有以雷沛鸿为代表的、熔乡村教育与国民基础教育于一炉的广西派等等。

三、陶行知乡村教育的思想与实践概略

陶行知乡村教育思想的产生、形成、发展有着深刻的历史背景。早在 1923 年，他在总结平民教育运动的经验教训时就省悟到："现今办教育的人总要在城里热闹，那冷静的乡村，实在没有人过问。但是中国以农立国，一百个人当中有八十五个住在乡村里。平民教育是到民间去的运动，也就是到乡间去的运动。"[①] 如果平民教育运动不推向乡村，广大农民受不到教育，仍然停留在中世纪的愚昧状态中，这不仅是中国教育之失败，而且中国也永无出头之日。1926 年春，中华教育改进社下设乡村教育研究部，陶行知聘请了东南大学教授赵叔愚、金陵大学教授邵仲香为研究员，共同调查沪宁路沿线乡村教育状况，探寻乡村教育之改进。他还亲自考察了南京燕子矶小学、江宁县立师范

---

① 陶行知. 陶行知全集：第 8 卷. 成都：四川教育出版社，1991：35.

学校、无锡开源乡立第一小学,倡议师范教育要下乡,提出要办"中国的、省钱的、平民的"试验乡村幼稚园,并随即成立乡村教师研究会,筹办试验乡村师范学校;筹办改进社乡村教育同志会会刊《乡教丛讯》,加强宣传。

1926年年底,陶行知发表了《中国乡村教育之根本改造》,在文中对当时的乡村教育提出了尖锐的批评:"他教人离开乡下向城里跑,他教人吃饭不种稻,穿衣不种棉,盖房子不造林。他教人羡慕繁华,看不起务农。他教人有荒田不知开垦,有荒山不知造林。他教人分利不生利。……他教农夫的子弟变成书呆子。他教富的变穷,穷的格外穷;强的变弱,弱的格外弱。"他说,这样的教育决不能普及,必须悬崖勒马,另找生路。生路是什么?"就是建设适合实际生活的活教育!"[①] 从1927年3月创办南京试验乡村师范学校起,陶行知的乡村教育运动正式开始。从此,他怀着"爱中华民族中最多数而最不幸的农人"的崇高感情,从普及教育的角度认识乡村教育的重要性,从"走错了路"的乡村教育实况中去理解对其加以改造发展的急迫性。于是,他便把生活教育与乡村教育运动相结合,创造性地初步提出了他的乡村教育思想。

1930年晓庄学校被封后的十几年里,陶行知的乡村教育思想又有丰富和发展,如工学团教育时期强调教育农民及其子女,并使其过进步的生活、健康的生活、团结的生活等。总体上看,陶行知的乡村教育实践表现出两大特色。一是他将乡村教育由识文断字、整顿礼俗,引向了"生利的教育",要"训练真农民使生产力与武力合而为一",成为"全世界农民解放的准备"。陶行知深知农业在中国的重要地位,但他推行乡村教育却不是为了"农化",而是为了实现"工化",促进中国乡村"向着工业文明前进"。二是他针对当时的反动统治,坚持走"政教分离"的道路,以"政教分离"为始终。在办学体制上,他坚持以民众为主体,并与民众的爱国进步斗争相结合。他的乡村教育思想诚如他在晓庄学校被查封时发表的《护校宣言》所言:"干的是顺着时代革命的革命教育"。正是陶行知将"新教育"运动爱国、进步、科学、民主的主流指向了新民主主义的方向,因此,陶行知乡村教育实践与思想是一条以寻求教育与生活、社会、农民相联系,以追求"政(政治)富教合一"为己任的教育与社会实践相结合的生活教育之路。

此时期的陶行知业已完成思想转型,借鉴了中国儒学先贤尤其是孟子的"养浩然之气"、"民为贵"和王守仁的"知行合一"、"致良知"的思想,孙中山的"知难行易"学说,裴斯泰洛齐的"生活具有教育的作用"等观点,逐步形成了生活教育的理论体系。他提出了"生活是教育的中心"、"教育应当培养

[①] 陶行知. 陶行知全集:第2卷. 成都:四川教育出版社,1991:335、336.

生活力"、"教法学法做法合一"等观点,并确定生活教育的目的在于教育的普及、生活的提高、自觉性的启发及创造力的培养,确立"符合国情,适应生活需要"为生活教育理论的指导思想。总的看来,陶行知已成为一位激进民主主义者。也正是这个原因,才促使他在考虑中国当时的社会情势的基础上得出了应以乡村教育为"立国之本"的结论。

第二节 建设适合乡村实际生活的活教育

适合乡村实际生活的教育必须是活教育。活的教育"就要随时随地的拿些活的东西去教那活的学生,养成活的人才"。那么怎样才能建设好乡村的活教育呢?怎样才能使活的乡村教育得到真正的发展呢?

一、活教育的真谛

活的乡村教育,其关键是一个"活"字:乡村师范要活,中心学校要活,教师要活,学生要活,方法要活……但要做到这些,先要有活的教师,而这活的教师又是由活的师范学校来培养的。在陶行知看来,合格的乡村教师必须:

具有"农夫的身手"。一个乡村教师具备了劳动的身手,就能跟农民打成一片,"可以了解农民的困苦、艰难和一切问题,并且容易做他们的朋友帮助他们";此外,有了劳动的技能,还可以利用荒地耕种菜园,解决生活之必需。这样的教师在乡间便能立足生根,便有用武之地。

必须具有"科学的头脑"。师范生必须对科学有浓厚的兴趣,不仅要虚心好学,而且要注重实验,积极推广科学知识,指导农民科学种田。

必须具有"改造社会的精神",这是乡村教育的出发点和最后归宿。在晓庄,"改造社会环境教学做"是一门重要的课程,其内容包括"村自治、民众教育、合作组织、乡村调查和农民娱乐教学做"等,全校师生均须参加所有改造社会的活动。晓庄三年中,师生在周围乡村创办了不少事业,例如办了乡村小学、乡村幼稚园、劳山中学,又办了民众学校,让广大农民及其子女识字学文化;他们办了乡村医院,免费为农民治病,推进乡村卫生运动;他们办了中心茶园,开辟农民健康的娱乐场所;他们办了信用合作社,帮助农民维持生计,渡过灾荒;他们建立了农业科学馆,推广良种,宣传科学种田;他们成立了联村自卫团,禁烟禁赌,加强治安,为民除害;他们举行农民娱乐会,联村运动会，丰富农民的业余文化生活；他们还为农民开井、筑路、造林、治蝗，成立联村救火会、晓庄武术会、乡村艺术馆，开办中心木匠店、石印工厂、晓庄商店……这桩桩件件，都体现了晓庄师生对农民的真诚爱心。晓庄也由此成了农民心中的灵魂，成了南京燕子矶地区乡村社会的中心。

总之，活的乡村教育要有活的方法，活的乡村教育要有活的环境，活的乡村教育要与农业携手，"与别的伟大势力携手"[①]；评判乡村学校的标准应是学生生活力是否丰富，而不是校舍设备如何——"我们要从乡村实际生活产生活的中心学校，从活的中心学校产生活的乡村师范，从活的乡村师范产生活的教师，从活的教师产生活的学生、活的国民。"[②] 只有这样，乡村教育才有生路，人们才能"一心一德的来为中国一百万个乡村创造一个新生命，叫中国一个个的乡村，都有充分的新生命，合起来造成中华民国的伟大的新生命"[③]。从陶行知上述乡村教育的思想可以清楚地看出他以改造社会、改造中国农村为生活教育理论的真义，是符合教育规律和教育学原理的，也表明他这种特色鲜明的教育思想已开始趋向成熟。

二、陶行知乡村教育思想与实践的科学管窥

陶行知的乡村教育实践与思想遵循了教育的两大规律：一是教育适应并促进社会发展的规律，二是教育适应并促进人的身心发展的规律。前者可用乡村教育的内容与要求例证，后者可用乡村教育的途径与方法例证。

中国是一个以农立国的国家，中国教育的根本问题在乡村。陶行知正是基于这种认识而进行乡村教育的理论探讨与实践的。1927年他谈了乡村教育活动中农民本身的需要有三点：一是消除文盲；二是普及农业科学；三是扶植公民资格。1934年他在认识到中国工业发展对教育普及率的增长需要应是一种奢望时，指出农民"生活向前向上"的要求不可能通过脱离生活实际的"小众教育"或只为少数人服务的"改良教育"实施，只能通过把教育献给农民的"教大众联合起来自己干"的大众教育来实现。他指出只有这种大众教育才能与农业携手，普及"科学农业"知识技术，帮农民改良生产，既教农民学文化，又教农民学政治，学经济，"增进农民的生产力"，"为农民本身造福"，引导农民"自立、自治、自卫"。虽然陶行知对政治革命与教育革命的作用及其关系有个认识和提高的过程，但在此过程中提出的乡村教育的内容与要求却大

---

① 陶行知. 陶行知全集：第2卷. 成都：四川教育出版社，1991：337.
② 陶行知. 陶行知全集：第2卷. 成都：四川教育出版社，1991：339.
③ 陶行知. 陶行知全集：第2卷. 成都：四川教育出版社，1991：340.

抵切中乡村教育的弊病，推动了乡村社会的进步。

陶行知的乡村教育实践与思想之所以科学还因为它寓含着科学的教育质量观、人才观及大教育观。陶行知主张乡村教育应该"自新"、"常新"、"全新"，乡村教育应是中国式的不断发展的从形式到精神上的民主科学的新教育。由此，他在教育质量观上持"生活力观"，他认为应"以'丰富学生的生活力'作衡量乡村教育质量的标准"，"以提高农民生产力、生活力为衡量乡村教育质量的标准"；他在人才观上持"社会人才观"，他认为乡村教育改造乡村生活，应能立足于现实着眼于未来，培养健全而有效地向前发展的人；他在大教育观上是持"教育、生活、社会实践统一观"，他反对"教育等于读书"，反对"教育与生活隔离"，反对"将教育及生活关在学校大门里"。他认为教育包含了读书和实践活动，乡村教育应与乡村生活，乡村社会在实践中相结合。

陶行知的乡村教育质量观之所以科学，正是由于生活力不但涵指个人的心理过程素质及个性心理素质，而且包括它们的综合运用尤其是生产上的运用，实际上给人提供了全部的发展力——这一教育活动追求的最高质量；他的乡村教育人才观之所以科学，正是由于培养出来的人既包含了个人自身的发展，又有机融入了他所在社会的发展，达到了两者的统一；他的大教育观之所以科学正是既正视了教育自身，又正确处理了教育与生活、社会的关系，并使两者统一于实践之中从而显示出了教育的社会进化作用。

三、陶行知乡村教育思想与实践的教育学思考

对陶行知乡村教育的思想与实践的教育学思考即是对它的一些基本内容从教育学角度进行的审视与分析。

如前所述，陶行知乡村教育的目的不仅是培养"真人"，更是为了通过真人的培养来实现社会的改造。而陶行知乡村教育目的论的提出却是深受他的世界观、人类观、社会观、文化观的影响。他并没有拘泥于某一方面，而是进行了综合。因此，陶行知的乡村教育目的论有着以下两个特点：一是人与社会的统一。陶行知在目的论上并未陷入到"自由主义教育观"、"社会至上教育观"、"文化主义教育观"的窠巢里，而是打通了个人与社会，强调了两者的统一。在此基础上，也纳入了对其他因素如文化、政治等的考察，使得乡村教育目的直接服务于个人，间接作用于社会，推动了个人与社会的共同进步。二是理念与理想的统一。理念是以抽象、概括的方式表现出的一种普遍价值追求，理想则是一方面受理念制约，另一方面又受历史现实条件制约的一种具体价值追求。陶行知乡村教育目的正是两者统一的结果。他一方面将目的定位于人与社会的长远发展，指出乡村农民也有个全面发展问题，乡村社会也有个全面进步

问题，另一方面又从社会现实出发，既考虑国情，又考虑乡情，还考虑教育的实情，指出在中国这样一个经济十分贫穷，文化十分落后的农业大国应以乡村教育为重点。

陶行知乡村教育思想的方法论即"教学做合一"。其实质就是教学与生活实践相结合。在乡村教育中，它既可以促使师生和农民群众的结合，向社会学习，又可以促进社会环境的改造进步，学校也可以成为群众教育活动的场所，学校师生可向群众学习，又负担起推动乡村群众教育的责任，从而使农民群众生活实践中自发的"教学做合一"转而具有自觉性、目的性，促进了大教育的发展，促进了乡村社会的改造。他主张应拜人民为师，向农民学习，与农人交朋友。乡村教师要放下架子，关心农民疾苦、命运，对五谷、杂粮下工夫，每月进行一次家庭访问，坚持在劳力上劳心。他主张通过校风、校貌、校纪陶冶学生并感染其思想。如在晓庄学校大道的两旁，就树起了各种各样的标语牌。陶行知主张学校取消围墙，师生和劳苦农民打成一片。穿草鞋，去田间劳动、担水、做饭、伐木、办公、看报等，做到学校与社会相结合，学生与农民结合，劳动和生活一致，变成一个社会，一个乡村，一个大家庭，一个大学校；他还在校内实行卫生值日制度，事务实践制度，给学生以多种实际的锻炼。

陶行知的乡村教育方法是一个开放发展的方法体系，它以教学做合一为基本面，以实教、实学、实做为生长点，以乡村实际生活为出发点，以使学生有"在劳力上劳心"的机会为外在体现，以学生合乎实际需要的发展为效标，使方法的运用及改造与创新都建立在主客观及实践的紧密结合之上，体现出科学性、实用性、艺术化的特征。

陶行知乡村教育思想的价值就在于它对乡村教育实践的作用——使乡村教育真正贴近乡村实际，贴近农民生活，并服务于农民；为乡村教育的进一步发展提供了理论基础，并使得乡村教育能够跟任何一种进步的历史方向相结合；乡村教育本身在实践中显示出了改造乡村的现实力量，也为乡村教育实践提供了借鉴。

"农民至上"是陶行知乡村教育思想价值观的真实体现。第一，农民自我价值与乡村社会价值的统一。价值哲学认为，在实践过程中，个人在作为价值主体的同时，必然成为两种价值客体。其一体现为个人的社会价值，其二体现为个人的自我价值。前者的核心和本质是为社会作贡献，后者的核心和本质是谋求个人的正当获取、享用，两者是辩证统一的。在乡村教育当中，陶行知在主张培养农民的生活力、生产力，为农民个人家庭创造价值的同时也主张农民有了生活力、生产力以后应服务乡村，改造乡村，他认为两者应该紧密结合起来。第二，物质追求与精神追求的统一。陶行知认识到中国乡村的穷苦，也认识到创造物质财富的重要性,因此他特别倡导生利的乡村教育,倡导富民的乡村教育,倡导普及的乡村教育。

同时,他也认识到乡村社会文化匮乏的弊端,认识到乡村教育应丰富民众的生活,给民众以精神的创造力。他在总结晓庄学校三年经验时写道:"在教育的立场上说,我们所负的使命:(1)是教民造富;(2)是教民均富;(3)是教民用富;(4)是教民知富;(5)是教民拿民权以遂民生而保民族。"①

第三节 陶行知乡村教育思想与当今乡村教育改革

陶行知的乡村教育理论与实践走出了一条适合当时国情、乡情的中国特色乡村教育之路,相比之下,今天的乡村教育改革依然处在特色之路的探索之中,而且依然是当今教育发展的重点与难点。

一、"农民至上"与推动当代乡村教育改革

陶行知当年之所以能够不遗余力地献身于当时的乡村教育,最根本的原因之一在于他深爱中华民族中最多数而最不幸的农人,在于他坚信教育能改造农人和乡村社会。在他看来,从事乡村教育,就要把整个的心献给农民,要向着农民"烧心香",要在心里常常念着农民的痛苦,常常念着农民所想得的幸福,有一个"农民甘苦化的心"。只有这样,才能做到"农民至上",才配为农民服务,才配担负改造乡村生活的新使命,才能去做农民的朋友。在当代的中国,仍有十之七八的人住在乡下,农民仍然占全国人口的绝大多数。因此,乡村教育改革,必须像陶行知那样,从关心农民的疾苦入手来从事乡村教育,也就是说,当今从事乡村教育的人要想使乡村教育真正取得实效,就必须贴近农民,就必须得到农民的信服和支持,就必须具有改造社会的精神。

进一步说,乡村教育改革要想促进农民与乡村的共同发展,就必须让乡村学校成为改造乡村实际生活的中心,使教师成为改造乡村社会的灵魂,就是要"以社会为学校"、"和社会打成一片",就是要拆去心中的围墙,使学校的一切都与乡村生活紧密相关。在乡村办教育必须从乡村的实际出发,必须与农民的实际生活相契合,乡村和农民需要什么教育,就办什么教育;乡村和农民需要

---

① 陶行知.陶行知全集:第2卷.成都:四川教育出版社,1991:561.

什么人才，就培养什么人才。这样才能在促进农民自我价值与乡村社会价值双重实现的实践中，显示出乡村教育的价值，体现出乡村教育的生命力。而与乡村生活相脱节的乡村教育必定是失去农民支持的教育因而必定是无用的教育。

在许多农村，物质生活的贫乏还是一个突出的问题。那些对教育有信心的村民虽然对教育有着很高的期待，由于艰苦生活的磨炼，使得他们对教育的需求又是非常现实的，即希望能学到对生活改善有实际价值的东西（也包括打工的技能）。农民的渴求不仅是物质方面的，还有精神方面的。因此乡村教育应该有助于乡村的文化建设，让农民的精神世界充实；应该通过各种形式的教育活动重建农民的精神家园，增强农民"根"的意识，改变他们因为物质匮乏而导致的"拔根"状态。也就是说，当今的乡村教育应该在促进农民物质追求与精神追求相统一方面做出自己的贡献。

二、乡村教育与促进乡村现代化

在上世纪20年代，陶行知就指出，中国的乡村教育必须远离"老八股教育"、"洋八股"，走适合中国乡村实际的道路。当年陶行知既反对"老八股"，大胆学习和引进西方先进的现代教育思想和经验，又反对"洋八股"，敢于结合中国实际对西方的现代教育思潮进行改造和创新。陶行知的所作所为显示了传统精神与现代文明、西方教育与本土实践相衔接、相转化的可能性，非常有启发意义。在当代，我们的乡村教育要不要学习发达国家的教育理论和经验以及应该怎样学习，是走本土化为主的现代乡村教育之路还是照搬西方发达国家的成功经验，就是我们不得不认真思考的一个问题。

就乡村学校教育而言，"建立适合乡村实际生活的活学校"，就是一种正确的选择。陶行知在《活的教育》一文中指出：要用活的人教活的人；拿活的东西去教活的学生；拿活的书籍去教小孩。他的这一提法，对于改变当前乡村学校教育的现状，实现教育的地方化、区域化、个性化，使乡村学校真正步入生机勃勃的素质教育的春天，具有十分重要的实践指导意义：改变学校课程结构，实现课程结构的生活化、主体化、综合化；改变单一的文化型课程结构，建立起开放的人格型、（乡村）文化型、农业技能型相融合的课程结构，如开设劳技课程、学科课程、个性化的环境课程和与当地经济文化相适应的活动课程等。应以陶行知的"创造教育"为指导思想，全力实践陶行知提出的"六个解放"，承认差异、尊重个性，培养学生的创造能力，力争做到陶行知提出的"处处是创造之地，人人是创造之人"。应以"教学做合一"原则为指导，引导学生走向社会，促进学用结合，行以求知，在与生活的联结中锻炼提高，如建立农场、苗圃场等劳动实习基地以及体现"农"的特色的纺织、编织、养殖、种植、维修等实用技术小组。

打开校门，实行学校、社区、家庭一体化，是发展乡村教育的可行之路。学校、社区、家庭教育，是组成基础教育的有机部分，缺一不可。在当前的城市，由于社区完善、家长文化素养高和思想意识先进等原因，社区教育和家庭教育相对得到一定的重视，活动开展得正常、规范。但在大部分乡村地区，就显得非常薄弱。更有甚者，家长们长期在外打工，连家长会都不能出席，更不用说开展家庭教育了。要改变这一情况，学校在尽力争取多方配合的同时，必须从自身入手，深入细致地开展工作。首先要进行调查研究，了解当地乡村经济建设和社会发展的特点及对学校教育的要求，做到心中有数。其次，要打开校门，采用"请进来"、"走出去"等方式让学生接触社会，了解社会，适应社会，可以开展乡村社会调查、自办农技报刊、建立学农基地等活动。第三，与当地政府有关部门建立长期的友好联系，如农科站、种植场、养殖场等。通过考察、参观、实践等活动，培养学生热爱乡村和农业的情感，同时，动手实践也可以初步培养学生从事农业生产的技能，为将来的发展打下基础。

把学校德育工作同"农"字紧密结合，"培养最有生活力的农民"，是乡村教育必须重视的重要问题。中国社会是包含乡村社会在内的社会，离开了乡村社会的发展，中国的发展就是残缺不全的；中国的教育是包含乡村教育在内的大教育，离开了乡村教育，我们的教育发展就会成为一句空话。因此乡村学校教育更应该把更多的目光放在乡村社会这块广阔的土地上，以有利于培养最有生活力的农民：让爱农、尊农、务农成为乡村学校德育的主旋律。陶行知曾对他的学生提出要爱中华民族中最多数而最不幸的农人。学校要加强这种崇高的情感教育就要从身边、从小事培养起，教育学生爱家乡、爱乡村、爱农民。要把祖祖辈辈留下的这种凝重而纯朴的情感从他们内心深处挖掘出来，使德育工作渗透于学生的生活实践，潜移默化地溶入血液里。

就乡村大教育而言，建立以农民为主体的融普通教育、农业技术教育、乡村职业教育于一体的各级地方教育体系，对于发展乡村教育，促进乡村社会发展，具有十分重要的意义。

"改造乡村，改造农民"，仍然是当今乡村教育的根本目的。陶行知说过："乡村教育办得好，能叫农民上天堂；办得不好，能叫农民下地狱。"[①] 这话在今天依然是振聋发聩的。秉持"改造乡村，改造农民"的信念办今天的乡村教育依然是一种历史赋予的使命。从根本上说，农民问题应当是"三农"问题的中心，因此，改造乡村必须落到农民身上。

---

① 陶行知. 陶行知全集：第 2 卷. 成都：四川教育出版社，1991：337.

应以乡村当事人的身份参与乡村教育活动。陶行知脱下长袍马褂,穿上布衣草鞋,始终以一个乡村教育当事人的身份参与乡村教育,这是他与当时及现今众多乡村教育运动者或乡村教育研究者的重大区别,也是它所办的乡村教育充满活力、效力极高的关键所在。他对当时置身乡村之外的乡村建设运动的倡导者进行了批评:天使派"好比是天使到地狱里来救苦救难";夫子派"以为乡下人不懂事,要来教训他们";模范派"到乡村来建一个新村,希望农人也照他的样子改一改";桃花源派将乡村与都市、与世界隔离开来,"他们只顾在乡村里工作,对于都市的生活,已是懒得与闻";绅士派"拥护原有的绅士做乡村的主体,……结果是伸张绅权,摧残民权";济富派"想用金钱救济乡村破产";养猪派也"提倡科学农业,也要改善农民生活。但他们的目的,是在多收点租"。当前乡村问题也成为热点,事实上也存在看待乡村问题不同的出发点,但唯有从乡村当事人的角度才能把乡村的问题看真,看准,看深,从而彻底加以解决。

应将乡村社会的民主建设与乡村教育当成一件事来办。在陶行知改造乡村的活动中,他一方面排除了"政教合一"的官僚化组织推动形式,一方面又极为重视通过教育加强乡村民主建设。他认为教育"要教农民自立、自治、自卫",要使村政成为"村民自有、自治、自享的活动",在办晓庄学校时就曾以村民对水井的管理来开展民主试验,并在设法施行中形成了一套理论。这种理论既借鉴了人类文明中相对先进的民主成果,又扎根于中国的实际,对当前正在进行的乡村民主建设有着独特的价值。将乡村教育与民主追求融为一体,正反映了陶行知教育民主化的思想走向,教育与政治携手也正是他的一种摸索。

总之,通过乡村教育改造实现乡村社会改造是陶行知致力于乡村教育的最终目的,也是他改造教育以实现社会改造理想的具体体现。他在长期的实践中所形成的具有开拓性的理论创造以及所提出的一系列举措,在当前仍然具有强烈的现实意义。

学习与思考:

1. 20世纪中期后出现了哪些典型的乡村教育主张?
2. 陶行知的乡村教育思想具体包括哪些内容?你作何评价?
3. 你认为陶行知乡村教育思想的当代价值有哪些?说说你的理由。

第十章 生活教育理论的当代价值

 阅读提示

- 生活教育理论具有强烈的人民性和爱国性,也具有明显的中国特色和时代气息。
- 生活教育理论是继承借鉴与开拓创新相结合的科学教育观,具有恒久的魅力。
- 生活教育理论引领着素质教育的方向。
- 生活教育理论是现代化的大教育观。

任何有价值、有特色的教育思想总是与时代和社会,与教育者的教育理想和价值取向紧密联系的。陶行知立足于中国的基本国情,以学生的全面发展为目标,吸纳古今中外教育思想之真谛,博采众流百家教育理论之精华,在长期的教育实践和试验中探索、总结提炼而形成了生活教育理论,"为中国的新教育放下了一块基石"①,不仅为改造半殖民地半封建教育,建立新中国的人民教育制度指出了正确的方向,具有划时代的意义,而且对我国当前教育改革和

---

① 徐特立. 徐特立文集. 长沙:湖南人民出版社,1980:271.

发展，建设有中国特色的社会主义教育理论体系都具有重要的当代价值。

第一节 生活教育理论是具有强大生命力的教育理论

江泽民在纪念陶行知诞辰95周年大会上高度评价了陶行知的生活教育理论："陶先生著作宏富，论述精当，与当代的社会主义教育学息息相通，堪称中国近代教育史上的'一代巨人'。"[1] 这段话深刻揭示了陶行知生活教育理论的当代价值。陶行知的生活教育理论强调生活与教育的一致性、共通性，主张教育要与社会生活相联系，与生产实践相结合，为人民大众服务。陶行知的生活教育理论具有鲜明的人民性和爱国性，浓郁的民族性和时代性，坚实的实践性和科学性等特征，是具有强大生命力的教育理论。

一、生活教育理论的人民性和爱国性

人民思想和爱国思想始终是陶行知教育思想体系的最底部的积淀层。就其人民教育思想而言，陶行知整个人生哲学表现了鲜明的人民性，具有"人民教育家"的人格特征，代表了20世纪中国知识分子认识人民大众并与人民大众相结合的时代主流。毛泽东称他为"伟大的人民教育家"，陶行知无愧于这一称号。就其爱国思想而论，陶行知不同于一般的"教育救国论"者，他并非认为只有教育才可以救国，而是借教育为一方阵地来从事救亡图存的事业。

20世纪初，中国废除了科举制度，确立了兴办新式学校的现代教育制度，如何使教育更好地普及和发展是摆在教育家们面前的重要课题。陶行知在美国留学期间，深切认识到了普及教育对社会发展的作用和意义。1926年他在《我们的任务》一文中就明确表示："深信教育是国家万年根本大计。"那么中国的教育该如何发展呢？陶行知根据当时中国的国情，认为在中国首先要大力推行平民教育，使人民大众尽可能多地识字读书。他"深信读书的能力是各种教育的基础。会读书的人对于人类和国家应尽之责任，应享之权利，可以多明白些。他们读了书，对于自己生计最有关系的职业，也可以从书籍报纸上多得些改进的知识和最新的方法。一般无知识的人对于子女的教育漠不关心，若是自己会读书，就明白读书的重要，再也不肯让自己的儿女失学。所以今日之平

---

[1] 转引自：吴奕宽，等. 陶行知研究集粹. 南宁：广西师范大学出版社，1994.

民教育,就是将来普及教育的先声。"① 当然平民教育的目的不只是要"处处读书,人人明理",而且"应当随国民经济能力之改进,将他们所应受之教育继长增高到能养成健全的人格时,才能安心"②。从这里我们可以看出陶行知教育理想的层次性和逻辑性。中国国民所受教育是与他们的生产活动、子女的教育及本人的发展密切相关的,尤其是在中国要想使广大民众关注和重视教育,莫过于让他们本人接受教育了,这也是陶行知推行平民教育的初衷。

上世纪20和30年代陶行知先后提倡过平民教育、乡村教育、大众教育,他认为这都是为了劳苦大众普及教育。他清醒地看到在我国普及教育是建立在落后的农业经济基础上的,对一个农业国来说,其民众大多数为农民,那么进行扫盲和普及教育的重点也就在农村,所以他怀着"充满了农民的甘苦"的忧患意识,以极大的热情倡导乡村教育,试图通过教育使中国的农村能和现代的农业、工业、金融和科学技术等联系起来,实现让广大农民生利、致富和变强的愿望。陶行知的这一思想,不仅体现了他亲民爱民的"人民性",而且体现了他对社会、对祖国的强烈责任感。

面对上世纪30—40年代日本帝国主义对我国的侵略,陶行知以极其坚定的态度表现了他教育救国的决心和勇气。1932年他指出:中华民族已经到了生死关头,我们要想起死回生整个的民族,必须以最敏捷的手段实施普遍的军事训练、生产训练、科学训练、识字训练、民权训练和人种改造训练等③。这"六大训练"可以说是陶行知教育救国的纲领,也是他的民族责任感和爱国情怀的集中体现,他一方面为拯救民族和国家大声疾呼,另一方面着手实施具体方案。他的发轫于20年代的教育救国热忱继而发扬于30~40年代提出的国难教育、战时教育、全面教育和民主教育之中。虽说仅是通过教育来赶走帝国主义侵略者以及推翻旧制度是不可能的,但教育在开启民智和发动群众以及松动旧社会大厦基础中的作用是不可否认的。

陶行知的生活教育理论和政治理想是密切结合的,他在投身于中国教育之时也投身于中国人民的民族和民主解放运动之中了。如他曾在上海的《申报》发表文章反对国民党"攘外必先安内"的政策。1936年他对于当时一些所谓的"教育救国"论调批判道:"救国不忘读书的口号是站不住了。救国与读书是分不开的。我们只读可以救国的书,救国的行动要求什么书我们才读什么书。最近教育部通告里说:'教育之生命即民族之生命。'这句话也要颠倒过来

---

① 陶行知. 陶行知全集:第1卷. 成都:四川教育出版社,1991:670.
② 陶行知. 陶行知全集:第1卷. 成都:四川教育出版社,1991:681.
③ 陶行知. 陶行知全集:第3卷. 成都:四川教育出版社,1991:497-498.

才是真理：民族之生命即教育之生命。不救民族之生命，哪能救教育之生命？"① 陶行知不是一介书生，他的生活教育理论是和中华民族的命运紧密相连的。在民族危亡时，救国是首要的任务，教育要有力地支援救国，这便是陶行知生活教育理论的爱国性。从他所从事的教育活动和抗日救亡活动来看，他已不单纯是一位教育家，而且是一位爱国主义的社会活动家。

二、生活教育理论的中国特色和时代气息

1927 年，陶行知抓住了中国旧教育脱离生活，脱离劳动，脱离劳苦大众这个要害，提出了"生活即教育"、"社会即学校"、"教学做合一"的生活教育理论。这个理论有着完整的体系。在他的生活教育理论中，陶行知揭示了教育要适应并促进社会发展这条基本规律。他还根据现代社会的实际需要提出编 70 种教材做指导用书。他希望通过这些书进行多方面的教育，把人类的文明介绍给人民大众，产生"引导人动作的力量"、"引导人思想的力量"、"引导人产生新价值的力量"②，一句话——提高中国人民的身心素质。

陶行知生活教育理论不是狭隘的和封闭的教育，而是"生活的"、"行动的"、"大众的"、"前进的"、"世界的"、"有历史联系的"③ 教育，也就是有着实用性、实践性、阶级性、方向性、开放性和继承性，或者说是一种活教育。他的"社会即学校"的思想，一方面认为学校教育应创造条件让学生认识和学会造就一个良性的社会，另一方面认为即使是对于不良的社会环境也要认识，也要有所准备，只有这样才能具有抵抗力。这种不把学校与社会割裂开来，而是使学校充分发挥教化功能以带来更好的社会效果的思想其意义至今犹在。

生活教育理论渗透在陶行知所倡导的各种教育中。1940 年他指出："教育是民族解放、大众解放、人类解放之武器"，"生活教育理论，是半殖民地半封建的中国争取自由平等的教育理论"④。很显然，陶行知的生活教育理论不仅是一种教育改革理论，同时也是一种社会改革方案。这种与社会的形势要求紧密结合来办教育的思想，是和毛泽东 1934 年指出的新教育"在于使文化教育为革命战争与阶级斗争服务，在于使教育与劳动联合起来，在于使广大中国民众都成为享受文明幸福的人"⑤ 以及 1938 年提出的"一切文化教育事业均应使之适合战争的需要"，"伟大的抗战必须有伟大抗战教育运动与之配合"的思

---

① 陶行知. 陶行知全集：第 3 卷. 成都：四川教育出版社，1991：709.
② 陶行知. 陶行知全集：第 2 卷. 成都：四川教育出版社，1991：661－662.
③ 陶行知. 陶行知全集：第 3 卷. 成都：四川教育出版社，1991：714－717.
④ 陶行知. 陶行知全集：第 4 卷. 成都：四川教育出版社，1991：429.
⑤ 毛泽东. 毛泽东论教育工作. 北京：人民教育出版社，1992：8.

想是吻合的,具有十分鲜明的中国特色。陶行知的生活教育理论不仅在国内产生了积极的影响,而且在世界教育史上也是独树一帜的,他因此赢得了国际声誉,在国外给予了"特别是研究教育的人很大的影响"[1]。

三、生活教育理论的继承借鉴与开拓创新

在《生活工具主义之教育》一文中陶行知说:"精神文明与物质文明是合而为一的。这合而为一的媒介就是工具。教育是什么?教育是教人发明工具,制造工具,运用工具……教育有无创造力,也只须看他能否发明人生新工具或新人生工具。中国教育已到绝境,千万不要空谈教育。"[2] 近代世界上一些国家注重教育的生产性功能的发挥,使它们跨入了科技和经济强国之列,而这一点在近代中国教育中却是最薄弱的致命点。陶行知对空疏无用的纯"精神修养"式的旧教育给予了尖锐的批判。他指出:"中国教育之通病是教用脑的人不用手,不教用手的人用脑,所以一无所能。"[3] 陶行知认为,对学校的课程或教学内容、教育目的、教育评价、教师和学生在教学过程中的地位和作用等问题都应该重新加以认识并进行改革,他试图用现代教育意识摧毁旧教育的顽固堡垒,以便建立和巩固实用教育、科学教育和创造教育这样一套新体系,努力使中国教育之车驶上正确发展的轨道。

在对待中国教育传统的问题上陶行知反对"沿袭陈法",在对待西方教育思潮和模式的问题上他也反对"仪型他国",他主张学习西方先进科学文化和民主思想,并编写了大量的教材和科普文章,还利用各种机会进行演讲。他不赞同把外国的文化一味地全部推销到中国来。他认为不同的国家其教育都有各自的特点,如德国是以文化为中心的教育,英国是绅士教育,而美国则是拜金教育,每个国家的教育都与自己的文化土壤和价值观念相关。因此,对西方的教育思潮和模式要在理智地分析和认识的基础上才可借鉴,不然会在盲目引进吸收后形成"洋八股"。对杜威的理论,陶行知也没因循照搬。虽然我们从陶行知的生活教育理论中可以看出杜威实用主义哲学的影响,但他对杜威著名的"教育即生活","学校即社会"的思想却进行了大胆的改造,提出了更为深刻的"生活即教育","社会即学校"的大教育观念,使人们对教育与生活和社会的关系有了更新颖的认识。这也是陶行知为我们做出的对待外来文化应持有的科学态度的范例。

---

[1] 张健. 陶行知教育思想研究中的几个问题. 教育论丛,1987 (2).
[2] 陶行知. 陶行知全集:第1卷. 成都:四川教育出版社,1991:116.
[3] 陶行知. 陶行知全集:第2卷. 成都:四川教育出版社,1991:662.

四、陶行知提出的培养目标和教学理论的恒久魅力

现代社会是科学技术广泛应用的社会,是对人的素质要求不断提高的社会。中国现代教育应培养什么样的人和怎样来培养这样的人,陶行知认为这是一个十分重要的问题。他主张要培养具有"健康的体魄"、"农人的身手"、"科学的头脑"、"艺术的兴味"和"改造社会的精神"的人。这种全面的素质结构和我们今天的培养受教育者全面发展的教育目的是基本吻合的。他称只有健康、科学、艺术、劳动与民主交织而成的才是和谐教育。他还要求教育中实现人的"六大解放",这其实就是要把人从压抑、保守、落后、愚昧、惰性和贫穷中解放出来,并以人的解放求得社会的进步,也是陶行知民主教育思想的通俗阐释。

实现教育的培养目标需要一定的方法和手段,陶行知在这方面的见识颇有创新。他不仅把"教授法"改为"教学法",提倡"教学合一"、"教学做合一",而且提出:要教给学生解决问题的方法和改造社会的能力,去适应新的环境,解决新的问题,离开先生能单独做事;教学的形式除课堂授课外,还有参加社会工作、调查访问、请社会人士来校讲学等;教师应根据学生的不同特点因材施教,先生要负指导的责任,学生要负学习的责任,要让学生通过动脑"自得"和"乐学"。可以说现代教学理论中教师为主导、学生为主体、教学促进发展、间接经验要和直接经验相结合等教学规律以及因材施教、启发性等教学原则都得到了陶行知的高度重视。

教学过程的执行者是教师,教学方法的运用者是教师,教学质量高低的关键也是教师,因此陶行知特别注重教师素质的提高。早在1919年他就提出:"今日的教育家"应"敢探未发明的新理","敢入未开化的边疆",也就是要有创造开辟的精神。以后他又强调教师在教学中首先要弄清教什么,怎样教,教谁,谁教,这其中的第一个问题是说教师对教材的选择、掌握和使用要心中有数,第二个问题是说教师要科学地运用教学方法,第三个问题是说教学要遵循人的身心发展的规律,第四个问题则是说教师的兴趣、情绪、才能、性格等个性特征要符合这一职业的特定要求。陶行知认为教师应像孔子那样"学而不厌,诲人不倦",还应像孟子那样体验和享受"得天下英才教育之"的快乐。他还提议师范院校开设的教育学和心理学等课程,要与教育和教学的实际以及教育实验结合起来。从上述陶行知的教育教学理论中,我们既可以看到中国优秀教育传统对他的熏陶,也可以看到西方先进教育思想对他的影响,它们是中西合璧的产物,并且具有久远的魅力。

宋庆龄曾为陶行知题词"万世师表",这一孔子享用过的称号落到他的身上,这不仅仅是因为他在中国20世纪教育史上卓越的建树,更与他崇高的人

格精神有关。他有着一颗"农民甘苦化的心",有着对马克思主义的崇敬之情,还有着"鞠躬尽瘁,死而后已"的坚定信念。他走出书斋,到民众中去,到社会生活中去,不当高官,不谋钱财,不摆架子,主持正义,不懈工作。他亲自创办的晓庄学校、山海工学团、育才学校、社会大学培养了大量人才。通览《陶行知全集》洋洋几百万言,结合他的一生可以看出,他不仅是我国现代教育史上为数不多的具有世界影响的教育家,而且是一位爱国者、社会活动家、科普作家和通俗文学家,他的成就是多方面的。

吴玉章于1946年9月在重庆《新华日报》上撰文对陶行知人格风范作过高度概括:"陶行知思想是准确的,见识是高超的,作事是勇敢的,对人是诚恳的。"他的名言"捧着一颗心来,不带半根草去",就是他自己一生的真实写照,且体现了民族精神与共产主义精神的统一。他的人格精神同其思想学说一样为中国教育留下了珍贵的遗产。他是一代楷模,将激励着更多的有志者投身于中国人民伟大的教育事业之中。

第二节 生活教育理论引领素质教育的方向

全面实施素质教育关系到国家的兴衰,关系到我国能否可持续发展。素质教育是强国教育,是变革的教育。而陶行知的生活教育理论是救国教育,是叛逆的教育,在今天仍是我们推进素质教育的有效途径,也引领着素质教育的方向和道路。

一、追求真理做真人是素质教育的首要任务

人的素质的培养是综合性全方位的,但其最基本、最重要的是人的道德素质的培养。道德教育的精髓是教人求真,教人学做真人。

"教人求真"、"学做真人"是陶行知的德育目标,它的关键是一个"真"字。这个"真"就是指真理、民主和为人民;"求真"就是追求真理,追求民主,能做真人。概述陶行知"真人"的标准包含了"六大要素":政治上忠于革命,志向上忠于真理;一切为了人民,铭记天下为公;建筑人格长城,深明大众之德;动脑、动手、动口,在劳力上劳心;矢志改革创造,能从小事做起;无保留追随共产党,大无畏投身革命斗争。由此可见,陶行知的德育目标和现代德育目标有着内在的一致性,是具有时代意义的德育主张。特别是在育

德途径上，陶行知强调以活泼、丰富的集体生活为渠道，摈弃空洞说教，反对生硬的灌输，给我们以深刻的启示。他总结出六大德育原则：教训合一的整体性原则；社会即学校、生活即教育的开放性原则；以集体血液滋养儿童的群体性原则；从小抓起、从我做起的早期性、实践性原则；自治自理、平等合作的民主性原则；优化环境的陶冶性原则。陶行知十分注重自化化人，自勉勉人，自立立人，自助助人，以教师的人格来感化学生。他认为，师生有了共甘苦的生活，就能渐渐地发生相亲相爱，大家由亲近而达到相知相爱，自然可以造成和乐的境界，各人肯以灵魂相见，才算是真正的共生活。真教师才能培养"真人"。什么是真教师？就是有真知、践真行、讲真话、存真心、能真教的教师，教师要创造出值得自己崇拜的学生就是教师自身道德精神的对象化，并使学生在德才上最终超过教师，这正是陶行知所希望实现的生活德育的理想目标。

德育对人的发展有着重要的作用。教育的核心和灵魂是德育，教育的根本目的是育德。育德在人的发展中具有统摄性。但是多年来德育给人们的印象似乎是非常重要但又常常被忽视，被污染；费力多又总是吃力不讨好。陶行知在批判吸收古今中外各种德育思想的精华和总结教育实践经验基础上创立的符合中国国情的德育思想具有鲜明的时代特征。这种现代特征突出的表现在"四个结合"上，一是发展个性与实现社会化结合的价值观；二是真善美相结合的人生观；三是集体主义在劳力上劳心和爱满天下相结合的道德观；四是知情意行相结合的德育方法论。陶行知的这些德育思想，无不是现代德育的必然要求、最高境界、基本准则和主要方法，在推进素质教育的今天，其现实意义是不言而喻的。

二、"综合教育"：培养全面发展的人

马克思、恩格斯在《德意志意识形态》里第一次提出"个人全面发展"的概念，但在资本主义制度下，使人获得全面发展的要求并未成为现实。在共产主义条件下，才能真正促进人的全面发展。社会主义现代化的教育在人的要素方面与其他时代不同，也在于人的全面发展。而人的全面发展的思想在陶行知生活教育理论宝库中占有重要的地位，他所提出的主张与马克思关于全面发展的思想是相通的、一致的。

马克思提出"全面发展的人"亦即智力和体力获得充分的自由发展的人，脑力劳动和体力劳动相结合的人。陶行知认为，人是一个整体，德智体、知情意、智仁勇诸要素是互相渗透，互相制约，不可分割的，要在统一的教育中，使其人格获得完备的发展，特别强调："人有两件宝，双手和大脑。""学农的人，要有科学的脑筋和农夫的手，学工的人也要有科学的脑筋和工人的手"。

所有这些与马克思的有关论述一样，都体现了科学性与革命性的高度统一，并洋溢着现代气息。

全面发展的概念本身也是发展的、无止境的。它随着社会的发展而不断发展和丰富其内容。根据未来世界需要，当代受教育者全面发展的含义是否应包蕴如下内容：其一，掌握各种工具系统和符号系统，智力和才能获得充分的发展，具备扎实深厚的理论基础、融会贯通的技术知识、多方面的劳动技能。其二，具有健康的体魄。"健康是生活的出发点，也就是教育的出发点"。掌握各种行为规范，自觉地将外在的行为规范转化为自身的生活习惯，基础文明素养好。其三，具有现代人的情感。审美情趣高雅，道德理想高尚。因为人把握世界和方式不单是逻辑的，还有非逻辑的、情感的方式。

上述三个方面，可以看作我们现代教育应追求的目标，只有这三者丰满地发展起来，才能成为一个全面发展的人，才能成为新世界的合格主人，其中任何一个环节的缺乏都有可能导致人格的残缺，不能谓之"全面发展"。

人的全面发展必须靠全面发展的教育来实施。陶行知一直主张综合教育，学校教育必须把劳动、做人、求知、健身、创造有机地紧密结合在一起。因此他认为，素质教育亦可从上述思想中汲取营养，环绕全面发展的教育目标，坚持又红又专、手脑并用、全面施教、打好基础、鼓励冒尖、发展特长，以达到"多方整合、各科协调、连动优化、和谐发展"的最佳教育结果。

诚然，全面发展并非整齐划一，并非抹杀个性，而是以各个人自由发展为条件的"全面发展"。因为未来社会"将是一个以各个人自由发展为一切人自由发展为条件的联合体"。社会需要的多方面决定了人才需要的多规格。一方面，一个人的兴趣，才能、特长、爱好等的充分发展为人才的全面发展奠定了基础；另一方面，全面发展越好，个性发展的基础也就越牢，越充分。两者的完美整合，和谐发展，使人的全面发展达到了一个新境界，从而"作为一个完整的人占有自己全面的本质"。

三、倡导创造教育：培养值得彼此崇拜的人

教育是人类自身的再生产、再创造。现代教育只有培养出值得教育者自身崇拜的一代又一代创造性人才，我们的民族才有希望，我们走向未来才不会落后。通观陶行知的知和行，我们可以说，大力倡导创造的教育是陶行知生活教育理论极其鲜明的特色；致力开发人民大众和儿童的创造力是陶行知生活教育理论的重要目的；创造教育是生活教育的最高境界，培养创造型人才是生活教育的核心任务。对此，陶行知本人则是极富创造才能，实现创造教育两者完美结合的"创造之神"。

陶行知在反对传统教育和深化教育改造的过程中，特别是在其晚年的育才学校的实践中，逐步形成了系统的、独具特色的创造教育思想，其主要内容：

一是明确创造的方向。陶行知认为，学习创造是为了创造新自己、创造新中国、创造新世界，不是"为创造而创造"，不是为了做"人上人"，而是要做"人中人"。创造的教育是为了现实和未来的需要，为了克服教育脱离生活，学校脱离社会，理论脱离实际的弊端，"把教育办活"，"创造时目光要深，开辟时目光要远"。

二是砸碎创造的桎梏。陶行知说，旧教育的要害是"死"，把学生培养成没有生活能力、创造能力的"书呆子"、"蛀书虫"、"废人"。因此必须"塞陈旧之道"，"开革新之源，发古之未发，明今人之未明"。时至今日，砸碎桎梏的任务还远未完成，把学生从复述和反映式的狭隘思维及循规蹈矩的态度和行为中解脱出来，向灵活性、独创性方向发展，将是现代教育的长期目标。

三是创设创造的氛围。创造过程中的感情因素比理智因素更重要，非合理因素比合理因素更重要。陶行知十分注重创造的环境与环境的创造，在创造自己的学习和生活环境中增长出创造能力。现代教育应发扬教育民主，让儿童感到自己是国家、社会、自然、科学、活动的主人，勇于并善于自己去闯，多褒扬奖掖，不求全责备，以调动其潜在的创造积极性。

四是拓宽创造的范畴。首先，创造性教育不是阶段教育，是"与生俱来，与生同去"的教育，应贯串于"破蒙"到"终结"的全过程。其次，创造性教育不是英才教育，它是借助创造性学习方式，使一切人的一切潜能，都能发掘出来的教育。第三，创造不是"唯一无二的教育"，不但要发现、创造新的书本知识，还要教人发明"人生新工具"。第四，创造教育不是封闭式而是开放式的，应"顺应时代和世界的教育趋势"，"随伴着竞进"。

五是认清创造的潜力。儿童具有丰富的创造力。"老百姓中许多穷苦的孩子有特殊的才能"。"他们可以自动去开发文化的宝库和宇宙之藏宝"。教育不能创造什么，但创造的教育却能开启、解放、培养、加强、发挥儿童的这些创造力。解放儿童的创造力要做到"六大解放"，以开阔胸襟，拓宽视野，质难问疑，手脑并用，接触人生，从事创造。

六是打好创造的基础。创造与学习知识是互为因果、互相促进的。从事创造活动往往感到知识之不足，就会更自觉地学习基础知识，基础打得越好，创造活动成效就越大。创造欲是学习的动力，创造活动可激发学习的乐趣，这种乐趣比嬉戏的乐趣更高雅，更持久。通过创造，才能真正理解所学知识，而只有这种知识才是真知识、活知识。"勇于试验是教育上新知识之来源"。

七是把握创造的关键。创造力的培养要靠创造的教育，创造的教育要靠创造型的教育者——关键是要有一支创造的教师大军。"教育者也要创造值得自己崇拜之创造理论和创造技术"。要"拿书本来配学生",交给学生开发文化宝库钥匙,交给学生"点石成金的指头"。要当创造型的教师,当第一流的教育家,关键是"心人",最后达到"学生先生合作而创造出值得彼此崇拜之活人"的目的,奏出创造的交响曲。

陶行知主张培养创新人才,开发人才创造力。实施素质教育的重点在于培养学生的创新精神和实践能力。因此,学习和研究陶行知的创造教育思想,对于我们推进素质教育具有现实的指导意义。他关于发现和认识儿童的创造力,解放儿童的创造力的思想,可以帮助我们认识当前教育存在的"为应试而教、为应试而学"倾向的最大弊端就在于扼杀学生的个性和创造潜质。他关于培养、发挥儿童创造力的思想,以及实行创造教育的一系列方法,又为我们实施素质教育提供了宝贵的经验。

陶行知的创造教育思想,不仅对于加快推进素质教育的步伐有着重要的现实意义,而且对于改革我国现行教育制度在人的创新精神和创新能力培养方面的缺陷,也提供了许多有益的启示。比如,陶行知反对按照一定的格式、规定的目的方法办学的思想,可以启发我们改革目前以划一的课程、教材、进度、考试和单一的课堂授课制为特征的大一统教育模式。又如,他主张"以社会为学校"、"学校和社会打成一片"。强调社会实践的教育思想,可以启发我们改革只在校园内向学生灌输书本知识,忽视学生与社会的联系,不重视让学生参加社会实践的封闭式的教育模式。再如,他提出启发、自动、手脑并用、教学做合一的教育方法,也可以启发我们改革目前满堂灌、填鸭式、题海战术和大运动量训练的应试型教学方法。

总而言之,陶行知的创造教育思想是我国教育遗产中的一块瑰宝,它在时代呼唤创新精神和实践能力,培养创造型人才的今天更加熠熠生辉,显示出无比强大的生命力。

第三节 生活教育理论是现代化的大教育观

现代化建设呼唤现代化的教育,教育的现代化既是现代化建设的重要推动力,也是国家现代化整体目标的重要组成部分。陶行知早在半个多世纪以前,在生活教育理论中提出了教育现代化的任务,他的生活教育理论实质上是教育现代化的理论，他是我国倡导教育现代化的先驱者之一。陶行知从思想方法论的高度，指出了教育现代化的紧迫性及正确方向，他的理论显示出高度的预见性和创造性。生活教育理论为教育现代化指明了方向。

一、教育必须走现代化之路

在世界科技迅速发展，列强对华侵略步步紧逼的严峻现实面前，陶行知深切地感到中国必须奋发图强，急起直追，赶上世界前进的步伐。他渴望民族早日摆脱落后挨打的窘境，实现国家现代化，使"中国由农业社会向工业社会过渡"，早日富强起来，这是他献身教育的初衷。在《普及现代生活教育之路》的专论中，他提出了教育现代化的任务和发展目标，并提出了教育现代化的"合理性"问题。综合陶行知的思想，所谓合理的教育现代化包含着三层含义：

（一）现代化教育必须以人民为主体

陶行知指出，工业化的结果应当是"引导人民在合理的工业上出头"，这在由农业文明向工业文明过渡的中国来说，关键就在于使广大人民群众能够成为教育现代化和工业文明的受益者。陶行知主张现代化的目标是"创造富的社会，不创造富的个人"。为现代化服务的教育就应当以人民为主体。陶行知倡导现代化教育的立足点是人民群众，始终坚持了人民第一的观点。生活教育也就是从贫穷落后的实际情况出发，治愚与治穷相结合，兴办与传统教育不同的大众教育、平民教育和全民教育。以人民为主体，是陶行知从事平民教育、乡村教育，倡导生活教育运动的思想基础，也是他最终光荣地被誉为"伟大的人民教育家"的起点。生活教育理论有两个醒目的特征。第一是教育与人民的联系，划清生活教育与传统教育的界限。他认为，传统的教育是为少数人服务的"小众教育"，而生活教育"是大众自己的教育，是大众自己办的教育，是为大众谋福利除痛苦的教育"①。第二是教育与生计的联系，提出"劝人抓住饭碗求进步，不逼人丢掉饭碗上学"，从根本上解决劳动人民上学与谋生的矛盾，提倡用穷办法去普及穷人所需要的教育。因为人民大众是生活的主人，也是教育的主人。生活教育是真正的民主教育，教育的目的是服务于人民的生活，推动生活的提高和进步。陶行知认为，"资本主义的国家的教育，只是做了创造富翁的工具，以致贫富阶级因教育而愈隔愈远"。因此，中国的现代化教育不应成为创造"富翁的工具"，而是为了创造"富的社会"。

（二）教育现代化必须适应科技进步的需要

教育是科技与人结合的桥梁，是把科技成果转化为生产力的载体和基础，

---

① 陶行知. 陶行知文集. 南京：江苏人民出版社，1981：531.

也是实现科技知识形成生产力的重要手段。陶行知非常重视科学的作用。他说："我们要创造合理的工业文明，必须注重有驾御自然的力量的科学。"① 他认为科学的使命是帮助人们创造富的社会的工具。他指出："创造富的社会，头脑里要装着科学，手里要掌着马力，这样，大自然会变成我们的宝藏。……到那时，这造富的工作才算有点成绩哩。"② 为此，陶行知大力提倡"科学下嫁运动"，提倡科学与工业、农业携手，希望"科学变得和日月空气一样普遍，人人都能享受"，也就是使科学成为整个中华民族、全体中国人都掌握的本领。对科学的热情倡导，不仅体现了陶行知这位教育改革家"富民强国"的拳拳之心，而且形象地表达了教育现代化和科学进步之间的辩证关系。

（三）教育现代化必须是"川流不息"的

陶行知对现代化的基本特征——"变革性"有深刻的认识。早在1931年讨论《中华民族之出路与中国教育之出路》时就指出：农业社会与向工业文明前进之农业社会是不同的。纯粹的农业社会的一切是静止的，向工业文明前进的农业社会的一切是变动的。因此必须有动的思想，动的教育。陶行知在这里大大突出了现代化具有的变革性。1935年，陶行知在《普及现代生活教育之路》一文中，更加形象地表述了这种变革性，提出了创造"川流不息的现代化"这一重要概念。也就是，"拿着现代文明的钥匙，才能继续不断的去开发现代文明的宝库，保证川流不息的现代化"③。这里的"川流不息"，不但含有动态的、发展的意思，而且有长期的、持续不断的没有止境的意思。也就是说，现代化是永无止息的社会进步的过程。今天我国的教育虽已有长足的进步，但是面对当今世界的发达国家，差距仍很大。强调富民、实现现代化的任务仍有燃眉之急，教育现代化比以往任何时候更具迫切性。何况，21世纪的世界会出现更多的奇迹，科技的发展将突飞猛进。在这瞬息万变的时代，教育只有跟上生活，随着生活的前进而前进，才能满足时代的需要，才能适应建设有中国特色社会主义的需要，才能适应21世纪科技迅速发展和人才培养的需要。

二、教育现代化的最终目标是人的现代化

人是社会的主体，也是社会现代化的主体，社会现代化总是通过人的活动来实现。社会现代化很大程度上取决于社会主体的现代化。社会主体的现代化

---

① 陶行知．陶行知全集：第2卷．成都：四川教育出版社，1991：629.
② 陶行知．陶行知全集：第2卷．成都：四川教育出版社，1991：631.
③ 陶行知．陶行知全集：第3卷．成都：四川教育出版社，1991：248.

创造着社会的现代化。同时，社会主体的现代化又离不开社会的现代化，社会的现代化创造着现代化的人。但在人与社会的关系中，人是能动的因素。通过人的积极能动的创造性的实践活动，才创造了现代化的社会和现代化的自我。所以社会现代化首先要依靠现代化的人。

现代化的人不是自发成长起来的，它需要依靠现代化的教育。教育本身是培养人的活动，教育内容、教育方法、教育环境都是紧紧围绕着人的成长来设计的。国家把教育作为社会发展事业，就是要为社会的现代化发展需要培养人才。所以人的现代化是教育现代化的最终目标。在这方面，生活教育理论给了我们有益的启示。早在1935年，陶行知就提出教育现代化的目标是培养"长久的现代人"，他还认为做一个现代化的人必须取得现代的知识，学会现代的技能，感觉现代的问题，并以现代化的方法发挥我们的力量，时代是继续在前进，我们必须参加在现代生活里面，与时俱进，才能做一个长久的现代人。

怎样才能实现人的现代化，陶行知别开生面地提出了三个"现代化"，即"整个民族现代化"、"整个生活现代化"、"整个寿命现代化"。他在《大上海普及教育》报告和《普及现代教育方案商讨》中反复表达了这样的主张。现代化的人应当包含两个纵横结构的交叉：一是人和社会的统一；二是生产方式和生活方式的统一。陶行知从当时的国情出发而提出的"三个现代化"，正体现了这"两个统一"。曾有学者认为，陶行知的生活教育理论由"民族"、"集团"（即社会）和"生活"三大要素构成。而这三大要素和三个"现代化"密切联系。"整个民族现代化"是指要提高全民族的素质，这是衡量教育现代化和社会现代化整体水平的重要标志，是民族生存、个人发展的基础。"整个生活的现代化"，按照陶行知的说法，就是不但要读现代书，而且要过现代整个的生活。也就是每个人要接受全面的教育、现代的教育，然后对生活方式进行现代的改造，提高整体自我素质。"整个寿命现代化"，是指"一个人一辈子上进，是继续不断的向时代的最前线追求"[1]。其意思，一是体现了陶行知"人命贵于一切"的社会价值观。"人命贵于财富，人命贵于机器，人命贵于安乐，人命贵于名誉，人命贵于权位，人命贵于一切。只有等到那时，中国才站得起来！"[2] "人命贵于一切"就要求创造一个爱护生命、珍惜生命的社会，为现代化的人成长创造良好的社会环境。与此同时，他在《爱迪生之死》一文中说："人生为一大事来，做一大事去，像他这样死，可算是死无遗憾了。"[3] 这表明

---

[1] 陶行知. 陶行知全集：第11卷. 成都：四川教育出版社，1991：595.
[2] 陶行知. 陶行知全集：第2卷. 成都：四川教育出版社，1991：134.
[3] 陶行知. 陶行知全集：第2卷. 成都：四川教育出版社，1991：113.

他更看重生命的价值。二是要通过教育赋予生命现代价值,"使众人养成一种继续不断的共同求进的决心。我们要对众人养成的态度是:活到老;做到老;学到老"①,主张人在其一生的不同时期受到与其生活进程、身心发展相协调的不同的教育,要求建立理想的、全社会的、人民的终身教育制度。生活教育理论正是以生活教育为基础,以终身教育为纲的人民教育理论。陶行知的终身教育思想正是与当今世界经济大发展、科学知识大爆炸时代相适应的教育思想。这种科学性、全面性、动态性正是生活教育理论的现代价值,正是它的旺盛生命力之所在。

三、教育现代化必须实现思维方式现代化

教育的现代化,人的现代化,必然伴随着思维方式的现代化。"思维方式是心理底层结构的一种外在表现,是民族特殊性的重要标志。……在一个民族的发展过程中,那些长久地、稳定地、普遍地起作用的思维习惯、思维方法、对待事物的审视趋向和公认的观点,就叫做该民族的思维方式。"② 一个民族的思维方式虽然是在长期的历史积淀中逐步形成的,但它也是随着历史的发展而不断发展的。不同的思维方式会导致不同的认识结果,不同的认识结果又会引起完全不同的实践行为和后果。陶行知学贯中西,在批判旧教育创立新教育的过程中,他既没有用西方人的思维方式也没有囿于中国传统的思维方式来审视中国的教育问题,而是特别注意更新教育观念,形成了自己探索和改革旧教育以适应中国教育发展的思维方式。他对改革中国旧教育诸多问题的探索正是以思维方式的变革为先导的③。

例如,从他思考中国教育问题的角度来看,他不是就教育论教育,而是将教育放在整个社会大背景中,与政治、经济、文化、科技、人口、军事等联系起来,探寻中国教育的生路,如强调并倡导"教育与农业携手"、"科学下嫁"、"生利主义教育"、"政富教合一",主张物质文明、精神文明一起抓,教育要发展生产、建设文化、保卫民族生存,工学团三位一体,使教育为实现中国由农业国过渡到工业国的远大目标服务等等。再如,他摆脱了"学校自学校"传统教育那种狭隘的学校教育观,跳出了学校教育的圈子,以整个社会为学校,以全体中国人民尤其是农民为教育对象,建立以学校教育为主导的家庭教育和社会教育融为一体的合于中国国情的三结合教育体系,并试图在这一基础上建立

---

① 陶行知. 陶行知全集:第3卷. 成都:四川教育出版社,1991:280.
② 刘长林. 中国系统思维. 北京:中国社会科学出版社,1990:1.
③ 宋玉岫. 生活教育理论与实践. 北京:中国统计出版社,1993:130,135.

基础教育、职业教育和成人教育相结合的终身教育体系等。正因为陶行知注重教育观念的更新，注意思维方式的变革，因而才在生活教育运动的实践中逐步创立了生活教育理论，并与传统教育相比较有了本质的区别，成为崭新的、具有划时代意义的教育理论。

我们在从事教育现代化研究时，也必须不断更新思维方式，以适应现代科学的发展，适应教育现代化的发展。近年来，我国教育理论的发展之所以落后于教育改革实践的发展，原因是多方面的，但教育理论工作者的思维方式落后于现代教育的发展，不能很好地适应教育发展的新趋势，是重要的原因之一。生活教育理论是现代化的大教育观，但在教育现代化的实践中却被人们遗忘了，甚至背叛了。《中国教育报》2004年8月19日在《我们是否抛弃了陶行知》一文中指出："不幸的是，陶行知似乎正在中国人的记忆中远去或者走样。他正在被过分的学术化所矫饰，正被圈定在研究所和某些学会的电脑或纸上，为研究者发表论文、出版专著而服务着；而外面的教育行为正在变本加厉地背叛他。"该报还开辟了《重读陶行知专栏》开展讨论，遗憾的是各大媒体不知何故却无动于衷；是教师已经读过了无需再读了吗？《中国教育报》经调查后一针见血地指出："大面积的中小学教师只知陶公其人，不知陶公其说，更别说把陶公的教育思想付诸教育实践，继而有所发展了。一个没有读过陶行知的人，怎么可以在中国做教师呢？"这一事实充分说明，在生活教育理论的研究中，一些教育理论工作者往往从狭隘的学校教育而不是从大教育观出发并以现代教育的眼光去审视生活教育理论的价值。这样就影响了我们对生活教育理论的深入系统的研究，更难以在当前的新一轮课程改革实践中去借鉴、应用、发扬光大。正是从这个意义上说，教育理论工作者、广大教师的思维方式应当顺应时代和教育现代化的发展和变化。为此，就需要我们借鉴陶行知的思维方式，除了要敏锐地把握现实，善于从传统教育中吸取合理因素作为自己思想创造的材料之外，必须更新自己的思维方式，自觉树立与教育现代化发展相适应的思维方式。

首先要有教育思想的现代化。邓小平关于"三个面向"、"又红又专"、培养"四有新人"的论述，对于教育思想现代化既指明了方向，也提出了具体要求。因此，我们的教育思想要有一个比较大的转变：要坚持教育为社会主义现代化服务的方向；整个教育过程要实现教育与生产劳动相结合，理论与实际相结合，学校教育与家庭教育、社会教育相结合；要使受教育者在德智体美诸方面得到生动活泼的主动发展；要坚持把培养社会主义建设者和接班人作为我们的培养目标。当然，这些方面教育思想的转变一定要通过改革才能实现。在改革中一定要解决基础教育中存在的"应试教育"模式的影响，因为"应试教育"机制是分数选拔制,它有很大的排他性。这种机制既排斥德育、智育,也排斥体育、美育,不利于学生的全面发展。陶行知早就告诫我们,过分的考试"把有意义的人生赶跑了","把中华民族的前途赶跑了","这把会考的大刀是不可糊里糊涂地乱舞了"。江泽民指出:"应该提倡360行,行行出状元"。我们在转变教育观念的问题上,一定要坚持这个观点,应从制度上考虑,否则就会影响整整一代人。这种制度上的改革包括升学制度、考试制度等等。其主要问题是如何看待每个学生,对学生如何教育和引导。其实每个人都可能在自己的发展过程中取得自己的成就,走向成功,不能只看到上大学这一条路。

其次,必须善于吸收其他学科的成果。思维方式是随着现代科学的发展而不断发展的,而现代教育理论应是一个开放的系统,不仅应该在不断的教育实践的基础上进行概括总结,使之上升为理论,而且应当从多种学科中吸取营养。诚如陶行知所说:"教育之学术,非可独立存在。彼立于哲学、心理学、生物学、生理学、社会学、经济学、各种学术基础之上。故谋此种学术进步即所以谋教育学术之改进。"在生活教育理论产生、形成和发展的过程中,陶行知注意不断探讨和总结当时社会科学、人文科学以及自然科学的研究成果和方法,吸取了不少学科的营养,有机地融合到生活教育理论之中。正因为他善于吸取其他学科的成果,不囿于教育而研究教育,生活教育理论才会如此博大精深。这就启示我们要像陶行知那样自觉地适应教育的时代发展,不断注意扩大自己的知识视野,建立起比较合理而完善的知识结构,密切关注其他与教育有关学科的研究动态,善于吸取其他学科的营养去创造和发展现代教育理论,从而使自己的思维方式不断现代化,以便主动适应教育现代化的趋势。

总之,一切正确的思想、理论都是客观规律的反映,具有恒久的价值。陶行知倡导的生活教育理论是从中国国情出发,具有中国特色的、民族的、大众的、科学的、创造的教育理论,是他吸收东西方教育思想的精华、改革传统教育的结晶,是他在生活教育实践中的伟大创造。它深刻揭示了当时中国教育的客观规律,"为中国的新教育放下了一块基石",虽历经岁月的长期洗礼,至今仍具有勃勃的生机和活力,对今天的教育改革仍具有直接的启迪和借鉴意义。

但是,社会毕竟已发生了巨大的变化,我们所面临的时代背景、社会条件以及教育本身所遇到的问题,都已和陶行知时代有了根本的不同。陶行知在当时情况下提出的某些主张和方法不一定都适合于当今的教育实践。陶行知曾说过,先辈留下的宝贵遗产我们必须用选择的态度来接受。今天我们学习和借鉴陶行知的生活教育理论,主要是学习他从提高民族整体素质和振兴中华的高度来思考教育问题的立场和观点;学习他吸取古今中外各种改革的优秀成果和善于总结教育实践经验的批判精神和方法;学习他以哲人的睿智来揭示教育发展规律、提出新的教育理论的勇气和魄力。学习和借鉴陶行知的生活教育理论，必须联系我国教育改革和发展的实际进行深入的理论思考。离开了当代教育改革的实践也就失去了学习陶行知生活教育理论的意义。我们应把陶行知生活教育理论中那些对当前教育改革有重大意义的思想资源凸现出来并在实践中创造性地运用和发展。陶行知说：创我者生，仿我者死。学习陶行知生活教育理论必须建立在继承、发展和创新的基础之上。在新的历史时期，学陶师陶，发展陶行知，超越陶行知，是历史赋予教育工作者的神圣使命。

学习与思考：

1. 生活教育理论的强大生命力表现在哪些方面？为什么？
2. 你认为在当前的基础教育课程改革中应该如何贯彻生活教育理论？
3. 学习了陶行知生活教育理论，你觉得对你有哪些启发？

人名索引

【三画】

马叙伦 （1884—1970）浙江杭县（今余杭）人，政治活动家，教育家。辛亥革命后，历任《大共和报》主笔，北京大学教授。浙江省立第一师范校长，浙江省教育厅长，北洋政府、国民政府教育部次长，1946年发起组织中国民主促进会。新中国成立后，在中央人民政府任职。一生著述甚丰，有《说文解字六书疏证》、《老子校诂》、《庄子义证》等。

马寅初 （1882—1982）浙江嵊县人，教育家，经济学家。历任北京大学教授、教务长，中央大学、交通大学教授，因抨击国民党政府的经济政策而被监禁。新中国成立后历任浙江大学、北京大学校长。50年代因提出以节制生育、提高人口质量为中心的"新人口论"和综合平衡按比例发展的经济理论，遭到错误批判，1979年平反并恢复名誉。著有《经济学概论》、《新人口论》等。

【四画】

王阳明 （1472—1528）浙江余姚人，明代哲学家、教育家。原名王守仁，曾筑室故乡阳明洞中，世称阳明先生。他主张"知行合一"和"知行并进"，认为"知是行之始，行是知之成"。他的学说影响广泛，世称"王学"、"心学"、"阳明学"等。著有《王文成公全书》。

王昆仑 （1902—1985）江苏无锡人。毕业于北京大学哲学系，1926年任黄埔军校潮州分校政治教官，1933年加入中国共产党，长期从事民主运动和统一战线工作，新中国成立后曾任民革中央副主席、主席等职。著有《红楼梦人物论》。

邓中夏 (1894—1933) 湖南宜章县人，1917年考入北京大学国文系，五四运动后走上为人民谋福利的革命道路，先后任中共江苏、广东省委书记，1933年5月被捕，就义于南京雨花台。

邓初民 (1889—1981) 湖北石首人，民盟重要领导人之一。1913年留学日本，回国后曾在毛泽东主持的武昌中央农民运动讲习所任教员，后在大陆大学、中山大学任教。新中国成立后历任山西省长、山西大学校长、民盟中央副主席。著有《中国社会史教程》、《社会进化史纲》等。

【五画】

艾 青 (1910—   ) 浙江金华人，现代著名诗人。1928年考入国立西湖艺术院（今杭州美术学院）绘画系，次年赴法国巴黎留学。回国后加入中国左翼美术家联盟，1933年第一次用艾青的笔名发表了《大堰河——我的保姆》一诗。抗战爆发后，曾任教于湖南衡山乡村师范学校、延安鲁迅文学艺术学院，并在重庆育才学校任文学组主任。新中国成立后任中国作家协会理事、中国美术家理事、《人民文学》副主编等职。

左宗棠 (1812—1885) 湖南湘阴人，晚清军政重臣，洋务运动重要首领，曾创办堂艺局（船政学堂），积极从事洋务活动。1876年率军收复除伊犁地区以外的新疆全境，后任军机大臣，督办福建军务，抗击法国侵略。著有《左文襄公全集》

史 良 (1900—1985) 女，江苏武进人。毕业于上海法科大学，1935年发起组织上海妇女救国会，1936年11月被捕，是著名"救国会七君子"之一，曾担任重庆育才学校法律顾问。新中国成立后历任全国人大副委员长、司法部长、全国妇联副主席、民盟中央主席等职。

史量才 (1880—1934)，上海青浦人。早年毕业于杭州蚕桑馆，1904年创办女子蚕桑学校。1912年任《申报》总经理，1919年与陶行知一同欢迎杜威来华讲学，1930年曾秘密聘请陶行知改革《申报》，出版《申报月刊》，支持抗战，后被蒋介石派遣特务暗杀。

田 汉 (1898—1968) 湖南长沙人，著名戏剧活动家、剧作家和诗人。1921年与郭沫若组织创造社，创办南国艺术学院、南国社，主编《南国月刊》。1929年曾率剧组到晓庄学校演出，受到热烈欢迎。抗战爆发后，创作的《义勇军进行曲》，由聂耳谱曲，后被定为中华人民共和国国歌。新中国成立后，任中国戏剧家协会主席、中国文联副主席。

卢　　梭　（1712—1778）法国启蒙思想家，名著《爱弥儿》指出旧教育的失败，同时积极提出建设新教育的系统方案，认为在教育中，应把儿童看作儿童，而不能看作成人，要尊重儿童天性，要启发儿童，用自然因果法进行教育。

冯玉祥　（1882—1948）字焕章，安徽巢县人，爱国将领。1924年派兵将清逊帝溥仪逐出故宫，九一八事变后，与中共合作组织抗日同盟军，抗战胜利后，反对蒋介石打内战，遂出国考察，1948年响应中共号召回国参加新政治协商会议筹备工作，途经黑海，因轮船失火，不幸遇难。他是陶行知生前密友，曾资助晓庄学校修建甘肃、河南和陕西三馆，并在晓庄修建寓所，与陶行知毗邻。他是生活教育社第二届监事会常任监事，积极支持育才学校，并担任社会大学董事长。

【六画】

许士骐　（1901—？）又名许士骥，安徽歙县人。在国民政府卫生部供职，曾任晓庄学校指导员，并为晓庄学校学生义务授课。

孙铭勋　（1907—1961）贵州平坝人，幼稚教育专家，毕业于晓庄学校。1930年4月晓庄学校被强行查封时被捕，出狱后在上海创立中国第一个劳工幼儿团，后赴广西从事幼儿教育，在重庆育才学校担任社会组主任，1946年育才迁沪后，任重庆育才学校校长。

刘白羽　（1916—　　）北京人，中国现代著名作家。1938年赴延安，投身抗日救亡运动，解放战争时期转战东北，新中国成立后，历任中国作协副主席、文化部副部长等。著有《日出》、《长江三日》等大量散文通讯及小说作品。

关山月　（1912—　　）广东阳江市人。岭南画派第二代杰出画家，著名美术教育家，擅长山水、人物、花鸟，尤以画梅著称。三四十年代以抗战为题材，致力于国画革新。新中国成立后，先后任广东美术学院教授、广东画院院长、中国美协副主席等职。

何香凝　((1878—1972）女，原籍广东南海，生于香港。就学于日本东京本乡女子美术学校。曾与丈夫廖仲凯随同孙中山参加辛亥革命，曾任国民党中央执行委员、妇女部长等职。1937年任全国各界救国联合会理事。新中国成立后，历任全国政协副主席、人大常委会副委员长，中国美术家协会主席等职。

朱泽甫　（1910—1985）安徽桐城人，晓庄学校大学部毕业。曾任光华工学团负责人，中国陶行知研究会理事。著有《陶行知年谱》等。

朱经农 （1887—1951）祖籍江苏宝山（今属上海市），出生于浙江浦江。早年留学日本，1905年加入同盟会，1916年留学美国，回国后历任北京大学教授，上海市教育局局长，教育部常务次长，中央大学教育长，抗战胜利后任商务印书馆总经理。1948年定居美国，从事著述。曾与陶行知合作编辑《平民千字课》教材。

朱其慧 （1887—1931）女，江苏宝山（今属上海市）人。早年协助丈夫熊希龄创办香山慈幼院及中华教育改进社，1923年在北京与陶行知等发起创立中华平民教育会，任董事长，1925年发起组织中国妇女协会，任委员长，后曾创办女子平民工厂。

【七画】

李可染 （1907—1989）江苏徐州人，中央美术学院教授。就学于上海美术专门学校，后考入西湖国立艺术院研究生，曾任小学美术教员，重庆国立艺术专科学校讲师、国立北平艺专副教授。新中国成立后任中央美院教授、中国画研究院院长、中国美协副主席等职。

李鸿章 （1823—1901）安徽合肥人。1847年进士，授翰林院编修，清末淮军创始人，洋务派领袖。先后担任江苏巡抚、署两江总督、钦差大臣、直隶总督兼北洋大臣。创建北洋海军、江南制造局、上海轮船招商局、开平煤矿、天津电报局、上海机器织布局等，任职期间曾与外国侵略者签订多个不平等条约。

李公朴 （1902—1946）原籍江苏扬州，生于镇江。1928年留美，回国后经由陶行知引荐，供职《申报》，1935年任上海各界救国会执行委员，1936年11月在上海与邹韬奋、沈钧儒等六人被国民党政府逮捕，史称"救国会七君子"事件。1946年与陶行知共同创办社会大学，并主编《民主教育》，同年5月在昆明被国民党特务杀害。

汪达之 （1903—1980）安徽黟县人，晓庄学校第三期学生。1930年陶行知派他任新安小学校长，1933年发起组织了"新安儿童自动旅行团"，1935年又组织和亲自领导"新安旅行团"，在全国19个省宣传团结抗日救国。"皖南事变"后，遵照中国共产党的决定，率领"新安旅行团"从大后方转移撤退到苏北抗日根据地，曾任苏皖边区政府教育厅督学。新中国成立后在南京主持恢复晓庄师范学校，并任校长，后任教育部师范教育司专员及广东民族学院党委书记兼副院长等职。

沈钧儒 （1875—1963）浙江嘉兴人。早年留学日本，参加立宪运动和辛亥革命，后致力于教育事业，被推举为浙江省教育会会长。1935年12月与陶行知等发起上海文化界救国会，任执行委员，1936年11月被捕，是著名的"救国会七君子"之一。抗战爆发后创议组织中国民主同盟，坚持同中共合作。新中国成立后供职于中央政府，并任民盟中央主席。

沈天灵 中国陶行知基金会顾问。其父沈奎杓，商人，父子二人与陶行知多有交往并赞助育才学校。

严　复 （1853—1921）福建侯官人，中国近代启蒙思想家、教育家、翻译家。1879年毕业于英国格林尼治海军学院，回国后致力于海军教育事业。曾翻译《天演论》，以达尔文生物进化论阐发救亡图存的观点，致力于介绍西方古典经济学、政治学理论及自然科学和哲学，启蒙和教育了一代国人。

杜　威 （1859—1952）美国哲学家、社会学家、教育学家、实用主义芝加哥学派和实用主义美学的创始人。陶行知在哥伦比亚大学师从其学习教育学，并深受其教育思想影响。1919年和1931年先后两次来华讲学。著有《学校与社会》、《民主主义与教育》、《艺术即经验》、《哲学的改造》、《经验和自然》等。

杨静桐 菲律宾宿务省爱国华侨，菲律宾洪光学校校长。曾在菲律宾推行生活教育，发展育才之友，发起育才难童储金，给予育才学校以经济资助。新中国成立后，曾在中央教育部初教司供职。

吴玉章 （1878—1966）四川荣县人。1903年赴日本留学，加入同盟会，1915年与蔡元培等倡办留法勤工俭学会，1927年10月赴莫斯科学习，1938年回国后任延安鲁迅艺术学院院长、延安大学校长、华北大学校长。新中国成立后，长期担任中国人民大学校长、中国教育工会主席、中国文字改革委员会主任、中国史学会副会长等职。

吴晓邦 （1906—　　）江苏太仓人，中国现代舞的创始人。原名吴锦荣，学名吴祖培，1931年为纪念19世纪著名音乐家肖邦而取名吴晓邦。1932年后在上海创办晓邦舞蹈学校、晓邦舞蹈研究所，1940年为新安旅行团创作大型舞剧《虎爷》，1942年在重庆育才学校任教。1979年被选为中国舞蹈家协会主席。

吴作人 （1908—1997）安徽泾县人。现代著名画家，师从徐悲鸿，并参加田汉组织的南国社。1930年赴法国、比得时留学，回国后任教于中央大学艺术系。新中国成立后历任中央美术学院教授、院长，中国美协主席等。擅长油画、中国画。

何其芳 （1912—1977）四川万县人，现代诗人、文学评论家。毕业于北大哲学系，任教于天津南开中学和山东莱阳乡村师范学校，1938年赴延安，在鲁迅艺术学院任教，后被派往重庆进行文化界统一战线工作。新中国成立后，致力于文学评论和研究工作。论著有《论现实主义》、《关于写诗和读诗》等。

邹韬奋 （1895—1944）原籍江西余江，生于福建福州。中国著名的新闻记者、出版家。1923年在黄炎培等创办的中华职业教育社任职，1935年参加上海和全国各界救国联合会领导工作，1936年11月被捕，为著名的"救国会七君子"之一，抗战期间先后在上海、武汉、重庆相继创办并主编《大众生活》、《生活日报》、《抗战》、《全面抗战》等。

张伯苓 （1876—1951）天津人。1904年创办敬业学堂（后改称南开学校），1917年赴美留学，1919年创办南开大学，1923年和1928年创办南开女中部和南开小学部。曾任中华教育改进社董事，并长期在国民政府供职，1948年任国民政府考试院院长。新中国成立后寓居北京。有《张伯苓教育言论选集》。

张之洞 （1837—1909）清末直隶（今河北省）人。同治进士，历任翰林院侍讲学士、内阁学士、四川学政等职。中法战争后历任两广总督，湖广总督、两江总督。大力开办洋务活动，派遣留日学生，招聘外籍教师，推行新教育。1898年发表《劝学篇》，提出"旧学为体，新学为用"。著有《张文襄公全集》。

张友渔 （1899—1992）山西灵石人。毕业于山西第一师范学校，后入国立法政大学法律系，先后任天津汉文《泰晤士晚报》总编、北平《世界时报》总主笔、香港《华商报》总主笔、生活书店总编辑、中共四川省委副书记、《新华日报》社长等职。新中国成立后在北京市政府和中央政府任职。

陆璀 （1914— ）女，浙江湖州人。曾代表全国学生联合会与陶行知一起去国外参加国际会议，从事"国民外交"。1947至1948年两次出席世界妇女大会和世界和平大会，曾任全国妇联常委、中美人民友好协会副会长、中国人民对外友协副会长等职。

陈鹤琴 （1892—1982）浙江上虞人。留学美国哥伦比亚大学，1919年回国后，历任南京高等师范学校教授、东南大学教授兼教务主任、南京晓庄试验乡村师范学校指导员及第二院（幼稚师范院）院长，创办南京鼓楼幼稚园、江西省实验幼稚师范学校、上海市立幼稚师范学校。曾发起组织幼稚教育研究会、中华儿童教育社。新中国成立后，先后担任南京师范学院院长、中国教育学会名誉会长等。毕生从事幼儿教育、小学教育、师范教育的研究。著有《家庭教育》、《儿童心理研究》等。

陈嘉庚 （1874—1961）福建同安县集美镇（今属厦门市）人。1910年加入同盟会并致力于教育事业，曾创办厦门集美小学、新加坡南洋华侨中学、厦门大学。1940年组织南洋回国慰劳视察团，慰劳抗日将士，并专访延安。1949年以后参加中国政治协商会议，曾任中华全国归国华侨联合会主席等职。

陈烟桥 （1912—1970）广东东莞人，著名木刻家。早年参加左翼美术家联盟，从事漫画创作和艺术理论研究，曾在重庆育才学校担任绘画组主任。新中国成立后任广西艺术学院副院长、广西美协主席等职。著有《新中国的木刻》、《陈烟桥木刻集》等。

【八画】

茅　盾 （1896—1981）浙江桐乡人，原名沈德鸿，字雁冰，笔名茅盾。中国现代作家、文艺活动家。抗战爆发后，曾去延安鲁迅艺术学院讲学，后回重庆与陶行知同任文化工作委员会常委，新中国成立后任文化部部长。

周　扬 （1908—1989）湖南益阳人，文艺理论家、文学翻译家、文艺活动家、中国社会科学院院士。早年留学日本，后加入"左联"，主编《文学月报》，1937年到延安，任鲁迅艺术学院院长、延安大学校长。新中国成立后历任文化部部长、全国文联副主席、中国作家协会副主席等职。

周而复 （1914—2004）原籍安徽旌德，生于南京，现当代作家。上海光华大学英文系毕业后在延安、重庆等地从事文艺和编辑工作，曾在香港主编《北方文丛》，编辑《小说》月刊。新中国成立后供职于上海市政府，后任文化部部长。代表作有长篇小说《上海的早晨》等。

孟　禄 （1869—1947）美国教育家，哥伦比亚大学师范学院教授、院长。1921年来华作教育调查，曾任中华教育文化基金董事会副董事长，中华教育改进社名誉董事。提倡科学教育，著有《教育史教科书》，主编《教育百科全书》等。

【九画】

胡　适 （1891—1962）字适之，安徽绩溪人。留学美国康奈尔大学和哥伦比亚大学。1919年初发表《文学改良刍议》，倡导文学革命。后任北京大学教授，参加编辑《新青年》、出版新诗《尝试集》，是新文化运动的著名人物。1938年任驻美大使，1946年任北京大学校长，1948年去美国，后在台湾去世。著有《中国哲学史大纲》、《白话文学史》、《胡適文存》等。

贺绿汀　现代著名音乐家。1939年在育才学校任音乐组主任，后任上海音乐学院院长。

【十画】

郭秉文　(1880—1969) 江苏江浦人。1906年留学美国哥伦比亚大学。1914年回国，历任南京高等师范学校教务主任，东南大学和上海商科大学校长，中华教育改进社董事，世界教育联合会副会长，商务印书馆总编辑，外交部驻美特派员，财政部次长，国际关系研究所主席，联合国善后救济总署副署长兼秘书长等职。

郭凤韶　(1911—1930) 女，浙江临海人。1926年考进临海女子师范学校，1929年随徐明清一起来到了南京试验乡村师范学校。1930年加入中国共产党并担任党的交通员，参加过支持下关工人罢工的示威游行。1930年9月在上海被捕，9月26日在雨花台英勇就义。

夏　衍　(1900—1995) 浙江余杭人，剧作家、电影理论家。早年留学日本，1929年与冯乃超等组织上海艺术剧社，1930年发起组织中国戏剧家联盟，抗战时期与郭沫若等人创办上海文化界救亡协会机关报《救亡日报》，后主要从事新闻工作和戏剧创作。新中国成立后曾任文化部副部长。

袁咨桐　(1914—1930) 原名袁荣先，贵州赤水人。1929年到南京晓庄中心小学读书，1930年初升入晓庄学校附属劳山中学读书，并担任晓庄团支部书记，参加过支持下关工人罢工的示威游行。1930年9月17日在雨花台英勇就义，年仅16岁。

袁观澜　(1866—1930) 江苏宝山（今上海市）人，清光绪举人。1898年任上海广方言馆教授，创办宝山县学堂，龙门师范学堂，太仓州中学等。1912年后历任教育部普通教育司司长、教育部次长，江苏省教育会会长，中华教育改进社董事。

晏阳初　(1890—1990) 四川巴中人。留学美国，1920年回国，任青年会平民教育科科长，推行识字运动。1923年与朱其慧、陶行知等人创办中华平民教育促进会，任总干事。从1926年起深入河北定县，推行多种乡村教育实验。1928年赴美讲学，耶鲁大学授予名誉博士学位。

　　　　　　1950年以后，受聘担任国际平民教育委员会主席，1967年在菲律宾创办国际乡村建设学院。

徐特立　（1877—1968）湖南长沙人，中国无产阶级革命家、教育家。1905年毕业于湖南宁乡速成师范学校。曾创办平民夜校，长沙师范，长沙女子师范学校等，提倡平民教育，从事教育救国运动。1934年参加长征，后任陕甘宁边区政府教育厅长、延安自然科学院院长，领导创办鲁迅师范学校。新中国成立后历任全国政协委员、中央宣传部副部长等。有《徐特立教育文集》、《徐特立文集》等。

徐佩镕　重庆冠生园食品厂经理，曾将为母亲所筹的慈幼基金资助给重庆育才学校。

徐悲鸿　（1895—1953）江苏宜兴人，现代绘画艺术大师。曾东渡日本，游学法德。1927年回国后，任中央大学艺术系教授、北京大学、桂林美术学院教授。新中国成立后任中央美术学院院长。擅长国画、油画，尤长于素描，以画马为世所称。

徐明清　（1911—　　）浙江临海人。1929年加入中国共产党，曾任共青团晓庄师范学校学生支部书记，上海左翼教育工作者同盟常委，晨更工学团主任。1936年后在陕甘宁边区从事妇女工作。新中国成立后供职中共中央农村工作部、农业部。

钱俊瑞　（1908—1985）江苏无锡人。1935年加入中国共产党，曾任全国救国联合会中共党团书记，1936年与陶行知等组成中国人民代表团，参加世界和平代表大会。抗战爆发后，历任新四军政治部宣传部长，新华社北平分社社长兼总编。新中国成立后在中央人民政府工作。

【十一画】

章炳麟　（1869—1936）号太炎，浙江余杭人，近代民主革命家、思想家。曾因参加维新运动被清政府通缉，流亡日本。1904年与蔡元培等发起光复会，后加入孙中山的同盟会，主编机关报《民报》。1917年在苏州设立章氏国学讲习会，以讲学为业，在文学、史学、语言学等方面成就卓著。晚年愤慨日本侵略，曾赞助抗日救亡运动。

章　泯　（1907—1975）四川峨眉人。1929年毕业于北平大学艺术学院戏剧系，后加入左翼戏剧家联盟，抗战时期曾担任重庆育才学校戏剧组主任，1946年开始在香港编导电影。新中国成立后回北京筹建北京电影学院。著有戏剧理论《论悲剧》和《论喜剧》等。

章乃器　（1897—1977）浙江青田人。1918年毕业于浙江商业学校，创办《新评论》月刊。九一八事变后，积极投身抗日救亡运动，是全国各界救国联合会领导人之一，1936年11月在上海与沈钧儒等七人一同被捕，世称"七君子事件"。1945年底发起成立中国民主建国会，并任中央常务委员。新中国成立后，历任粮食部部长、民建中央副主任委员、全国工商联副主任委员等。

梁启超 （1873—1929）广东新会人，中国近代维新派领导人之一，著名学者。1895年随康有为发动"公车上书"，后参与百日维新，失败后流亡日本。辛亥革命后出任袁世凯政府司法总长，1916年又策动蔡锷组织护国军反袁，"五四"时期，反对"打倒孔家店"口号，倡导文体改良的"诗界革命"、"小说界革命"，晚年在清华学校讲学。曾担任中华教育改进社董事。其著作编为《饮冰室合集》。

梁漱溟 （1893—1988）广西桂林人，哲学家、教育家。早年参加同盟会，投身辛亥革命，后从事通过乡村教育进行乡村建设，担任河南村治学院教育长，山东邹平乡村研究院院长，曾到晓庄学校参观。1941年任中国民盟机关报《光明报》社社长。新中国成立后历任全国政协常委、中国文化书院院务委员会主席等职。佛学造诣精深，著有《东西方文化及其哲学》、《中国文化要义》等。

黄炎培 （1878—1965）上海市川沙人，教育家，社会活动家。1900年与蔡元培发起成立中国教育会，1903年游学日本，加入中国同盟会。辛亥革命后任江苏省教育司司长，并率先提出"生活教育"，1917年在上海创办中华职业教育社，1924年与陶行知等发起组织平民教育促进会，后游学朝鲜、日本，1945年访问延安。新中国成立后，曾任全国人大常委会副委员长、全国政协副主席。

曹靖华 （1897—1987）河南卢氏人。早年留学莫斯科，并在东方大学、列宁格勒东方语言学院任教。1939年赴重庆，任中苏文化协会常务理事，主编《苏联文学丛书》。新中国成立后任北京大学教授，人民文学出版社副主编，中国苏联文学研究会名誉会长等职，在中俄文化合作交流方面作出突出贡献。

龚自珍 （1792—1841）浙江仁和（今杭州）人，清末思想家、文学家。曾任内阁尚书、礼部主事，主张改革内政，抵制外来侵略，为近代改良主义的先驱。深于经学、小学、史地之学，曾与林则徐、魏源等结"宣南诗社"，讲求经世之学。有《龚自珍全集》。

【十二画】

康有为 （1858—1927）广东南海（今广州）人，清末资产阶级改良运动领袖人物。1879年游历香港，接触西方资本主义文化。1895年5月联合在北京会试的举人1300多人，上书要求清帝拒签与日本和约。百日维新失败后流亡国外。著有《新学伪经考》、《孔子改制考》、《大同书》、《康南海先生诗集》等。

曾国藩 （1811—1872）湖南湘乡人，曾任礼部右侍郎等职。1852年帮办团练，后扩编为湘军，1860年授两江总督、钦差大臣，1865年攻破太平天国天京（今南京），1866年与李鸿章倡办江南制造总局及派遣留美学生，成为洋务派首领。一生标榜理学，著有《曾文正公全集》。

董必武 （1886—1975）湖北黄安人，革命家、法学家，中国共产党创建人之一。青年时代留学日本，加入同盟会，参加辛亥革命。1914年和1917年两赴日本攻读法律，并赴莫斯科学习。1931年回国，为中共中央重要领导人。新中国成立后历任政务院副总理、最高人民法院院长、国家副主席、全国人大常委会副委员长等职。

蒋梦麟 （1886—1964）原名梦熊，浙江余姚人。1908年赴美留学，获哥伦比亚大学研究院博士学位，回国后任上海商务印书馆编辑，创办《新教育月刊》，1930年任北京大学校长，1945年任国民政府行政院秘书长，后赴台湾、美国。在文学、艺术、历史、经学、文字训诂等方面均有精深研究，著有《孟邻文存》、《西湖》、《书法探源》等。

【十三画】

福禄培尔 （1782—1852）德国教育家。曾任法兰克福模范学校校长助理，1814年任柏林矿物博物馆馆长，1837年在勃兰根堡开办教育机构，被称为"幼儿教育之父"。著有《人的教育》、《幼儿园教育学》、《母亲和抚爱之歌》等。

雷洁琼 （1905— ）女，广东台山人，著名社会学家、社会活动家，北京大学教授，在社会学、法学、人口学、妇女婚姻家庭、社会保障、老龄问题等方面均有广泛研究。曾任北京市副市长、民进主席、全国人大常委会副委员长等职。

蒙台梭利 （1870—1952）意大利女教育家、医生，罗马大学医学博士。1907年在罗马从事幼儿教育实验，1917年起在西班牙、英国、意大利、荷兰、印度等国主持训练班，推广其创立的蒙台梭利教育法。著有《应用于幼儿之家里幼儿教育的科学的教学方法》、《高级蒙台梭利教育法》等。

【十四画】

谭嗣同 （1865—1898）湖南浏阳人，为著名的"戊戌六君子"之一。

蔡元培 （1868—1940）浙江绍兴人，近现代著名民主革命家、教育家、学者。1902年与章炳麟等在上海创立中国教育会，任会长。1907年留学德国，辛亥革命时归国，任南京临时政府教育总长。1913年赴法国，与吴玉章等创办留法勤工俭学会，组织华法教育会。1916年底回国，任北京大学校长，提倡民主、科学与白话文。1920年赴欧美各国考察教育，回国后历任国民政府大学院院长、中央研究院院长、监察院院长兼司法部部长等职。他曾任中华教育改进社董事长、晓庄学校董事长。著有《蔡元培全集》。

裴氏泰洛齐 （1746—1827）瑞士教育家。一生崇尚卢梭的教育思想，创办孤儿院，从事贫苦儿童的教育，1804年在伊佛东创办学院，进行简化教育的实验。晚年著《天鹅之歌》，第一次明确提出"生活教育"的原则，并拟定分科教学法，有"分科教学法之父"之称。

熊希龄 （1870—1937）湖南凤凰人。1897年任湖南时务学堂提督，力倡新政和新学。辛亥革命后，曾在袁世凯和段祺瑞政府供职，后从事社会慈善事业，创办香山慈幼院，曾任中华教育改进社董事长。

【十五画】

颜　元 （1635—1704）河北博野人，清朝思想家、教育家。初信奉程朱理学，后弃之，与学生李塨合力倡导求实学风，强调"习行、习动"，反对读死书，世称"颜李学派"。著有《四书正误》、《四存编》等。

翦伯赞 （1898—1968）维吾尔族，湖南桃源人，历史学家。1937年在长沙发起组织湖南文化界抗敌后援会，曾在育才学校和文化工作委员会讲学。历任北京大学历史系教授、副校长，中国科学院哲学社会科学部委员，中央民族事务委员会委员。著有《历史哲学教程》、《中国史纲》等。

【十七画】

戴自俺 （1910—1985）贵州长顺人，晓庄学校学生、生活教育社社员。曾参与创办山海工学团和山海乡村幼儿园，与孙明勋创办上海劳工幼儿团。新中国成立后曾任重庆育才学校教育组主任，后供职教育部民族司，中国陶行知研究会常务理事。曾主编《陶行知全集》1—10卷。

戴爱莲 （1916—　　）祖籍广东新会，生于特立尼达。1931年赴伦敦学习舞蹈，1940年回国，先后在重庆国立歌剧学校、育才学校、上海乐舞学院、国立艺专校任教。新中国成立后历任中央歌舞团副团长、北京舞蹈学校校长、中国舞协副主席、全国政协常委等。

【十八画】

魏　源　（1794—1857）湖南邵阳人，晚清思想家、史学家。主张"经世致用"之学，力图改革内政，谋求国富民强，成为晚清学术开风气者。著有《海国图志》，提出"师夷长技以制夷"的主张。晚年弃官学佛。

魏东明　（1915—1982）浙江绍兴人。1939年任育才学校文学组主任。1940年到延安工作，任中共中央党校教员。新中国成立后曾任南昌大学党委书记、湖南大学校长、《人民教育》主编等。

后 记

为了继承和发扬陶行知生活教育理论，将广大师生的学陶师陶活动引向深入，我们组织编写了这本教程。

该教程的编写从 2004 年春即开始酝酿，其间围绕着教程的内容、框架、结构等问题，进行过多次研讨。在研讨过程中，陈善卿教授作为本教程编写的顾问，对教程的基本框架、编写目的、要求以及章节的安排、应该注意的事项等进行了比较具体的指导，并参与了统稿和修改工作；辛国俊、韦毅、高忠、王本余等对教程的编写提出过很好的意见和建议；王本余直接参与了教程框架的拟定和修改；院党委和行政领导对教程的编写也一直给予充分的关注和积极的支持；省教育厅老领导、省陶研会的专家罗明、周德藩、张帮民、仲跻荣、刘大康、张行等出席了统稿会，对教程的修改提出了非常中肯的意见。在编写过程中，我们也参阅并吸收了各地学者的一些研究成果，在此谨表示衷心的感谢。

本教程由朱志仁、徐志辉主编，具体分工为：辛国俊——第一章；徐志辉——第二章；黄晓光——第三章；严开宏——第四章；陈会忠——第五章和第九章；刘长贵——第六章；王本余——第七章；吴海燕——第八章；朱志仁——第十章；王文岭——人名索引。全书由朱志仁、徐志辉负责统稿。

由于经验不足，时间紧迫，本教程肯定会存在很多缺陷甚至错误。我们恳请专家学者和广大读者给予批评并提出宝贵的意见和建议。

作　者